崩溃

MELTDOWN

Why Our Systems Fail
and What We Can Do About It

Chris CLEARFIELD
and András TILCSIK

后浪出版公司

[美] 克里斯·克利尔菲尔德

安德拉什·蒂尔克斯 著

李永学 译

四川人民出版社

本书献给愿意倾听我们的呼吁者、陌生人和领袖们。

我们需要更多你们这样的人。

献给琳妮娅、托瓦尔德和苏林。

——克里斯·克利尔菲尔德

献给我的父母和马文。

——安德拉什·蒂尔克斯克

目 录

meltdown / ˈmɛlt · daʊn / 名词

1. 核反应堆中的事故，燃料过热，导致反应堆芯熔化；起因或为地震、海啸、鲁莽测试、寻常的错误，也可能只是阀门堵塞。

2. 系统崩溃或失灵。

引言　普通的一天

> "'空'这个字上打了引号，这一点吸引了我的注意。"

I

6月的一个温暖的周一[1]，刚好在下班交通高峰期之前，安·惠雷（Ann Wherley）和戴维·惠雷（David Wherley）搭上了开往华盛顿的112号地铁列车的第一节车厢。他们参加了医院对志愿者的培训，正要回家。车厢靠前端的一位青年女子起身让座，惠雷夫妇一起坐下。他们从中学时代起就像这样形影不离。戴维62岁，最近刚退休，他们正期待着自己的40周年结婚纪念日，届时他们会去欧洲旅游。

戴维曾经是屡立功勋的战斗机飞行员、空军军官。事实上，在"9·11"事件中，他正是那位下令战机紧急起飞，在华盛顿上空盘旋巡航的上将。[2] 在他的严令之下，战机驾驶员酌情处理，击落任何威胁这座城市的客机。尽管他是一位空军上将，他却不肯乘坐由司机驾驶的豪车。他喜欢乘坐地铁。

　　下午 4 时 58 分，列车驾驶员拉动了紧急制动闸，瘆人的金属摩擦声打断了车轮有节奏的咣当声。然后，112 号列车撞上了什么东西：那是一辆不知为何停在轨道上的列车。碎玻璃和弯曲的金属件四下横飞，夹杂着乘客的尖叫。冲击之下，大堆破碎的座位、车顶碎块和金属棒形成了一堵 13 英尺（1 英尺 = 0.3048 米）厚的碎片墙。这堵墙冲进 112 号列车，造成安·戴维和另外 7 人丧生。

　　这样一次相撞本来是可以避免的。整个华盛顿地铁系统由 100 多英里（1 英里 = 1609.344 米）的铁轨组成，全部联网，列车运行也受到监控。当列车相互靠得过近时，它们会自动减速。但那天，当 112 号列车转过一个弯道时，另一辆列车出现在它前面的铁轨上。这是真实世界中的事件，而轨道传感器居然没有发现。112 号列车自动加速，因为根据传感器检测，前方道路畅通无阻。等到驾驶员看到停在那里的列车并紧急制动时，相撞已经不可避免。

　　就在救援人员从残骸中抢救受伤人员时，地铁工程师也投入了紧张工作。他们必须保证其他列车不会发生危险。为了做到这一点，他们必须解决这个不解之谜：一列两个足球场那么长的列车是怎样消失的？

Ⅱ

　　像 112 号列车遭遇的这类警报器失灵的故障时有发生。不妨让我们看看下面的一份清单，这是一周内发生的新闻事件标题：

- 巴西发生矿难

- 新的一天，又一次黑客行为：盗用信用卡的恶意软件袭击连锁旅店

- 韩国现代汽车公司因制动开关失灵召回汽车

- 弗林特水危机正在发酵，华盛顿的"政府失误"

- "情报机构大规模失误"导致巴黎多次恐袭

- 温哥华蒙冤入狱近 30 年的男子诉讼案最终尘埃落定

- 应对埃博拉病毒：科学家抨击"极端脆弱的全球系统"

- 7 岁孩童被谋杀一案的调查，系统失误，未能提供保护

- 印度尼西亚用火烧清理土地却导致大规模野火，造成生态灾难

- 美国食品和药物管理局调查在华盛顿和俄勒冈墨西哥餐厅发生的大肠杆菌爆发事件

看上去这一周似乎特别糟糕，但这其实完全没有什么特殊之处。很少有哪一周没有几件灾难性的崩溃事件。这一周是工厂事故，下一周则是哪家大公司破产，再过一周又会出现一件可怕的医疗失误。即使是小问题也会导致大破坏。例如，近年来就有几家航空公司因为技术系统故障而导致所有航班停飞，旅客滞留多日[3]。这些问题自然会让我们生气，但我们对此已经司空见惯。生活在 21 世纪，我们依赖着数不清的复杂系统，它们深刻地影响着我们的生活——从输电网络到净水处理工厂，从交通系统和交流网络到医疗保健，一直

到法律诉讼。但有时候，这些系统让我们陷入困境。

灾难有时是大规模的，如英国石油公司（BP）在墨西哥湾的石油泄漏、日本福岛的核灾难，以及全球金融危机，它们似乎源于各自不同的问题。但从本质上来说，这些灾难的根源惊人地相似。这些事件有着共同的DNA，而研究人员对此才刚刚有所认识。有共同的DNA意味着，某个行业中发生的事故可以为其他领域的人提供经验教训：牙医可以从飞行员那里学到东西，营销团队可以从特警队身上吸取教训。理解深水探测和高海拔登山这类高风险新奇领域中发生灾难的深层原因，也能使我们获得经验教训，理解日常系统中的灾难。事实证明，日常生活中的崩溃事件，如项目失误、招工对象不当，甚至是聚餐不欢而散这类事件，跟石油泄漏和登山死难这类事故有许多共同之处。幸运的是，全球的研究人员在过去几十年间已经找出了一些解决方法，它们可以为我们提供借鉴，告诉我们应该如何做决定、建立团队、设计系统、防止越来越普遍的各种崩溃事故。

本书分为两部分。第一部分探讨系统为什么会失灵，揭示看上去风马牛不相及的事件背后隐藏的共同原因，这些事件包括星巴克的社交媒体灾难、三里岛核事故、华尔街大崩盘，以及英国偏远小城镇邮局中发生的离奇丑闻。第一部分也探讨了进步的悖论：我们的系统能力更强了，但同时它们也变得更复杂，要求更高，结果造成了那种小失误便可酿成大错的局面。曾经无关痛痒的系统现在可以偶尔损伤人命、让公司破产、让人蒙冤入狱。第一部分也告诉人们，那些使我们的系统面对偶然发生的崩溃无能为力的变化，也为黑客行为与欺诈这类有意识的犯罪提供了沃土。

第二部分是本书的主体，我们会在这部分探讨可行的解决办法。它告诉我们，人们如何从小失误出发，找到重大威胁发源之所：接待员如何通过向上司汇报情况而挽救一条鲜活的生命；开始时被飞行员讥为"魅力学校"的训练计划如何让他们的飞行变得前所未有地安全。这一部分我们将考察多样化如何帮助我们避免大错误，以及从珠穆朗玛峰的登山家和波音公司的工程师那里我们能了解到简洁的力量。我们将学习电影团队和急诊室工作人员处理危机的方法，这些方法又如何拯救了操作失误的脸谱网（Facebook）首次公开募股，挽回了塔吉特百货公司（Target）失败的加拿大扩张。我们也将重新思考地铁列车未被感应到这一谜题，并看看工程师对这一悲剧的分析结果。

我们写作本书时使用了两个不同的途径。克里斯的职业生涯始于证券与金融衍生品交易员，他在自己的交易桌前目睹了雷曼兄弟银行（Lehman Brothers）的倒闭和全球股市的动荡。大约就在那时，他开始了飞行员训练，并对避免灾难性错误这一问题产生了浓厚的兴趣。安德拉什一直在学术领域，研究为什么企业组织机构会因为复杂化而举步维艰。几年前，他首创了一种叫作"组织机构灾难性失灵"（Catastrophic Failure in Organizations）的课程，让来自不同背景的经理人聚在一起，研究各种重大的灾难事件，在日常崩溃事件上分享他们的经验。

这本书的写作素材来自事故报告、学术研究资料和对各种人物（从首席执行官到第一次购置房产的人士）的广泛访谈。我们从中发现的设想可以解释各种崩溃事件，并给所有人提供能够使用的实际洞见。在一个灾难频仍的年代，这些设想有助于人们在工作与个人生活中，在管理组织机构时，以及在应对某些最重大的全球挑战时，做出正确的决定。

Ⅲ

在本书写作过程中，我们采访的第一批人中就有本·伯曼（Ben Berman），他是美国国家航空航天局（NASA）的研究人员、机长，曾担任事故调查员，并拥有哈佛大学经济学学位。按照他的解释，要理解微小改变如何防止重大崩溃，航空业从各方面来说都是理想实验室。[4]

每一架航班出事的概率可以忽略不计，但是每天有 10 万多架商业航班起航，许多故障都在脱离掌控酿成大祸之前，就被检误测试和警告系统这类监测系统发现了。[5]

尽管如此，事故仍会发生。而发生事故时，我们会获得大量的数据资料，以便查明事故的发生原因。比如驾驶舱语音记录器和黑匣子记录的机组人员的行为和有关飞机本身行为的信息，通常从旅程开始一直到事故发生。对伯曼这样的研究人员来说，这些记录至关重要。他们会细致地发掘空难现场的一切资料，以防止将来发生类似事故。

1996 年 5 月，一个晴朗的下午，伯曼正在纽约市和家人在一起。这时他的传呼机响了。伯曼当时正在美国国家交通安全委员会下属的"现场行动队"（Go Team）中任职，这支团队要随时待命，应对重大事故。他很快就了解了这次事故的惨状：搭载了 100 多名旅客的瓦卢杰航空公司（ValuJet）592 号航班，从迈阿密机场起飞 10 分钟后消失在雷达上，接着坠毁在佛罗里达大沼泽地中。[6] 飞行员的无线电通信记录显示当时机舱失火，但火灾因何而起却是一个谜团。

伯曼第二天抵达坠毁现场时，喷气机燃油的气味仍然在空中萦绕未去。厚稠的沼泽地上到处散落着飞机碎片，已经无法辨认出这是一架飞机。破碎的残骸掩埋在齐腰深的水下，散布在茂密的锯齿草与沼泽腐泥中。沼泽上漂浮着运动鞋和拖鞋。

搜寻队忙着清除黑色的沼泽水，伯曼则在迈阿密机场集合了他的团队，开始与负责这架航班起飞的地勤人员谈话。机坪操作员一个接一个地走进瓦卢杰地面站站长的办公室，调查人员当天在那里扎下了大营。大部分交谈类似这样：

伯曼：你注意到这家航班有什么问题吗？

机坪操作员：没什么啊，真的没有……

伯曼：你在检修飞机、进行拖机作业或其他任何时候，有没有发现什么不同寻常的事？

机坪操作员：没有，一切正常。

> 伯曼：有什么引起你注意的事情吗？

> 机坪操作员：没有，什么都没有，完全没有。

谁都没有注意到任何特殊的事情。

然而，在面谈茶歇期间，伯曼在站长办公桌上的一摞纸中注意到了一件有趣的事情。那摞纸的下面压了一张纸，纸头露了出来，上面有一个签名。签名是失事航班机长坎达琳·库贝克（Candalyn Kubeck）的。伯曼把那沓纸从文件托盘中取了出来，一张张地翻检。这些纸没什么特殊之处，只不过是瓦卢杰 592 号机的标准航班信纸。

佩剑科技公司™

运货单   No. 01041

目的地： 亚特兰大，哈茨菲尔德机场，C 大厅，28 号门，瓦卢
　　　　 杰航空公司，GA，30320

日　期： 1996 年 5 月 10 日

经　由： 瓦卢杰航空公司（COMAT）

品种	数量	计量单位	零件号码	序号	状况	说明
1	5	件	"5 箱"			氧气罐
						"空"

但他注意到了其中一页纸：

这是一份来自航空公司维修分包商佩剑科技公司（SabreTech）的运货单[7]，其中罗列了瓦卢杰航空公司在机上的"公司材料"（COMAT），即公司所有的物资。伯曼对此很感兴趣。飞机上曾经起火，而这份文件称飞机上载有氧气罐。而且伯曼还告诉我们另外一点："'空'这个字上打了引号，这一点吸引了我的注意。"

调查组人员驱车前往佩剑科技公司在机场的办公室，找到了签署这份运货单的职员。他们得知，在运货单上描述为氧气罐的这些物品其实是化学氧气发生器，用来给应急氧气面罩充氧。

"那么它们是空的吗？"伯曼问。

"它们失效了，不能用了，过期了。"

这是一个很重要的示警信号。化学氧气发生器在激活时会产生大量热能，而且在错误的场合下，本来用于救人的氧气可以造成人间炼狱。如果箱子里存放的是过期的氧气发生器，也就是说，是达到了使用期限的氧气发生器，而不是空罐子，那么就相当于在飞机上装上了一颗威力强大的定时炸弹。怎么会发生这种事情？这样一件致命的货物是怎样进入一架客机的呢？

调查的结果显示，一大堆乱糟糟的错误、巧合和日常混乱凑到了一起。瓦卢杰航空公司曾购置了三架飞机，并雇用佩剑科技公司在迈阿密机场的一间机库进行修理。这些飞机上的许多氧气发生器都过期了，需要替换。瓦卢杰公司告诉佩剑科技公司，如果其中哪个氧气发生器没有耗尽（也就是说它还能造氧），就必须给它装上一个保护盖。

但过期的氧气罐和未耗尽的氧气罐之间的区别很混乱。许多发生器过期了，但并没有耗尽。还有一些氧气罐过期了，也耗尽了。而且还有一些替换的新氧气罐，它们既没有过期，也没有耗尽。"如果很混乱，就别浪费时间去区分清楚了，于是佩剑科技公司的机械师没有去浪费这个时间，也没人认为他们应该将这些氧气罐区分清楚。"[8]记者兼飞行员威廉·朗格维舍（William Langewiesche）在《大西洋》（*The Atlantic*）杂志上写道：

是的，一位机械师或许可以使用瓦卢杰航空公司的工作证查阅庞大的 MD-80 维修说明书，找到 35-22-01 章，在其中的"h"行找到"保存或者处理氧气发生器"的指示。如果他孜孜不倦地在各种选项中摸索，这位机械师可以在说明书的另一个部分找到如下指示："所有可供使用或者不可使用（未耗尽）的氧气发生器（氧气罐）都应该存放在一个专门区域，以保证每套设备不会暴露在高温或可能损坏的状况下。"如果他再绞尽脑汁地思考这些话括号内文字的含义，他或许会推导出，"未耗尽的"氧气罐也就是"不可使用"的氧气罐，而且因为他没有装运保护盖，他或许就应该按照 2. D. 部分中描述的方式，把这样的氧气罐送进某个安全区并把它们"初始化"。

而这还没有完，还有更多的细节、更多的区别、更多的术语、更多的警示以及更多的工程用语。

总之结果就是这些氧气发生器没有装上保护盖，甚至就这么装在硬纸板箱子里。过了几周，它们被送到了佩剑科技公司的运送与接收部门。它们就这样存放在那里，一直到运送职员接到清理场地的指示。他理所当然地认为，应该把这些纸板箱送往亚特兰大的瓦卢杰航空公司总部。

这些罐子上带有绿色标签。从工艺上说，绿色标签意味着"可以修理"，但贴上绿色标签的机械师是怎么想的，我们就不清楚了。这位职员认为这个标签的意思是"无法使用"或"报废"。因此他做出了结论，认为这些氧气罐是空的。另外一位职员填写了运货单，在"空"这个词上加了引号，并标注数量为"5箱"。而给词语加上引号只不过是他的习惯而已。

这些箱子一步步通过系统，从机械师到办事员，在机坪操作员手里进了货舱。机组人员没有发现这个问题，库贝克机长签署了航班文件。"于是，旅客们的最后一道安全防线也失效了，"朗格维舍写道，"他们很不走运，是系统杀了他们。"

对华盛顿地铁112号列车和瓦卢杰592号航班的调查揭示，这些事故都源于同一个原因：我们的系统越来越复杂了。当112号列车撞击事故发生时，全国公共广播电台（National Public Radio）节目制作人贾丝明·加斯德（Jasmine Garsd）刚好在靠后几节的车厢里。[9]"火车的撞击就像一部快进的电影戛然而止，"她回忆道，"在这样的瞬间，你会意识到两件事，在我们构建的这样一个庞大的机器世界中，我们自己是何等渺小与脆弱。而我们对于这种脆弱状态又是何等无知。"

　　但希望尚存。在过去几十年间，我们对于复杂性、组织行为和认知心理的理解已经打开了一扇窗口，让我们看到了小失误如何一步步发展，最后铸成大错。我们不仅理解了这类事故是如何发生的，而且也知道了如何利用小的步骤来避免这些事故。有几家公司、几位研究人员、几个团队，正在领导着这样一场革命，寻找防止崩溃的解决方法，而且这些方法并不需要先进的科技或者百万美元的预算。

　　2016年春，我们安排本·伯曼给一些对航空风险管理课程有兴趣的人做了讲座。这些人的背景五花八门，令人难以置信：他们中有人力资源的专业人士和公务员，有企业家和医生，有非营利组织的管理人员和律师，甚至还有一位来自时尚界的人士。伯曼的讲座跨越了各行各业。他告诉这些人："系统崩溃的代价之高令人瞠目，但很容易被人低估，而你很可能会在职业生涯或者个人生活中面对这类事件，"他顿了一下，看了看听众，"我认为，好消息是，你能让事情有所改变。"

MELTDOWN

PART ONE 第一部分

Failure All Around Us

我们周围的种种故障

第 1 章

危险区

"哇，太有意思了哦。"

I

洛杉矶以西仅 40 英里处，雄伟的圣盖博山脚下有一座泛塔纳核电站，20 世纪 70 年代末的一次地震也波及了这座核电站。核电站内警铃大作，警告灯四下闪动，控制室一片恐慌。在一张布满仪表的面板上，一台指示器显示，反应堆芯的冷却水达到了危险的高水平。控制室人员是加州天然气与电力公司（California Gas and Electric）的员工，他们打开了安全阀，放出过多的冷却水。但实际上，冷却水水位并不高，反而过低，再下去几英寸，反应堆芯就会暴露在外。一位监管人员最终意识到水位指示器的失误，而这一切仅仅是因为一根指针被卡住了。工作人员紧急关闭阀门，阻止了反应堆芯熔化。

在惊心动魄的几分钟内，核电站处于核灾难的边缘。

"或许我搞错了，但我要说，你们很走运，现在还活着，"一位核专家告诉两位事故当时正巧在核电站的记者，"就此而言，我们也可以说，整个南加州都很走运。"

幸好这不是真实发生的事故。这次事故只发生在由杰克·莱蒙（Jack Lemmon）、简·方达（Jane Fonda）和迈克尔·道格拉斯（Michael Douglas）1979 年主演的惊悚影片《中国综合症》（The China Syndrome）中[1]。这只不过是纯粹的虚构，至少核工业高管们这样认为。他们甚至在影片公映之前对其大加鞭挞。他们认为，这个故事毫无科学可信度，其中一位高管称其为"对整个行业的人格诽谤"。[2]

影片制片人之一兼演员道格拉斯对此则有不同意见："我有一种预感，在今后两三年内，这部影片中的许多情节将出现在现实生活当中。"[3]

事实证明，核电站事故来得更快。《中国综合症》首映后的第12 天，红头发的英俊青年汤姆·考夫曼（Tom Kauffman）来到宾夕法尼亚州萨斯奎哈纳河上的三里岛核电站上班。[4]这个周三的清晨6 点 30 分，在这座混凝土堡垒中的考夫曼发觉事情不太对劲。从庞大的冷却塔中飘出的一缕缕蒸汽烟羽要比平时小得多。而就在接受安全检查时，他能听到紧急警报的铃声。"哦，是二单元出了点麻烦。"[5]保安人员告诉他。

核电站内的控制室里挤满了操作员，巨型控制台上，数以百计的指示灯闪个不停。[6] 整个核电站内都在警报辐射危险。将近 7 点时，一位监管人员宣布核电站进入紧急状态。这意味着，核电站内可能出现"未能控制的辐射泄露"。到了上午 8 点，两座反应堆中有一座的核燃料有一半已经熔化，到了上午 10 点 30 分，已经有放射性气体泄漏，进入了控制室。[7]

这是美国历史上最严重的一次核事故。[8] 工程师费尽周折，花了好多天总算让过热的反应堆稳定下来，有些官员担心会发生最恐怖的事件。反应堆内形成了氢气气泡，科学家们曾为它们是否会爆炸争论不休，显然这些不稳定气体越积越多，任何接近这一区域，想要手动打开阀门放出这些气体的人都会死于辐射。

白宫战情室举行了一次气氛紧张的会议。卡特总统的科学顾问会后把美国核能管理委员会（Nuclear Regulatory Commission）主席维克多·吉林斯基（Victor Gilinsky）叫到一边，小声提议派癌症末期病人前去打开阀门。[9] 吉林斯基仔细看了看他的脸色，确信他不是在开玩笑。

核电站周围的居民区已经形同鬼城，14 万居民逃离了这个地区。危机的第五天，卡特总统和第一夫人前往现场平息恐慌。他们在鞋子外面套上了嫩黄色的防护套鞋，保护自己不受地下的微量辐射侵袭。他们进入核电站，以打消全美人民的疑虑。工程师们在当日确证，氢气泡不会产生直接威胁。只要冷却剂重新就位，反应堆芯的温度就会开始下降，但直到一个月后，堆芯最热的地方才开始冷却。安全警告终于全部解除时，还有许多人认为，我们最恐惧的事情几乎在三里岛成为现实。

　　三里岛核电站的崩溃始于一个简单的管道工程问题。一个工作团队当时正在对核电站的无核部分进行例行检修。出于我们至今仍未完全清楚的原因，一套通常向蒸汽发生器供水的水泵停止了运转。一种解释是：在维修过程中，水汽偶然进入了控制核电站仪器并调节水泵的空气系统。没有了水的流入，蒸汽发生器便无法散去来自反应堆芯的热能，于是温度上升，反应堆内压力积蓄。随后，一个小的压力安全阀按照设计自行打开。但接着发生了另一个故障。当压力恢复正常时，减压阀却没有关闭。它被卡住了，无法关闭。本来应该漫过反应堆芯使其冷却的水都从减压阀流失了。[10]

　　控制室的指示灯一直都亮着，操作员因此一直误以为阀门是关闭的。但实际上，指示灯只能说明让阀门关闭的指令，而不是说它已经关闭了。而且，因为没有直接显示反应堆芯水位的仪器，操作员只能依赖其他的手段：观察系统中稳压装置的水位。但是，当水通过打开的安全阀流走时，尽管反应堆芯的水位在不断下降，稳压装置中的水却在上升。于是操作员认为反应堆芯的水太多，实际上问题恰好相反。当紧急冷却系统自动启动，强行向反应堆芯注水时，他们将冷却系统关闭了，于是堆芯开始熔化。

　　操作员知道出了问题，但他们不知道是什么问题，他们花了好几个小时才弄清楚反应堆芯的水正在流失。接二连三不断响起的警铃声让人心慌意乱。各种警报器、电号角持续长鸣，闪光灯亮成一片，这种情况下他们也很难找到最根本的问题。控制室内的强辐射迫使人人都戴上防辐射面具，这让交流变得非常困难。

　　人们无法确定堆芯到底有多热。有些温度读数很高，还有些却比较低。有那么一会儿，监控反应堆温度的计算机屏幕上完全没有数据，只显示下面这样的一行行字符[11]：

```
????????????????????????????????????????????????????????????????? ???
????????????????????????????????????????????????????????????? ????????????
????????????????????????????????????????????????? ???????????????????????
????????????????????????????????????? ??????????????????????????????????
?????????????????????????????? ?????????????????????????????????????
????????????????????????????? ??????????????????????????
```

　　核能管理委员会的情况同样糟糕。"我们很难对不确定且自相矛盾的信息进行分析，"吉林斯基回忆道，"各方人士向我提出了许多毫无用处的建议。似乎谁也不清楚到底发生了什么情况，也不知道我们该怎么做。"

　　这是一次令人手足无措、史无前例的危机，而这次危机改变了我们对现代系统崩溃的一切知识。[12]

II

三里岛事故之后 4 个月，一辆邮车爬上了蜿蜒的山路，来到纽约州希尔斯代尔的一处与世隔绝的小屋前，这是伯克郡的一处山麓。当时正是炎热的 8 月夏日，几经波折，驾驶员才找对了地点。邮车刚停下来，小屋就走出来一位一头卷发，干净、瘦削的 50 多岁的男子，急切地签收了一个包裹。这是一个大盒子，里面装满了工业事故方面的书籍和文章。

这名男子是查尔斯·培洛（Charles Perrow），他的朋友都叫他奇克（Chick）。[13] 培洛看上去完全不像是一个能在灾难性事故科学方面引发革命的人物。他不是一位工程师，而是一位社会学教授。他从来没有做过事故、核能或者安全方面的研究。他的专长是组织研究，而不是灾难。他最新一篇论文的题目是"无所作为者的叛乱：1946 至 1972 年农业工人运动研究"（Insurgency of the Powerless: Farm Worker Movements, 1946-1972）。三里岛事件发生时，他正在研究 19 世纪美国新英格兰地区的纺织厂组织。

社会学家们很少对核安全这类生死攸关的问题发挥重大影响。《纽约客》（The New Yorker）的一位漫画家曾用一个正在读报的人物形象讽刺这一学科，大标题是"社会学家大罢工！！！ 国家面临生死考验！！！"。[14] 但是，在这个盒子被送到培洛的小屋的 5 年后，他有关高风险行业灾难研究的著作《常态事故》（Normal Accidents）便成了人们疯狂膜拜的学术经典。从核工程师到软件专家、医学研究者，各个领域的专家都研读与辩论着这部书的内容。培洛接受了耶鲁大学的一个教授职务，而到他第二部有关灾难的著作出版时，《美国前景》（*The American Prospect*）杂志声称，他的研究"取得了标志性的地位"[15]。赞赏这部书的人称培洛为"无可争议的灾难学大师"[16]。

三里岛事故的总统委员会请培洛研究这一事件，他自此开始对崩溃问题产生了兴趣。该委员会开始只计划听取工程师和律师的意见，但其中唯一的社会学家成员建议他们也去咨询培洛。她有一种预感，觉得他们可以就此从一位社会科学家那里学到一些东西，而这位社会科学家曾经考虑过组织机构在真实世界中的运转方式。

培洛收到了这个委员会的调查记录副本，并用一个下午读完了这些材料。当天晚上，他有几个小时辗转难眠，而他终于睡着之后做了一个"二战"军旅生涯以来最可怕的噩梦。"操作员的证词给我留下了深刻的印象[17]，"他多年后这样回忆，"这是一种具有极大灾难性风险的技术，而他们在好几个小时之内完全不知道发生了些什么……我突然意识到，我现在与它牵涉极深，与它的核心问题相关，因为说到底，这完全是一个组织问题。"

他有三周时间，写一份 10 页的报告就算完成任务。但是在一批把一箱箱资料寄往他的小屋的研究生帮助下，他最终在最后期限之前写成了一篇 40 页的论文。然后他集合了一个团队，后来他称其为"一组尖酸刻薄的研究生助研，他们与我争论，相互间也吵得不可开交"。根据培洛的回忆，这是"整个校园中最阴郁的小组[18]，以黑色幽默著称。周一例会上，我们会有人总结说：'本周对我们的课题极有收获.'然后就滔滔不绝地讲起了最新发生了些什么灾难"。

这个团队反映了培洛的个性。一位学者把他描述为一个性格乖戾的家伙,但称他的研究工作犹如一座"灯塔"。[19] 学生们说他是一位要求严格的老师,但他们特别喜欢听他讲课,因为他们能够学到很多东西。培洛的批评毫不容情也极有见地,这在学术界非常有名。[20] "奇克对我的工作的严格评价是一把尺子,我用它评判我是否取得成功[21]," 一位作者如是说,"他可以不停地写评论,有时候相当严厉,但总是有理有据,而且结尾处总不忘写下'热爱你的奇克',或者'通常都能体谅他人的我'。"

III

培洛越是深入了解三里岛的情况,就越是对这个课题着迷。这是一次重大事故,但事故的起因都是小事,不是大规模的地震,不是大型的工程失误,而是一连串小失误的组合:供水系统问题、卡住的阀门,还有模棱两可的指示灯。

而且事故的进展快得不可思议。最初只是管道故障,结果造成了水泵无法为蒸汽发生器供水,于是反应堆压力增加,压力安全阀紧接着自动打开,但又无法关闭,随后是误导人的阀门水位指示,整个过程发生在13秒钟之内,不到10分钟就造成了反应堆芯的损坏。

对于培洛来说,把问题归咎于操作员显然是于事无补的下作手段。虽然正式的调查报告认为，核电站的职员队伍是事故的罪魁祸首，但培洛意识到，这些错误只能事后发现，他称这种错误为"回顾性错误"[22]。

三里岛事故最大的失误是认为问题在于水太多而不是太少。不妨以此为例做一说明。当操作员做出这一假定时，他们能够看到的读数并没有说明冷却剂的水平太低。根据他们的最佳判断，当时并不存在暴露反应堆芯的危险，因此他们专注于另一个严重问题：系统被淹没的风险。尽管当时或许也有能够帮助他们确定问题本质的指示，但操作员认为那些只不过是仪器故障，而且这种想法合情合理，因为仪器确实有故障。在调查者弄清核电站内发生的所有小问题的离奇组合作用之前，操作员的行为似乎都很有道理。

这是一个令人惊恐的结论。三里岛事故是史上最严重的核事故之一，却无法归咎于明显的人为失误或重大的外部冲击。或多或少，它就是以离奇方式出现的许多小灾小难的组合。

培洛认为，这次事故并非一种反常现象，而是核电站作为一个系统的根本特点。这次崩溃事件源于各个不同部分之间的联系出了问题，而不是这些部分本身出现了问题。[23]进入空气系统的水汽本身并不会成为问题。但通过它与水泵、蒸汽发生器、各种阀门和反应堆之间的联系，引发了重大的影响。

许多年来，培洛和他的研究生团队艰难地研究着数以百计的事故细节，从飞机坠毁到化学工厂爆炸。同样的模式一而再再而三地出现。一个系统的不同部分之间以人们意想不到的方式相互作用，多个小失误以无法预见的方式耦合，人们不明白正在发生什么。

　　培洛的理论是，有两大因素促使系统容易发生这种崩溃。如果理解了这两大因素，我们就可以确定哪些系统最脆弱。

　　第一个因素与系统中不同部分相互作用的方式有关。有些系统是线性的，它们就像汽车工厂中的一条装配线，各部分通过一种容易预测的顺序向前发展。每辆汽车从第一个工作站移向第二个，再移向第三个，以此类推，每一步都安装不同的零件。如果一个工作站停止了工作，很容易看出哪里出了问题。事故的后果同样一清二楚：汽车无法移动到下一个工作站，而上一个工作站会出现积压。在这种系统中，不同部分之间以最明显、最容易预测的方式相互作用。

　　核电站这类系统则更为复杂，各部分往往以意想不到的隐蔽方式相互作用。复杂系统不像装配线，更像一个精密的网络。其中的许多部分以错综复杂的方式联系在一起，易于相互影响。甚至表面看上去没有关系的部分之间也可能会有间接的联系，有些子系统则与系统的许多部分联系。因此，当某个地方出现问题，各种毛病会四面开花、接踵而至，人们很难弄清楚到底发生了什么。

　　更糟糕的是，在复杂系统中出现的许多情况是肉眼无法看到的。想象一下你走在一条悬崖边蜿蜒而下的小径上，距离悬崖绝壁不过几步之遥，但你的感官会让你远离危险。你的头脑和眼睛一直在集中精力，保证你不会行差踏错，也不会离峭壁边缘太近。

　　再想象你走在同一条小径上，但只能通过望远镜前行。你无法看清整个场景，必须不断地通过狭窄而又间接的焦点改变关注点。你先低头看着你的左脚可能踏足的地方。接着再移动望远镜，试图弄清你离边缘还有多远。接着你准备挪动你的右脚，然后你必须再次关注路径。就像这样，你要沿着这条路径走下去，而且你能够依赖的只有这些分散的间接图像。当我们试图管理一个复杂系统时，我们面临的就是这样的局面。

培洛很敏锐地注意到，复杂系统与线性系统之间的差别并不是它们的复杂性。一家汽车装配工厂绝非不复杂，但它各部分的相互作用采取了最线性与最透明的方式。以大坝为例，大坝是工程上的奇观，但按照培洛的定义则完全没有复杂性可言。

对于一个复杂系统来说，我们无法一进去就能对混乱危险的局面一览无余。在大多数情况下，我们需要依赖间接的指示器评估形势。例如，在核电站中，我们无法直截了当地派一个人去查看反应堆芯到底发生了什么。我们需要通过许多杂乱的信息拼出完整的图像，如压力指标、水流测量数据等等。我们能看到一些事物，但不是全部。因此，我们的判断很容易出错。

而当各个部分存在着复杂的相互作用时，细小的变化也可能产生严重的结果。在三里岛核电站中，一杯不含放射性的水让1 000升放射性冷却剂失效。这就是混沌理论中的蝴蝶效应，也就是说，在巴西的蝴蝶扇动翅膀会创造条件，引起得克萨斯州的飓风。[24] 混沌理论的先驱者认识到，我们的模型和测量永远无法准确到能够预测蝴蝶扇动翅膀引发的结果。培洛论证的观点就与此点类似：我们根本无法完全了解复杂系统，因此也就不能准确预测任何一个小小的错误可能引起的所有后果。

IV

培洛理论的第二个元素与系统中有多大的松动空间有关。他从工程学中借用了一个术语：紧密耦合（tight coupling）。如果一个系统是紧密耦合的，则它的各个部分之间很少有松动或者缓冲。一个部分出现的失误很容易影响其他的部分。松散耦合则相反：各部分之间有许多松动的地方，因此一个部分有漏洞，系统的其他部分通常可以幸免于难。

在紧密耦合的系统中，大体上正确是不够的。输入的数据必须精确无误，它们需要按照特定的顺序和时间框架耦合。一般不存在做错后返工这个选项。替换或者使用其他方法很难奏效——做事情只有一种方式。所有事情都来得很快，并且我们不可能在解决问题的时候让系统停下来。

以核电站为例。控制一系列链式反应，需要一套特定的条件，只要稍微偏离正确的过程（如一个阀门被卡住了）就会造成严重的麻烦。而当麻烦出现时，我们无法让系统暂停或者关闭。链式反应会按照自己的速度进行，即使我们让它停下来，大量余热依然存在。时机的选择也很重要。如果反应堆过热，几个小时后再添加更多的冷却剂根本无济于事，必须立即添加。如果反应堆芯熔化、辐射泄漏，各种麻烦还会迅速扩散。

一座飞机制造厂的每个工序是更松散的耦合关系。例如，机尾和机身是分别制造的，如果其中一个工序出了问题，可以在两部分拼到一起之前解决。它们孰先孰后无所谓。如果遇到麻烦，可以先把进程停下来，把未完成的产品（比如没有造好的机尾）放到一边，处理完麻烦之后再做接下来的工序。如果我们关掉所有的机器，系统也就停下来了。

目前还没有哪个系统严格符合培洛定义的范畴，但与别的系统相比，有些系统更复杂、耦合得更紧密。这是一个程度问题，我们可以用这些维度为基础绘制系统的图形。培洛最开始的草图看上去大概如下图 [25]：

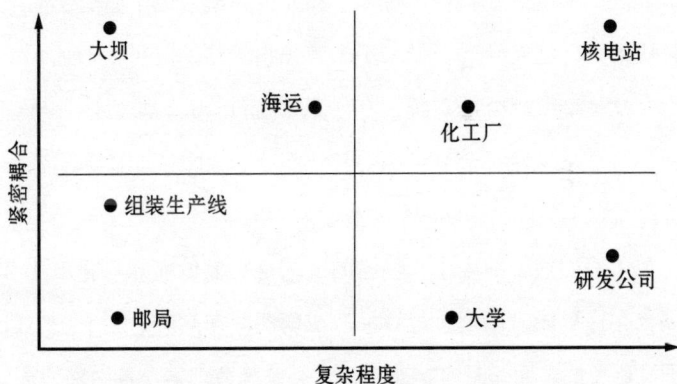

在图表上端，大坝和核电站都是紧密耦合的，但是大坝（至少在传统意义上）的复杂程度要低得多。它们的组成部分较少，出现

无法预见、无法看见的相互作用的可能性也较少。

在图表底部，邮局和大学松散耦合，这些组织中的各部分不需要有准确的次序，人们有大量的时间来解决问题。"在邮局里，邮件即使在缓冲区里堆一阵子，也不会出现警报，"[26]培洛写道，因为"人们可以容忍圣诞节购物狂潮期间的拥挤和等待。同样，学生们在入学登记时也不介意排一会儿队"。

但是，邮局没有大学那么复杂，它是一个相当直截了当的系统。与此不同，大学是一个复杂的官僚机构，各种部门、子单元、功能部门、规则都令人混乱，人员的不同工作安排，从研究人员、教师到学生和管理人员，也经常以杂乱无章、无法预测的方式相互联系。培洛在大学这个系统中有几十年经验，他生动地写下了一起普通的学术事件。某位助理教授深得学生和社区成员爱戴，但他在学术方面著述太少，这就给院长带来了未曾预料的棘手问题。不过，正是因为大学是松散耦合的系统，有许多时间和较大的灵活性处理这类问题，而这一事件不会对系统的其他部分造成损害。社会学系发生的丑闻通常不会影响医学院的运作。

在培洛的这个图表中，危险的区域是右上角部分。复杂性与紧密耦合在这里同时出现，很容易造成崩溃。在复杂系统中，小错误是不可避免的，而一旦事情恶化，这类系统会产生令人困惑的症状。无论我们多么努力，判断的过程都将非常艰难，甚至会因为只能解决非主要问题而让整个局势更加糟糕。如果这个系统同时也是紧密耦合的，我们便无法制止多米诺骨牌一个接一个地倒下。失误将迅速扩散，无法控制。

培洛称这种崩溃为常态事故。他写道："有些地方，人人都努力尝试保证安全，但由于相互作用的复杂性，还是在无法逆料的情况下出现了两个或多个故障，并因为紧密耦合而造成崩溃。"[27] 这样的事故是正常的，但不是因为它们经常发生，而是因为它们是自然发生的，且无法避免。"人类死亡很正常，不过我们每个人都只能死一次。"[28] 他打趣说。

培洛承认，这类常态事故其实极为罕见。而大部分灾难是可以避免的，造成这些灾难的直接原因并不是复杂性或者紧密耦合，而是可以避免的错误，如管理失误、忽视警示、沟通有误、缺乏训练和鲁莽承受风险。但培洛的理论框架也能帮助我们理解这些事故：复杂性和紧密耦合会造成某些可避免的崩溃。如果一个系统是复杂的，我们就无法正确地理解它如何运作，也不太可能准确知道它内部发生了什么，而这样的认识失误很可能以令人费解的方式与其他失误耦合，于是紧密耦合造成的崩溃往往令人始料未及。

想象一下，某个修理工不小心造成了一次小故障，比如关错了一个阀门。许多系统能够应对这类日常的微小差错，但三里岛核电站的事故让我们知道，在合适的条件下，微小的差错能够造成极大的损害。复杂性和紧密耦合创造了一个危险地带，在这个地带中任何微小的差错都可能转为崩溃。

崩溃不仅仅包括大型工程灾难。相互关联的复杂系统，以及系统崩溃随时可能发生在我们身边，有时候甚至发生在最不可能的场所。

V

2012 年冬季，星巴克在社交媒体上发起了一场营销活动，意在吸引咖啡爱好者参与节日狂欢。[29] 它邀请顾客在推特上使用 #SpreadTheCheer（"让欢欣的感觉四处扩散"）这一话题标签。星巴克还赞助了伦敦自然历史博物馆的滑冰场，在滑冰场内建立了一个巨型屏幕，展示所有带有这个话题标签的推特信息。

这个营销创意非常聪明。顾客将会免费为星巴克树立正面形象，在互联网上发表热情洋溢的信息，就即将到来的假期和他们喜爱的星巴克饮品发表吹捧文章。这些信息不仅会出现在互联网上，还会出现在这个大屏幕上，许多滑冰爱好者、滑冰场上的咖啡享用者、博物馆参观者和路人都能看得见，而不适宜的信息会被信息过滤器筛选淘汰，由此营造出一种与温馨的星巴克饮品相得益彰的节日气氛。

直到 12 月中旬的一个周六晚上，滑冰场都一切正常。但好景不长。让星巴克始料未及的是信息过滤器失灵了，于是像下面这样的信息开始出现在硕大的屏幕上：

我喜欢在一个依法纳税的商店里购买喝起来够味的咖啡。所以我不会去星巴克的，去你的吧 #spreadthecheer

嘿 # 星巴克，赶快去纳税吧 #spreadthecheer

如果像星巴克这种公司正常纳税了，博物馆就不会像娼

妓一样卖身投靠广告商了 #spreadthecheer

#spreadthecheer 逃税漏税的混蛋

这些信息针对的都是星巴克最近采取的合法避税策略。

凯特·托尔伯特（Kate Talbot）是一位 20 多岁的社区组织者，她用手机给屏幕拍了一幅照片，然后配以如下文字发在推特上："我的天哪，星巴克在国家历史博物馆里设立了一个屏幕，上面显示着他们的 #spreadthecheer 推特信息。"一眨眼的工夫，托尔伯特自己的推特也出现在屏幕上。于是她又发了一条："我的上帝啊，现在他们在显示我的推特！这可是公关良机……#spreadthecheer # 快去纳税吧 # 星巴克。"

星巴克公关失败的新闻迅速蹿红推特，这鼓励了更多的人加入鞭挞星巴克的行动。"看起来，只要带上了 #spreadthecheer 的主题标签，伦敦星巴克的屏幕都会播出来，"一位男子在推特上写道，"哇，太有意思了哦。"

雪崩般的推特狂潮势不可挡。

星巴克 #spreadthecheer 这个圣诞节会不再剥削工人并开始纳税吗？ # 逃税漏税专家 # 最低工资

亲爱的 #spreadthecheer，在博物馆里竖立一块屏幕显示所有写给你的推特，真的很聪明吗？ #spreadthecheer # 快快去纳税

　　砸烂星巴克！革命万岁！你失去的只有高价牛奶咖啡泡糖浆 #spreadthecheer

　　或许星巴克应该雇用一个最低工资、没有福利或者带薪午间休息的"咖啡师"，让他检查与过滤发给 #spreadthecheer 的推特。

　　谈谈公关惨败的体会吧。#spreadthecheer

　　星巴克突然发现，自己正置身于奇克·培洛描述的世界之中。

　　社交媒体是一个复杂系统。它是由数不清的人组成的，他们具有形形色色的观点和目的。很难知道他们是些什么人，他们会发起哪种特定的宣传攻势。同样，也很难预测这些人面对星巴克的信息过滤器故障这类错误会有什么样的反应。凯特·托尔伯特的选择是拍下屏幕的照片并放到互联网上分享。接着，其他人意识到，打上话题标签的推特信息都会出现在这个大屏幕上。随后传统媒体也对推特风暴做出反应。它们报道了公关噱头如何事与愿违，而办砸了的宣传成为主流媒体上的新闻，更多的人因此知道了事情的来龙去脉。内容过滤器故障、托尔伯特的照片、其他推特用户的反应，以及主流媒体报道，这些因素无意间相互作用。

　　内容过滤器的故障增加了耦合的紧密程度，因为屏幕现在毫无选择地自动登载任何推特信息。星巴克正在发生公关灾难的消息在推特用户中迅速传开了，这是设计时就存在的紧密耦合：开始时只有几个人分享这一信息，接着这些人的关注者也开始转发分享，然后是关注者的关注者，以此类推。甚至在内容过滤器修好之后，负面推特仍旧泛滥。星巴克根本无法阻挡这一潮流。

一个为鼓吹节日消费而开展的公关攻势和一座核电站，你大概无论如何也不会把二者联系起来，但在它们身上，我们都可以应用培洛的理论。事实上，我们在任何地方都可以看到复杂性和耦合，甚至在自己家里也不例外。不妨以感恩节聚餐为例。我们通常不会把这件事当成一个系统。首先要考虑的是旅行问题，节日前后的几天是交通最拥堵的时候。美国的感恩节永远是 11 月的第四个周四，按照培洛的理论，这意味着其中的松动空间很小——节日窗口只有一天。海量的旅行者也造成了复杂的相互作用：公路上的汽车造成了交通堵塞，而航空旅行的网络结构意味着芝加哥、纽约和亚特兰大等重大枢纽地区的坏天气会像涟漪一样震荡传播，让旅行者滞留在全国各地。

然后是聚餐本身。许多家庭只有一个烤箱，这就联系上了经典的烤制或者烘焙类感恩节菜肴（如火鸡、烤面和馅饼）。如果一锅烘焙菜肴或者火鸡的烹制时间超过计划，餐桌上其他菜肴的烹制也会延后，而菜肴之间相互联系。填料要放在火鸡肚子里做，淋在菜点上的调味卤汁要由烤家禽时滴下来的汤汁炮制。像肉酱意大利面条这样简单的餐食就没有这样的相互联系。

要想清楚系统内正在发生的情况也很难，也就是说，搞不清楚火鸡是烤好了呢，还是需要再等上几个小时。为了解决这个问题，有些公司增加了一项安全机制，就是设置一个插在火鸡里的塑料小纽扣，火鸡熟了的时候会蹦出来，但和许多安全系统一样，这些纽扣本身并不可靠。更有经验的厨师用的是一种肉食温度计，以此作为火鸡内部情况的指示探针，但要准确说出需要多少时间仍旧不易做到。

餐食也是紧密耦合的：对于多数组成部分，你没法停下烹饪过程，等会儿再接着干。菜要一盘一盘地做，因为客人一个接一个地来了。一旦某个环节出了差错，比如火鸡烤过头了或者哪份材料忘了加，你也没法回头返工。

就像培洛预测的那样，聚餐的错误有可能盘旋发展，完全失控。几年前，美食家食品杂志《好胃口》（*Bon Appétit*）请读者写出"他们最疯狂的感恩节聚餐灾难故事"，分享给大家，收到了读者的热烈回应。[30] 数百名读者写出了五花八门的厨房事故，从烧着的火鸡和味同嚼蜡的调味卤汁，到吃上去如同泡了水的面包屑填料。

错误的判断是常见的问题。有人担心火鸡没烤熟，但实际上已经烤得只剩下骨架子了。也有人担心把火鸡烤焦，但实际上里面还是生的，这说明放在火鸡肚子里的填料也不熟。有时烤熟和没烤熟还会同时发生：火鸡胸脯烤过了头，鸡腿却烤得不够。

随着时钟嘀嗒作响，复杂性往往让厨师伤透脑筋。他们无意中犯下了一些错误，直到客人坐下来品尝才发现。"许多人都在馅饼、调味卤汁、烘焙菜肴以及其他菜品中无意地用错佐料，"[31] 这份杂志指出，"有一位读者在她的冰激凌中用的不是香草，而是维克斯44（一种强效止咳糖浆）。"

　　为了避免感恩节灾难，有些专家建议简化系统中最容易出错的一部分：火鸡。"如果你把火鸡切小一些，分别烤制，成功概率就会高一些，"[32]大厨杰森·奎恩（Jason Quinn）如是说，"完美地烹制白肉要比同时烹制白肉与红肉容易些。"填料也可以分别烹制。

　　于是，火鸡变成了一个不那么复杂的系统。各个部分之间的联系没那么紧密了，人们也比较容易看出每一块火鸡烘焙得如何。耦合的紧密程度也下降了。有些部分，如小腿和翅膀，可以先做。然后烤箱里的空间就大了些，这就更容易监控胸脯肉，看它是不是烤到了完美程度。如果发生了什么出乎意料的事件，你可以专注于手头的问题，不需要担心包括白肉、红肉、调料以及其他东西的整个复杂系统。

　　这种减少复杂性、增加松动空间的方法可以帮助我们避开危险区。它可以成为一种有效的解决办法，这一点我们将在本书后文探讨。但在最近几十年间，整个世界实际上是在向相反的方向发展：许多本来远离危险区的系统现在却深入危险区之内。

第 2 章

深水，新地平线

"一看就知道是复杂的计算机系统发生了错误，但还是有人因此被关进监狱。"

I

艾丽卡·克里斯塔基斯（Erika Christakis）点击发送键，将邮件群发给寄宿学院的学生。[1]她从未想过这会在耶鲁大学的校园内激起争议，并且获得全美国的瞩目，愤愤不平的学生起来对抗她和她的丈夫尼古拉斯·克里斯塔基斯（Nicholas Christakis）教授。她和尼古拉斯共同担任耶鲁大学西利曼学院的院长。这是一个有 400 多名学生的住宿式社区，其中包括一所图书馆、一家电影院、一间录音室和一个餐厅。

万圣节前夜的前一天，耶鲁大学的跨文化事务委员会发来一份电邮，力促学生避免穿着带有种族与文化歧视意义的万圣节服装。艾丽卡发送电邮时，美国正陷入广泛的种族与特权争论之中。[2]起因是警察枪杀了黑人男子，一位白人至上主义者在南卡罗来纳州的一所教堂中开枪射杀9名黑人礼拜者，以及由"黑人的命很重要"（Black Lives Matter）运动活动分子领导的谈话和抗议活动。

艾丽卡是儿童早期开发问题的专家，她对这个委员会有关恰当衣着问题做出了回应，这让她和尼古拉斯卷入了有关万圣节前夜问题的争议。尽管艾丽卡的电邮理解该委员会对此事的关注，但她质疑管理人员限制学生行为的命令是不是一个妥善的解决方法。"从你们的观点出发，我们是否对年轻人通过社会准则行使自我甄别的能力丧失了信心呢？同样，从你们的观点出发，你们是否漠视或者排斥那些让你感到不安的事物？……有关万圣节前夜服装的争论，表达了我们对年轻人的能力和判断力持有什么观点？"

作为回应，一批大学生贴出了一封公开信，发起了一场呼吁艾丽卡和尼古拉斯辞去学院院长职务的请愿。几天之后，争论升级。尼古拉斯走过西利曼学院的院子时遇到一群学生，他们抗议他对艾丽卡的电邮的支持，要求他道歉。[3]

尼古拉斯告诉他们，他的职责是倾听学生的意见而不是道歉。他这样解释了他的立场：

> 我已经说过，很抱歉让你们感到烦恼……但这并不意味着我为我说过的话抱歉。我支持言论自由……即使有些

话让某些人厌烦，并且尤其是让人厌烦的话，也有表达的自由……我同意你们所说的内容。我和你们一样反对种族主义。我和你们一样反对种族不平等。我一生都在关注这个问题……但这个问题与言论自由不是一个问题，言论自由是保障人们说出他们想说的话的权利，这些人包括你们。

但群情激愤，有人喊道："他的话不值得听！"

另一个学生开始说话，但当尼古拉斯反驳时，她喝止他："闭嘴！"

她争辩说，院长的首要职责是为学院的学生创建一个安全的环境，而不是创造讨论气氛。当尼古拉斯表示异议时，她发火了。"你这个老混蛋为什么要接受这个职务？是哪些老混蛋雇用了你？"她喊道，"你晚上不该睡觉！你真恶心！"

令人吃惊的不是这次争论的内容，而是这一争论迅速吸引了全国的关注。一位来访的活动分子录下了这次对抗的视频，并把它发到了网上。这类讨论在过去几年中只局限在校园里，如今却引爆了社交媒体。

而且社交媒体又进一步影响了现实世界。最后，艾丽卡和尼古拉斯辞去了院长职务[4]。那份流传极广的视频也影响了发火的那位学生。人们称她为"狂呼女郎"，发掘了她的身份背景，然后嘲笑她的特权地位。有一个网站揭露，她的家庭在康涅狄格州一个富裕的镇子里，住的是一所70万美元的房子。[5]揭露这些事实的当口，网站的评论却充斥着种族主义和威胁性的言辞。这个故事迅速扩散到国际媒体上，从中国香港到匈牙利。这显然不是耶鲁大学想要的那种宣传。

奇克·培洛在1984年出版了他有关系统崩溃的专著，当时还没有让这样的争议迅速形成燎原之势的科技。如今，智能手机的视频创造了复杂性，因为它们把并不总能联系在一起的事物联系了起来，在上面谈及的事件中，被联系起来的是大学校园和国际焦点。在社交媒体的放大效应之下，校园内拍摄的视频变成了紧密耦合系统的一个部分：它们被人火速分享，谁也无法压制。

1984年，大学还是一个松散耦合系统，如今已经不同了。自从奇克·培洛做出最初的分析以来，许多以往被他归类为线性或者松散耦合的系统已经变成了复杂系统和紧密耦合系统。各种系统都变成了危险区。

就拿大坝来说，当时培洛认为它们是紧密耦合系统，但复杂性低。如果发生问题，一座大坝或许会造成洪灾，祸乱下游地区。但培洛认为，大坝是简单的线性系统，相互作用很少，因此它们不在危险区内。但是，现在情况已经不同了。

如果你在1980年代访问一座大坝，带着你参观的很可能是大坝看守者，他们是住在附近负责大坝安全的人员。现在你可能看不到任何人。操作员坐在遥远的控制室中，他们看上去和核电站的操作员非常类似，他们也在无法直接看到大坝的情况下做出决定。

一位名叫帕特里克·里根（Patrick Regan）的联邦大坝检查员最近重新评估了培洛的分析，结果他发现，自从20世纪90年代以来，新的科技和规定已经完全改变了大坝的运行模式。[6] 大坝看守者管理的大坝是简单的系统。如果需要从大坝放水，看守者便走上坝顶，推动开关打开泄洪闸。看守者能够亲眼看到移动的闸门是否正确。

但是，现在遥控操作员在计算机屏幕上点击虚拟的按钮，然后"得到了闸门正在远离某种位置传感器的信号，"里根写道，"如果传感器给出了错误数据，操作员对于闸门是否移动或者移动了多远的真实信息一无所知。"[7]

你很可能会猜到后果。就拿加利福尼亚州的一座大坝为例。[8] 当位置开关从闸门上脱落时，遥控操作员就搞不清闸门的位置，而且意识不到他们到底放掉了多少水，下游地区可能会被过量的水淹没。即使避免了悲剧，系统事故也才开了个头。只是一个小小的机械故障和误导人的指示器，系统就迅速陷入了失控。

里根认为，如今的大坝与核电站一样，深陷复杂性和紧密耦合的危险区。大坝操作员依赖间接的指示器管理复杂的系统。里根写道，这便意味着麻烦，"控制我们大坝的系统变得愈来愈复杂，发生事故的可能性也愈来愈大"。

Ⅱ

培洛在他 1984 年的著作中没有太过关注金融问题，在他的复杂性和耦合方式矩阵中甚至没有包括财政系统。但在随后的 30 年间，金融却是复杂的紧密耦合系统中的一个完美例子。[9]以1987年的大崩盘为例，股市在一天之内暴跌了20%。在大崩盘的触发阶段，许多大投资者开始使用投资组合保险。这个交易策略让股市变得更复杂，因为它在不同的投资者之间造成了未曾预料到的联系。它也增加了耦合度，因为一旦价格开始下跌，投资组合保险程序便自动抛售更多的股票，进一步压低价格。

10年后，同样的价格螺旋上升影响了对冲基金长期资本管理公司（Long-Term Capital Management，简称LTCM）。[10]这个庞大的基金从整个华尔街的公司手中借贷了1 000亿美元，投资高收益的资产，比如俄罗斯债券等，因为按照LTCM计算机模型的算法，这些债券都被低估了。于是，LTCM成了一个复杂的金融网络的中心。1998年股市大跌时期，因为俄罗斯债务违约，这个网络出现动荡。最终美联储只好组织了30亿美元紧急救市，控制了危机。

又一个10年后，抵押贷款衍生产品和信用违约调期（CDS）创造了复杂性和紧密耦合，造成雷曼兄弟倒闭，导致全球金融危机。情况甚至会更糟糕得多。就像安德鲁·罗斯·索尔金（Andrew Ross Sorkin）在他《大而不倒》（*Too Big to Fail*）一书中详细说明的那样，因为银行之间盘根错节的不透明关联，整个系统几乎全部崩溃。[11]

2010年，培洛在一次访谈时说，金融系统的"复杂程度超过了我研究过的任何核电站"[12]。随后，2012年夏天，复杂性和紧密耦合造成了华尔街最大的交易公司之一的崩盘。

2012 年 8 月 1 日本来应该是华尔街非常平淡的一个夏日。[13] 不断发酵的欧洲债务危机暂时趋于稳定，重要的经济指标还未公布。但是纽约股市开盘时，瑞士医药公司诺华公司（Novartis）的股票却突然狂飙，高开之后急速下跌。短短 10 分钟内，诺华公司股票的交易量就达到了全天的量，而交易量还在不断暴涨。

在华尔街旁边的一座新古典式摩天大楼内，有一间小小的办公室，里面有一套自动交易系统，它在诺华股值达到预设风险限额并停止交易之前购进了数以千计的诺华股票。这个系统发出了嘟嘟的警报声，吸引了约翰·缪勒（John Mueller）的注意。缪勒毕业于麻省理工学院，是一名计算机科学家，他设计了公司的大部分交易平台，它们以极高的速度交易数以百计的股票，并从中获利。

交易系统为什么会响起警铃？缪勒认为这是因为他的彭博终端上有关诺华公司的新闻。尽管诺华公司的股票价值遭受了打击，但诺华公司并没有发表任何解释公告。像缪勒一样困惑的大有人在：这种奇怪的表现让整个华尔街的交易员大为吃惊。

显示屏上的电子表格显示了两种对立的观点。红字表示他早先买入的股票损失的金额，而这时诺华的股价还在持续下跌。另一栏是绿字，显示他的模型的预测：价格太低了，缪勒应该尽量多多买进。缪勒的目光在这两栏数字上跳跃，他看到了其他交易员也开始注意到的事情：其他股票也出现了同样令人困惑的状况，从通用汽车公司（General Motors）到百事可乐（Pepsi）。这意味着，问题不是出在个别公司的身上。不久，整个华尔街的交易场所就谣言满天飞了。有一种看法认为,一家名叫骑士资本(Knight Capital)的知名交易公司出了大问题。

汤姆·乔伊斯(Tom Joyce)是骑士资本的首席执行官,但人人都叫他 TJ。谣言四起的时候他正四仰八叉地躺在沙发上观看体育电视节目《世界体育中心》(Sports Center)。平常他都待在骑士资本位于泽西城的办公室里,但那天他在位于康涅狄格州郊区达连湾的家中。他刚做过手术,膝盖上缠着冰袋和厚厚的绷带。

大约 10 点钟,他接到了首席交易员的电话:"你在看全美广播公司财经频道(CNBC)吗? 我们遭遇了一次交易失误,大失误。"这是一次计算机故障,基于某种人们还不知道的细节,在开盘后的半小时之内,骑士资本囤积了 65 亿美元它不需要的股票。TJ 只觉得头晕目眩:囤积了这么多无用的股票是一个管理噩梦,它可能会威胁骑士资本的生存。

骑士资本的交易系统狂飙了将近 30 分钟,每秒钟对 140 种股票发出数百个需求之外的订单。正是这些订单,造成了约翰·缪勒和整个华尔街的交易员在他们的显示器上看到的不正常现象。骑士资本的错误就这样曝光在所有人面前,震撼了整个市场,交易员因此得以反向推导仓位。如果说骑士资本是一位扑克牌玩家,那么现在他的对手完全清楚他手上有哪些牌了,而且这些牌已经全部到位。在这 30 分钟里,这家公司每分钟的损失超过 1 500 万美元。[14]

坐在前往办公室的汽车里,TJ 打出了他职业生涯中最重要的几个电话。他试图说服美国证监会主席玛丽·夏皮罗(Mary

Schapiro），让她同意骑士资本撤销这些交易，因为它们显然是失误造成的。骑士资本有了一套新的交易软件，但公司的一位 IT 人员没有正确地把它复制到公司的所有服务器上。TJ 争辩："这的的确确是一次失误。"夏皮罗需要和她的下属讨论这个问题。一个小时后她回了电话：维持交易不变。

TJ 面部肌肉抽搐着走出汽车，手里抓着拐杖，搭电梯到办公室，他怎么也想不到这样一个微不足道的失误会一下子打残了骑士资本：仅仅一位雇员的漫不经心，怎么会造成公司 5 亿美元的损失？

尽管骑士资本的崩盘源于一个软件的小故障，但其根源却要深刻得多。华尔街过去 10 年的技术革新为崩溃创造了条件。规则与科技将股票交易从片断、低效率且以关系为基础的行为，转变为一种紧密耦合的过程，其中计算机与算法占据了主导地位。像骑士资本这类过去使用场内交易人和电话实施交易的公司必须适应新世界。

2006 年，美国引进了全国市场规则系统（Regulation National Market System，简称 Reg NMS），绝大多数股票交易实现了自动化。权威人士统称的"股票市场"好像它是一个统一的整体一样，但实际上，美国股票市场由超过 12 个交易所组成，每一个交易所的规则又稍有不同，但它们都可以实施任何股票的交易。

Reg NMS 带来了两项重大变化。第一，它规定交易所必须迅速地自动执行订单，从而把人类挤出交易回路。在此之前，投资者的订单在执行之前可能会滞留好几分钟，等待交易员与另一位投资者人工匹配并手工完成交易。第二，要求各家交易所相互连接并尊重彼此的市场，Reg NMS 拉平了游戏场地。不妨试想，一位投资者向纽约证券交易所（NYSE）发出一份订单，买进 100 股 IBM 股票。过去，这份订单会暂时滞留在 NYSE，即使另外一家交易所给出的价格较低。但 Reg NMS 要求所有交易所把自己收到的订单交给其他具有更有利价格的交易所，这便创造了一个真正的全国市场。

尽管华尔街之外的人很少听说过骑士资本这家公司，但它处理来自电子交易公司（E-Trade）、富达投资（Fidelity）和宏达理财（TD Ameritrade）这些股票经纪公司的小投资者的订单，以及退休基金这些大投资者的订单。这些订单进入骑士资本的服务器，那里有一段叫作智能订单路由器（Smart Order Router）的计算机代码，由它决定骑士资本应该如何处理：是把它直接发往一家交易所，还是将它与它自己的内部交易系统中的订单配对，或者以某种另外的方式处理。

骑士资本一直在更新自己使用的技术，来反映这些市场上的变化。由于有了 Reg NMS，交易数量不断增长。而如纳斯达克（Nasdaq）和纽约证交所这些现有的交易所则已经调整了自己的规则，以便吸引更广泛的顾客，从职业交易商和巨型养老基金到小额的个人投资者。

向全电子市场的转化是金融界的一场革命。计算机的使用压低了费用，提高了交易速度，大大增加了交易者对订单的控制。[15] 但 Reg NMS 也创造了一个更为复杂与紧密耦合的市场，它导致了一些令人吃惊的事件。例如，2010 年 5 月 6 日，市场经历了所谓的闪电崩盘，其中一次小型接续断裂迅速向数以百计的股票扩散，令它们股价暴跌，其中有些低至每股 1 美分，但片刻之后便恢复正常。[16]这是华尔街历史上极为离奇的日子之一，而这已经能够说明一些问题了。接着就是骑士资本最新创造的足以成为头条的崩溃。

很难确定骑士资本崩溃的确切起始日，但是 2011 年 10 月是一个不错的开端。当月，纽约证交所提出了一种针对小投资者的新交易方式：零售流动性计划（Retail Liquidity Program，简称 RLP）。这个程序为小规模投资者创造了某种影子市场，交易价格也比市场中的其他机构更优越。骑士资本的程序员每年都要更新他们的交易软件，这一次也不例外，以便让他们的顾客可以使用这个新方法。

顾客必须明确说明他们想要自己的订单参与 RLP。为了做到这一点，骑士资本的程序员在他们的系统中添加了一面"旗子"。这面旗子是一种指示，说明对某项订单采取特别交易方法，它告诉骑士资本的系统，把订单送入 RLP。一面旗子就像包裹上的"易碎品"标签：它不会影响包裹中的内容，但它说明这件包裹需要特殊处理。当富达这类公司向骑士资本发送 RLP 订单时，它们会在订单的特定位置上附上一面旗子，或许在上面标出大写字母 P：

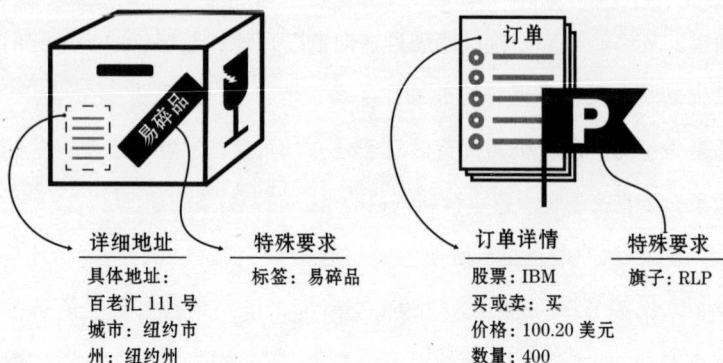

详细地址	特殊要求	订单详情	特殊要求
具体地址：	标签：易碎品	股票：IBM	旗子：RLP
百老汇 111 号		买或卖：买	
城市：纽约市		价格：100.20 美元	
州：纽约州		数量：400	

当骑士资本的智能订单路由器处理这种带有旗子的输入订单时，它会把订单送往系统中知道如何处理 RLP 订单的部分：

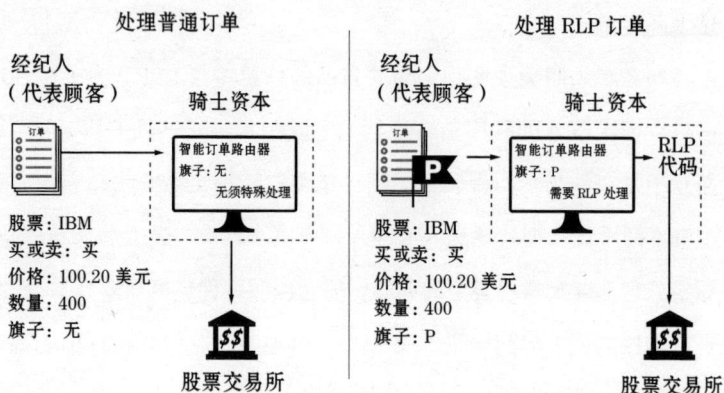

多年来，骑士资本一直使用同样的旗子来特别说明不同的订单类别即所谓的 Power Peg 订单。当交易员递交一份 Power Peg 订单时，

骑士资本的系统会把它分割，小批量分别处理，目的是降低大笔订单可能造成的价格变动。Power Peg是一种老旧的技术，从2003年起，骑士的系统就不再支持这种技术。但程序员并没有把这个代码从交易系统中去掉，他们只是废弃了这个代码，让人无法使用。几年后骑士资本的系统发生了另一项变动，使得智能订单路由器无法再追溯Power Peg订单的交易情况。这应该没什么问题，因为Power Peg反正已经废弃了。谁也没有注意到这个失误。

从引入RLP，废弃Power Peg功能，无法追溯Power Peg交易，一直到重新使用Power Peg旗子，这些步骤全都看上去无关紧要，但它们共同造成了一次金融崩溃。在RLP程序投入使用之前，骑士资本的一位IT工作人员把新版交易软件装入系统。为了确保没有问题，他先在一两台服务器上试验了新的程序，一切正常后再把RLP代码写入所有的8台服务器上，至少他想要这样做。但是，不知道出于什么原因，他漏过了其中一台。只有7台计算机使用了更新的软件，第8台服务器还在使用较早的版本，就是使用Power Peg代码的版本。

到了8月1日上午，RLP订单不断提交给骑士资本的交易系统。在7台使用了新版本软件的服务器上，这些订单都被作为RLP订单正确地发送给了纽约证交所。而在第8台服务器上则是一片混乱。

当股市在9时30分开盘时，这台服务器开始处理顾客提交的RLP订单。但它没有RLP代码，无法把订单按照固定价格发送给纽约证交所，只是用不再工作的Power Peg代码确定价格，每秒钟处理数百份订单，不停发出订单。牵涉到100多家公司的股票订单潮水般地涌入纽约证交所，这些公司包括福特、通用汽车、百事可乐和约翰·缪勒看到的诺华公司。

尽管这些填好的订单没有出现在骑士资本的正式系统上，但它们被追溯不正常交易的监督程序发现了。然而监督程序无法更细节地显示这些仓位的来源，管理人员也就无法弄清这一错误的严重性。而且，跟三里岛核电站的计算机一样，程序输出的内容全都是些问号，骑士资本的监督程序很快就无法跟上事态发展。

骑士资本终于开始修正错误的时候，它已经濒临破产。

在 30 年前，骑士资本根本不会发生这种崩溃。计算机在交易中占据主导地位之前，绝大多数交易行为是在交易所内面对面进行的。这让人们易于理解交易的情况，减少了出现复杂的意外行为的可能性。如果确实有某位顾客提出了特别大的订单，交易员会在执行交易之前再次检查，这种情况下，市场的耦合很松散。即使存在错误理解，交易员可以进行讨论，直接取消不正确的交易。但不断兴起的以计算机为基础的交易让现代金融变得复杂无情了。

当 TJ 走进办公室时，他和他的高管团队努力从交易伙伴那里寻求保障紧急资金，因为这时骑士资本的股价暴跌。崩溃次日，拖着残腿的 TJ 出现在彭博电视台上，以求稳定投资者的信心。"仪器故障。这不是好事。我们也不想看到这种事。但仪器出了故障。"

TJ 四处奔波，竭力挽救他的公司。他在周末弄到了一大笔救急资金。几个月后，骑士资本宣布与它过去的竞争对手全球电子交易公司（Getco）合并。合并之后不久，TJ 离开了这家联合公司。

"我觉得，任何人都不会对这样的问题无动于衷，"TJ 告诉我们说，"事后回想，人人都更聪明、跑得更快、跳得更高。在出问题之前，我们不知采取了多少防范措施。"但这些措施还是不够。像骑士资本这样的公司深陷危险区，超过任何人意识到的程度。

III

28 岁的凯莱布·霍洛韦（Caleb Holloway）身材瘦长。他是个钻机手，工作地点是世界上最复杂精密的石油钻井平台之一。霍洛韦和他的同事即将在英国石油公司（BP）控制的马康多勘探区完成一口难度颇高的探井，人人都期待着结束这项工作。一天上午，钻塔长吉米·哈勒尔（Jimmy Harrell）把霍洛韦叫到他的办公室里，举行了一个小型仪式。当着钻塔领导人的面，他把一块银色的手表送给这位青年钻机手，因为他在最近的一次检查中发现了一颗损坏的螺钉，这块表是给他的奖励。

不到 12 个小时之后，霍洛韦与死神擦肩而过。[17]泥浆和石油在探井的巨大压力下，喷溅而出，甚至超过"深水地平线号"钻井平台。几分钟之后，发动机也喷出一片气体云。平台工作人员有的紧急放下半空的救生船，有的直接跳进 60 英尺下的墨西哥湾深色海水中。还有些人永远留在了钻井平台上。这次事故造成了 11 人丧生。深水地平线在沉没之前燃烧了整整两天，火焰在 30 英里之外都能看见。[18]

在随后的三个月里，石油不停从一英里深的井口喷涌，无论如何也堵不住。爆炸之后 87 天，BP 终于堵住了这口井。那时已经有差不多 500 万桶石油侵入了墨西哥湾，在水上形成了一片庞大的活动浮油层。

深水地平线不仅仅是一个好听的名字。在它爆炸前一年，这座钻井平台在一英里深的水下钻透了五英里的地层，打出了当时世界上最深的探油井。BP 这类租赁了这座钻井平台的公司需要深入地层之下钻探，寻找新的石油资源。但深层钻井把系统推向复杂性与紧密耦合。BP 越来越深地进入了危险区。租赁深水地平线花费巨大，每天的费用就有 100 万美元，于是 BP 的工程师急切希望深水地平线加紧完成马康多的工作，转战下一个项目。

这次爆炸不是源于某个损坏的螺栓或是当班水手在安全检查中可以发现的其他失误，完全是因为 BP 未能控制油井的复杂性。

正如在核电站中的放射性辐射让人难以直接观察核反应堆芯一样，水下高压环境也让人无法知晓钻井的状况。钻机手无法直接"派一个人下去"看看地层几英里之下正在发生些什么。他们不得不依赖于计算机模拟、井压与水泵流量这些间接指标。

于是，BP 做出了一系列冒险决定，如不理会令人担忧的压力读数 [19]、跳过混凝土完整性测试等 [20]，于是最终问题掩盖在复杂性之下。深水地平线的员工立于灾难的刀刃上，他们对自己的状况却毫不知情。

当员工与井喷搏斗时，复杂性再次造成了障碍。钻井平台精密的应急系统极端复杂。一个安全系统需要多达 30 个按钮才能控制，而一份应急手册详细描述的偶发事件可能多到让人难以选择应对措施。事故发生时，水手团队完全不知所措。深水地平线的安全系统让他们陷入困境。

这座在墨西哥湾不稳定的地质构造上钻探的钻井平台是紧密耦合的。灾难来临之际，这个系统无法逆转、修复、重启。石油和天然气无处可去，只能向上喷发。

深水地平线是工程学上的一个奇迹，它曾不断创造钻井史上的新纪录。尽管它越来越复杂，越来越难以控制，但它依赖的安全措施仍然只适用于较为简单、更加宽容的环境。

瑞士越洋钻井公司（Transocean）是深水地平线的所有者，确实非常关注它的某些安全问题。据霍洛韦回忆，工作期间的"安全会议一而再再而三地召开。我们每周、每天都有安全例会"[21]。

工作人员甚至录制了一份保障平台安全的宣传视频[22]，其中有这样的内容：

> 无时无刻，没有死角
>
> 让这里成为零事故的工作场所
>
> 还要从计划开始
>
> 不要乱动设备
>
> 让发动机手操作发动机
>
> 不要乱动发动机！

让电梯手操作升降机

不要乱动升降机！

让钻机手负责管道

不要乱动管道！

BP也警惕滑倒、坠楼和其他工作场所的伤害。一位前工程师解释道："BP高层管理人员非常注重安全方面比较容易做到的部分，如抓住栏杆扶手等，他们会花好几个小时讨论侧方停车的优点和咖啡杯不盖盖子的危险。但他们对艰难的安全问题兴趣不大，比如对复杂的设备进行投资与维修。"[23]

他们更关心洒出来的咖啡，而不是喷射的石油。[24]

这种方式听上去很荒唐，但公司觉得很合理。员工被烫手、滑倒、摔跟斗、出车祸，都会损失工时，公司得为此破费。这类伤害最容易追踪，人们也很容易编纂事故率和安全改进的统计，也容易确定它们对公司利润有何种影响。按照季度数据来看，结果显而易见，事故会越来越少，于是支出减少了，盈利增加了。这种结果产生了安全的假象。不可思议的是，在深水地平线事故后，这种假象甚至仍然存在。"尽管在墨西哥湾发生了惨痛的伤亡，但是在总事故率和潜在严重事故率方面，我们还是取得了具有典范意义的安全统计记录，"[25]越洋公司在一份安全档案中这样写道，"按照这些测试标准，我们取得了有史以来的年度最佳安全纪录，这反映了我们的努力获得了成功，创造了一个没有死角的零事故的工作环境。"

年度安全最佳纪录？具有典范意义的安全统计记录？他们卷入了行业史上最惨痛的事故，但是按照他们的标准，这是有史以来最安全的一年。

或许他们的标准是错误的。或许事实上，他们的整个衡量标准都需要改变。

当我们的系统变化时，我们对系统的管理方式也必须随之变化。骑士资本、BP 公司和越洋公司使用的都是过时的管理方式。就拿骑士资本来说，尽管科技早已成为它的业务核心，但它却没有将自己视为一家科技公司。当现场交易员在金融业中占据主导地位时，这种方式或许可以奏效。但是，这样的时代已经过去了。

与此类似，BP 或者越洋公司对于安全的举措或许适用于一个更为简单的系统，如沿岸钻探作业的日常操作。在这种情况下，强调工人事故率，注重对诸如磨损的螺栓一类细节，或许足以应付局面。但深水地平线是一个复杂的远洋钻井平台。它的操作深陷系统崩溃的危险区。

当培洛于 1984 年发表《常态事故》时，他所描述的危险区还不多：其中包括核设施、化工厂和宇航事业。从那时以来，从大学和华尔街公司，到大坝和石油钻探业等各种系统已经变得更复杂、更紧密地耦合了。

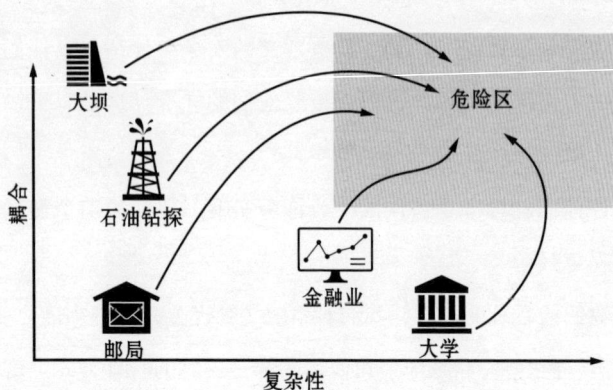

似乎没有哪个系统能够避免这种变化，就连过去那些象征着简单与松散耦合的系统也不例外。比如微不足道如邮局。1984 年，培洛将它放在矩阵中最安全的一角，远离危险区。它看上去是最不至于出现疯狂状况的系统之一。但是如今就连它也变了。

IV

21 世纪头 10 年，英国的邮局引进了名为"地平线"的高档 IT 新系统。[26]这套系统耗资 10 亿英镑，并被人骄傲地称为"欧洲有史以来最大的 IT 项目之一"。[27]但几年之后，报纸对这个系统的报道是这样的：

- 体面的人生被邮局摧毁 [28]

- 邮局因 IT 系统遭受抨击 [29]
- 邮局分支代理人在盗窃与假账案中竭力洗清名誉 [30]

英国的邮局是一个半私营化的公司，人们不但可以在邮局里邮寄信件，也可以登入他们的银行和养老金账户、终止预存话费手机、为各项业务付费等。在远离大城市的地方，邮局与特许经营商签订合同，这些小企业主在自己的商店里提供邮局的服务，人们称他们为邮局分支代理人。

邮局设计了地平线系统来管理成百上千种的产品，减少邮局分支代理人花在簿记上的时间。从许多方面来说，这个系统很成功。但在这一系统就位之后不久，有些邮局分支代理人抱怨，说地平线存在财会问题。他们报告了由于系统错误发生的现金和邮票短缺问题 [31]，自动提款机出现故障频频发生 [32]。地平线的工作范围过宽，这可能是造成故障的部分原因。根据《金融时报》(Financial Times)报道 [33]，一份独立司法调查报告发现，问题在于"该系统过于复杂而无法与其他系统顺利连接，邮局对员工运用系统缺少合适的训练，以及邮局的商业模型将处理一切问题的责任委派给分支代理人"。这说明，地平线与跟它同名的深水地平线一样，都具有复杂与紧密耦合的特点。

作为邮局分支代理人，汤姆·布朗(Tom Brown)经历非常丰富，他担任这一工作长达 30 年，遭遇过 5 次持枪抢劫。[34] 但是，就连他也觉得使用地平线困难重重。当他与邮局签订合同时，邮局告诉他的是:"没问题。任何事情它都能为你排忧解难。"

但是,在上线地平线后的那次审计中,他受到指控,称其贪污了 85 000 英镑。警察逮捕了他,搜查了他的房子和汽车。尽管对他的指控在 5 年后取消,但是布朗的名誉蒙受了巨大的污点。他损失了企业、房子和 250 000 英镑。

尽管一些邮局分支代理人报告了系统的不正常现象,邮局还是"对地平线计算机系统在各营业所的工作,以及一切以地平线为中心的财会工作抱有百分之百的信心,并绝对相信它在任何时候都能保持准确可靠"[35]。的确,当我们要求事实核查时,邮局的回答表达了自己被纳入一部有关系统崩溃的著作的关切。而且它指出,地平线现在"广泛应用于由邮局分支代理人、承包商和邮局自己的职工管理的 11 600 个营业点,每天成功处理 600 万份往来业务,其中包括代理英国大型银行的业务"[36]。

邮局对于这个系统的准确性极为自信,因此以盗窃、欺诈和假账罪对一些分支代理人提起诉讼,并要求他们退回所谓的资金缺口。[37]他们甚至在某些案子中提起刑事诉讼。[38]以下是乔·汉密尔顿(Jo Hamilton)的故事,她过去在一家乡村商店中代理邮局业务,结果面临一笔 2 000 英镑的不符账务:

> 我只好把房子抵押出去归还这笔钱。一开始,我被指控盗窃,但他们说,如果我把钱还回去,并对 14 条假账罪名认罪,他们就不再提起盗窃罪诉讼。我因此认为,如果我承认

做假账，入狱的可能性要低于被诉盗窃，于是我就认罪了。如果我不认罪，他们就会起诉我盗窃。我没法证明我没有拿他们的任何东西，他们也没法证明我拿了，而当时他们告诉我，只有我一个人因为地平线惹上麻烦。[39]

一些国会议员表示对邮局问题的担忧后，邮局指定了一家叫作"先见之明"（Second Sight）的独立法律财会公司实施调查。[40]先见之明公司发现，问题可能出在系统各部分之间的一些始料未及的相互影响上："停电和交流失误，或柜台错误，这些事件不寻常地组合在一起，造成了这些后果。"[41]

先见之明公司也发现，在面临网络犯罪分子对它们的巧妙攻击时，自动提款机可能遭到渗透，资金短缺或许也可以由此得到解释。[42]犯罪分子在系统内部安装了恶意软件，避开了内置软件的控制。事实上，邮局分支代理人报告过的一些出现无法解释的现金短缺的室外自动提款机都属于爱尔兰银行，表明了这些机器很有可能存在共同的脆弱环节。[43]但地平线系统的复杂性多年来掩盖了这些潜在问题。[44]而这些年中，一些邮局分支代理人因此破产或进了监狱。[45]

尽管越来越多人抱怨地平线令人困惑的复杂性[46]，邮局管理层仍然对他们的系统满怀信心，并对先见之明公司的报告表示质疑[47]。他们坚持认为："经过两年的调查，没有发现任何证据说明这个计算机系统发生了系统问题。"[48]但这一问题仍然悬而未决：邮局仍然在为一项由500多名分支代理人发起的集体诉讼进行辩护[49]，而刑事案件审查委员会正在对几件判决进行调查[50]，地平线可能在其中发挥了很大的影响。

正如一位国会议员得出的结论："邮局的分支代理人一直勤勤恳恳地为当地社区做贡献，有些长达数十年之久。突然有一天，他们发现自己能够对系统进行欺诈，这种说法完全是胡说八道。"[51] 或者像一位曾经的分支代理人所说的那样："有些人被投入监狱，但很明显，这是复杂的计算机系统造成的问题。"[52]

第 3 章

黑客、欺诈以及不便刊载的新闻

"他们没有必要撒谎。他们只要用纯粹的复杂性把事情搅得一团糟。"

I

巴纳比·杰克（Barnaby Jack）是一位风度翩翩的新西兰人，2010 年他走上了每年在拉斯维加斯举行的黑客讨论会——"黑帽大会"的讲坛[1]。在他的右面有两台自动柜员机，与人们在全世界的酒吧和街角商店里能够看到的那些机器完全相同。杰克是一位安全研究人员，多年来一直研究自动柜员机内嵌的小型计算机。直到不久前，制造厂商还倾向于认为，保障自动柜员机的安全就是进行物理保护，因此采取的措施仍然是将现金存储在保险箱内或者锁上机器。但杰克只不过点击了几下鼠标，就演示了自动柜员机的安保系统何等脆弱。他即将告诉一屋子的黑客，如何迅速地发家致富。

杰克用微软幻灯片演示了自动柜员机的技术细节，人群专注地倾听着。然后，有趣的事情便开始了。为了侵入第一台自动柜员机，杰克写了一个程序，远程进入机器。尽管这台机器仍然能够执行正常功能，让顾客提取现金，但它也存下了顾客的卡号，杰克可以把这些卡号都下载下来。

他还创建了一个后门，一个能够进入系统的隐蔽方式。他走向机器，塞进了一张假的银行卡，按下按钮，自动柜员机就开始不加选择地打印账单，不需要通过任何银行账户提款就能打印。

然后他转向另一台自动柜员机，并把一个 USB 存储卡插入这台机器的核心计算机上。计算机装载了他的程序后，屏幕上就闪耀出"中头奖"这几个字，这台机器会不停打印出账单，同时高声发出老虎机的音乐。此时人群爆发出一阵喝彩。

尽管杰克是黑客界的天才，但他从来没有侵入过自动柜员机偷钱。他是一个"白帽"黑客，他侵入系统的目的是促使这些机器更加安全。在公开他的这些发现之前，他首先把这些后果告诉了制造厂商，于是制造商可以改正这些问题。

但黑客并不总像他那么和蔼可亲。2013 年圣诞节前几周，一批黑客盗取了世界上最大的零售商之一的塔吉特百货公司顾客的 4 000 万张信用卡的号码。[2] 利用从一家供暖分包商那里偷来的认证信息，他们侵入了塔吉特的计算机网络，闯入了将近 1 800 家商店的现金出纳机。他们在出纳机中植入了监视软件，可以监视每次转账，盗取顾客的信用卡信息。

我们向来不会把现金出纳机当成计算机。但它们和自动柜员机一样，本质上是计算机。塔吉特的现金出纳机是一个大型复杂系统的一个部分，因此黑客只要找到薄弱环节，便能够在每一家商店里利用这个环节。当塔吉特宣布自己遭到黑客入侵之后，它的销售额暴跌，几个月内首席执行官便引咎辞职。

这是一次令人尴尬的惨败。侵入现金出纳机不会让人的生命处于危险之中，但是如果对汽车采取黑客行为则是另一回事了。

II

无论发生什么，不要惊慌失措。[3]

安迪·格林伯格（Andy Greenberg）正以每小时 70 英里的速度驾车沿一条高速公路行驶，突然他那辆 2014 年出产的吉普切诺基的油门失灵了。他重重踩下油门，但一点作用也没有。他的吉普车以爬行的速度在最右侧的车道上行驶，货柜车在他身边呼啸而过。他对着自己的手机高声喊道："我需要让油门运转起来。认真地说，这他奶奶的太危险了。我需要汽车动起来！"但回应他的是吉普车的立体声音响，音量被调到最大，在刺耳的嬉皮士音乐声中，电话另一端的黑客显然不想听他说话。

不要惊慌。

好消息是，格林伯格是为了写一个杂志故事才驾驶那辆吉普车的，而且黑客也没有想要伤害他的意思。格林伯格为《连线》（Wired）杂志撰写有关科技与安全的故事。这两位黑客是查理·米勒（Charlie Miller）和克里斯·瓦拉塞克（Chris Valasek），他们俩在好多英里外，坐在米勒家的客厅里。他们嘻嘻哈哈地看着格林伯格在步履艰难的吉普车里苦苦挣扎。经过多年的研究，他们找出了利用吉普车的手机网络攻击汽车计算机的方法。汽车计算机控制汽车中的一切，从车前窗的雨刷到速度计和刹车。格林伯格就是他们的测试对象。他们攻击了他的变速器。

两年前，这两个家伙曾经邀请格林伯格驾驶另一辆他们黑过的车。当时他们的攻击还需要一根数据线来连接他们的便携式计算机和汽车内部网络。他们坐在汽车后座上，把汽车转入自动停车模式、让汽车的方向盘无法控制地抖动，然后又让刹车失灵。然而，当他们把这些攻击的细节发表在 2013 年的黑帽大会上之后，汽车制造厂商却对此不以为意。因为，不管怎么说，黑客需要与汽车有实际接触才能控制汽车。

但米勒和瓦拉塞克找出了远程攻击汽车的方法。重达两吨的吉普车拥有最高水平的娱乐系统，它控制了从收音机到汽车导航和空调的一切设备。它也与互联网连接在一起，管理着各项应用，这些应用能够搜索到便宜汽油、显示附近的餐馆情况等。

而连接到互联网的这些设备和应用，让米勒和瓦拉塞克能够从米勒家的沙发上入侵这辆吉普车。首先，他们弄清了应该如何通过手机网络进入娱乐系统，然后利用它为跳板，侵入这辆汽车的其他

30 多个计算机。当汽车高速行驶时，他们可以让变速器失灵；当汽车低速行驶时，他们可以让刹车失灵，并控制方向盘。

在下一个出口坡道上，格林伯格把车停下并重新启动了吉普车。他本来以为，他们俩会做一次几年前的那种无害表演给他看。但这次的情况不同。两位黑客没有坐在车后座上。他们也不知道，当他们让传动装置失灵时，格林伯格在高速公路上找不到停车的地方。

尽管他被吓坏了，但格林伯格也获得了一个绝妙的故事。他在《连线》发表故事三天后，克莱斯勒汽车公司（Chrysler）承认了安全隐患，召回了 140 万辆车，给车主提供了一个 U 盘，用来插在控制面板上更新软件，关闭后门。[4]但车辆还存在其他易受攻击的地方。几个月之后，米勒和瓦拉塞克又找出了控制方向盘、制造非驾驶员意愿的加速和刹车的方法，这些都是在高速行驶的情况下完成的。

格林伯格解释道："真正的危险来自把不同的几样东西连接到一起的恶意行为者。他们利用一连串软件缺陷，从一个系统跳到另一个系统，直到他们成功控制全部代码执行权。"[5]换言之，他们利用了复杂性：他们利用系统内部的连接，从控制收音机和全球定位系统的软件进入控制汽车本身的计算机。格林伯格告诉我们："当汽车加入更多的特色，也就增加了黑客滥用它们的机会。"汽车还会有更多的特色：在无人驾驶汽车中，计算机将控制一切，有些型号的汽车或许连方向盘或者刹车板都没有。

脆弱的不只是汽车、自动柜员机和现金出纳机。巴纳比·杰克在拉斯维加斯的演示之后，将注意力转向医疗装置。[6]利用一根天线和一台便携式计算机，创造了一台仪器，能够在几百英尺外对胰岛素泵采取黑客行为。他可以控制药泵注射全部的备用胰岛素，这对病人来说是潜在的生命威胁。他的黑客行为甚至能够阻止开始注射的警示振动。

杰克还入侵了植入式心脏除颤器。[7]他找到了方法，可以远程控制这些类似起搏器的仪器，并向一位病人的心脏发出830伏特的电击。电视连续剧《国土安全》（Homeland）曾表现了这种攻击，恐怖主义者侵入副总统的心脏起搏器，刺杀了他。批评者认为这种情节靠不住。但杰克认为，这部连续剧反而给这种攻击增加了难度。[8]也有其他人认真地看待这种威胁。在《国土安全》播放之前好多年，迪克·切尼（Dick Cheney）副总统便曾指示他的心脏病医师，关闭植入式装置中的无线功能，以防止这类攻击。

将汽车和起搏器从离线设备转变为复杂连接在一起的机器不啻于一场革命。而这只不过是冰山上露出的一尖角。从喷气式发动机到家用恒温器，数以十亿计的新装置如今组成一个叫作物联网的网络。这个网络是一个庞大的复杂系统，易遭受事故和恶意攻击。

例如，有几家制造厂商已经制造了"智能"洗衣机与烘干机，它们能够与互联网无线连接。这些家用电器带有智能功能，如自动预订清洁剂、监控用电量，能够自动选择在电价较低时运行。到现在为止，这些家用电器还算运行良好。但考虑一下风险吧。如果我们的智能烘干机有安全隐患，黑客或许能够远程进入，对软件重新编程，让马达过热而引起火灾。即使在一个中等规模的城市中，只有 1 000 个家庭拥有易受攻击的烘干机，黑客也能够在其中肆虐。

物联网给我们提供的是一种浮士德交易。一方面，它让我们能做更多的事情：搭乘无人驾驶的汽车旅行，使飞机发动机更可靠，为我们的家节省能源。另一方面，它为真实世界中的黑客创造了一条捷径。[9]

黑客攻击汽车、自动柜员机和现金出纳机不是突发事故。但它们之所以被攻击是因为处于复杂性的危险区。复杂的计算机程序更可能带有安全隐患。现代网络已经成熟，各部分的相互连接和相互作用达到意想不到的程度，这是攻击者可以利用之处。紧密耦合意味着，一旦黑客有了立足点，形势将急转直下，不易摆脱。

事实上，在各种不同的领域中，复杂性都为不法行为创造机会，而紧密耦合则放大了不法行为的后果。[10]利用系统复杂性的危险区干坏事的不仅有黑客，还有世界上的一些大公司高管。

II

如果你想开办一间小公司，比如说一个卖土豆的小摊，你需要些什么？

让我们从最基本的开始。你需要摊位本身和一个能让摊位立足的地方。你需要用来出售的土豆，当然这就是说，你需要一个供货商，你能从他那里采购土豆。而且你还需要一些现金为顾客找零。有了这些，你取名为"块茎诱惑"的优质土豆专售店便可以开张大吉了!

好彩头！你的土豆味道鲜美，人们趋之若鹜。美食批评家发出了热烈的赞美："'块茎诱惑'一炮打响！"生意越做越红火。你又开了其他的摊位，招收员工经营这些摊位。你开始销售不同品种的土豆，而且还开始进入地瓜市场。你甚至贷了一笔款，建立起更多的摊位，并迅速扩大经营。生活真美好。

但情况也变得更复杂了。刚开张时，你能一眼看到你的整个生意：一台现金出纳机和土豆。现在你需要费尽心力才能让业务保持顺畅。你必须更加注意出纳机中的现金，因为收款人变成了你的员工，你需要确定他们是诚实的。你也必须时时检查库存总额。你不想让你那些人见人爱的土豆脱销，但你也不想一下子进货过多，以免它们在卖出去之前就变质。无论你卖出了多少土豆，你都必须月月去银行偿还贷款。

所有的企业，从你的土豆专售店到大型银行，都必须时刻跟踪注意这些细节。但是当企业变得更加复杂，计算收入、支出、资产和负债的方式也会变得更加复杂。当你计算收款机的账单或者店里的土豆时，它们多少是一清二楚的。但当一个大企业根据未来的交易计算收入，或者试图弄清一个复杂的金融产品的价格时，情况就难以判断了。

那些我们能从新闻中听到的大部分公司，那些股票在股市中交易的公司，都必须公开与它们的生意有实质性关系的所有信息。企业需要从外面延请会计师团队核对企业的财务报告，确定它们符合财会标准。但即使有审计和公开披露，要弄清楚一个大公司的运转还是要比弄清土豆专售店艰难得多。根据培洛的框架，一个大公司更像一座核电站，而不那么像一条装配线，人们无法直接观察它的内部运作情况。

看看下面这些奖项吧，它们都是同一家公司获得的。

第 1 年：全美最具创新力的公司（《财富》杂志）

第 2 年：全美最具创新力的公司（《财富》杂志）

第 3 年：全美最具创新力的公司（《财富》杂志）

第 4 年：全美最具创新力的公司（《财富》杂志）

第 5 年：全美最具创新力的公司（《财富》杂志）

第 6 年：全美最具创新力的公司（《财富》杂志）

第 7 年：电子商务年度奖（麻省理工学院斯隆管理学院）

你觉得这是哪家公司？亚马逊（Amazon）？谷歌（Google）？苹果（Apple）？通用电气（General Electric）？

如果你知道，这家公司的首席财务官也被评为一位创新家，你会有何感想？

第 5 年：资本结构管理财务总监优秀奖

第 6 年：年度最佳首席财务官奖

或许这是一家金融业公司，如高盛投资公司（Goldman Sachs）或者花旗银行（Citibank）。如果我们再加上一句：几年之后，这位首席财务官就联邦刑事罪认罪，你又会做何感想？

他的名字是安迪·法斯托（Andy Fastow），这家公司是安然公司（Enron）。[11]

作为安然公司这个能源巨无霸的掌权人，法斯托和他的同事曾经熟练地利用复杂性的优势。或许没有哪个团队能做到他们那样的水平。为做到这一点，法斯托的团队曾经使用了如此之多的财会手法，于是当他们最后揭示真相时，整个公司在几周之内便告崩溃。投资者的损失达到数十亿美元，许多员工的退休基金账户荡然无存。同样清楚的是，法斯托利用复杂的金融结构隐瞒了安然的债务，夸大了它的盈利，并秘密地侵吞了几千万美元。法斯托，安然的首席执行官肯恩·莱（Ken Lay）和杰夫·斯基林（Jeff Skilling），以及其他安然高管都被以联邦罪行定罪。

"藏起一根原木，最好的方法是把它放到森林里，"密歇根州众议员约翰·丁格尔（John Dingell）说，"我们看到的是极度复杂的财务报告。他们没有必要撒谎。他们只要用纯粹的复杂性把事情搅得一团糟。"[12]

在安然的传奇故事中处于核心的这些高管以两种方式利用了复杂性。首先，他们用它来赚钱。安然的市场受复杂规则的管制，而公司的交易员知道如何利用这些规则。例如，加州曾经裁撤了电力监管部门，取而代之，用市场来履行管理职能，而在这个市场上有着令人瞠目结舌的复杂规则。安然的交易员发明了一些名为"胖小子"和"死亡恒星"的交易策略，利用这些规则来愚弄市场。

其中一种策略是利用加州的价格上限。[13] 为了让电力保持合理价格，加州的电网管理者可以限制电价。安然的交易员可以观察整个地区的能源价格，他们用每单位 250 美元的价格购买加州的电力，然后以每单位 1 200 美元的价格将这些电力在加州以外的地区出售。他们也伪造了电力的需求预测，利用虚构的电力输送获得报酬，但实际上没有输送任何能源。他们只不过在纸面上做了一系列相互抵消的交易，以此获取金钱，但实际上没有生产任何电力。更糟糕的是，交易员打电话给安然的电厂让他们停工，制造电价的暴涨。"我们希望你们发挥一点创造力，想个理由把生产停下来。"[14] 一位交易员给电厂经营者打电话时这样说。

"比如说被迫中断？"经营者如此问道。

"对。"

这些策略造成了加州反复出现的停电和能源紧张，让该州在能源费用上蒙受了 400 亿美元的额外损失。[15]

安然的高管也通过第二种关键方式来利用复杂性：隐瞒企业的真实情况。尽管他们在加州赚到了大量金钱，但整个公司还是不断亏损。它在一系列野心勃勃且耗资巨大的项目中举步维艰，其中许多项目在发展中市场。例如，在印度大博的一个电厂项目失败导致公司亏损 10 亿美元。

在大部分公司，这样的项目会扬起红旗警示。但是安然将这个印度最大的外国投资项目视为企业开拓疆土。安然高管丽贝卡·马克（Rebecca Mark）以如下方法做出了说明："商业的世界不可避免需要做交易，而交易心态是我们行事的核心。寻找交易从来不是一个问题，问题是要找到我们想要做的交易。我们愿意成为先驱。"[16]

对于马克这类高管来说，交易能否赚钱无所谓。他们的奖金数额基于的是项目预期的表现，而不是项目实际带来多少现金入账。安然使用一种特殊的财会方法管理财务状况，这种方法叫作"按市值计价"。这种会计制度让安然的高管可以基于乐观的财务模型过于美化棘手的现实（例如花费了10亿美元却没有现金进账）。当他们签下一份在印度销售能源的20年期限的合同，他们计算的却是按照计划，他们总共可以进账多少。

为了弄清他们如何使用按市值计价这一会计制度，让我们暂时回到土豆专售店的例子中去。

土豆专售店在计算自己挣了多少钱的时候，根据的是它拥有的现金金额。当一位顾客以1美元买了一个土豆时，我们把这笔钱加进银行账户，同时从我们的存货总量中减去一个土豆。这个过程相当直截了当。

现在让我们想象一下，全世界的土豆价格突然上涨了。原来1美元一个的土豆现在要2美元了。对于使用传统会计制度的企业来说，这种价格增加只有在卖出土豆时才会实现，也就是说，只有当顾客愿意付2美元买一个土豆的时候，价格上涨才真正给企业带来收入的增加。

如果我们使用按市值计价的会计制度，只要土豆价格上涨，账面上就能反映出这种增加：我们拥有 100 个土豆，按市值计价会让我们看上去好像赚了 100 美元，而不用管有没有现金进账。我们簿记的基础是土豆存货的价值，而不是实际收到的现金。

银行这类企业可以使用按市值计价法，因为它们拥有股票、债券和衍生产品，而这类资产易于估价、交易频繁。从理论上说，按照市值计价能够增加透明度。如果银行拥有的某种资产，比如某种股票，价值下跌，银行的账面立即就能反映这一点。但是，我们不应该在土豆专售店这类企业中使用按市值计价法。而安然作为一家天然气管道公司，按市值计价本身就很奇怪。

杰夫·斯基林在加入安然之前曾在咨询业巨头麦肯锡公司（McKinsey）就职，他孜孜不倦地用他的绝妙想法转变安然：公司将不再注重管理天然气管道，而是转向经营针对天然气的虚拟市场。安然将成为合同买卖的中介，这些合同是日后输送天然气的承诺。斯基林提出，这样的新安然是一家交易公司，应该允许它使用按市值计价法为它的能源交易业务计价。监管部门于 1992 年同意了这个请求，但安然没有就此止步。同年安然成为北美最大的天然气买家与卖家。而在随后几年内，它开始在几乎所有的业务中使用按市值计价法。

对于安然来说，对天然气这类大宗商品交易使用按市值计价法确实有一定的道理，因为确实存在天然气交易市场。但即使在没有市场的业务中，安然也建立了模型来估计资产的"公允价格"。这家

公司开始大项目之前便会建立模型，来展示从这个项目中公司能够
赚到多少钱。这个模型会计算项目的成本，但它也把安然今后几年
甚至几十年间将从这个项目中赚到的钱包括在里面。它使用几个简
单的公式，并把交易转移到安然拥有的一个特殊公司，之后就按市
值计价，让安然高管把整个项目视为一个能够盈利的投资。安然立
即把这笔"利润"入账，而不必收到任何付款。这抬高了股价，让
丽贝卡·马克和杰夫·斯基林这些高管大赚特赚。按市值计价法让
安然的高层说服自己（和股东），他们的业绩比实际上更好。

　　但是，按市值计价法并不只增加了复杂性，它也将安然转变成
一个紧密耦合的系统。在市值计价法之下，这个公司可以从一份交
易中取得未来多年的潜在利润，并立即在账面上增加利润。这便让
签订交易的当季利润大幅上涨。但是，这笔收益在当季已经确认，
它对将来的收入其实已再无贡献。每个季度都是一个白板状态，而
且因为投资者期待进一步成长，他们就必须签订越来越大的交易。
哪怕短时期内没有达成交易，投资者的信心都会受到打击。达成交
易的速度绝不能放慢。[17]

　　而且安然仍然需要真正的金钱，要付工资，购买公司，建设雄
心勃勃的项目。所以公司便依靠借贷。但借贷经营存在风险。如果
投资者知道安然的债务规模，就会认清安然是建立在不稳定的财务
基础之上的。于是安然利用令人费解的迂回交易掩盖债务。[18] 例如，
在某个时间点上，它从花旗银行借入近 5 亿美元。随后，安然在自
己拥有的多个公司之间创造了一系列关联交易，并利用会计规则，

让贷款看上去像是利润。这就像你在信用卡中取得了一笔预付现金，却隐瞒了你拥有那张信用卡的事实，谎称那笔借款是你的工资。在一段时间内，看上去你好像挣到了一大笔钱，但这只是一种假象。你仍然需要归还贷款。一个月之后，安然逆操作了所有交易，归还了花旗银行的贷款，并支付了一大笔利息费用。它就这样一次又一次地和投资者玩这套骗局游戏。

到了 2000 年，法斯托和他的前任已经创立了 1 300 多个特别公司，用以从事这种复杂的交易。"会计规则和规定以及证券法规和规定是模糊的，"[19] 法斯托后来解释道，"它们非常复杂……我在安然所做的，以及我们想让安然作为一家公司所做的，（就是）将这种复杂性和模糊性……视为机遇而不是麻烦。"将复杂性作为一种机遇。

但在 2001 年 3 月，纸牌屋开始倒塌。卖空者吉姆·查诺斯（Jim Chanos）阅读了安然的财务报告，并做空这家公司。他暗中通知《财富》（Fortune）杂志的记者贝塔尼·麦克莱恩（Bethany McLean），后者进一步挖掘材料，并以"安然是否估价过高"为题发表了一篇文章。文章的副标题是："它经营了许多复杂的业务，它的财务报告差不多没人能懂"。

这篇文章试图描述安然是怎样赚钱的。"但描述安然的所作所为绝非易事"，麦克莱恩写道，"因为它所做的事情复杂得让人头脑麻木。"一位逗趣的银行家以另一种方式做了描述："管理一家管道企业花不了多少时间，安然似乎把它所有的时间都用在各种复杂的财务方案上了。"[20]

到了那年 10 月，安然不得不修改财务报告，承认自己没有注意到 10 亿美元的损失，并删掉了差不多 6 亿美元的伪造利润。在与投资银行的会议中，安然高管透露，该公司的真正债务不是它公开的130 亿美元，而是 380 多亿美元。这些消失的债务被巧妙地隐藏在安然 1 300 多个特殊公司中。不到一个月，安然公司就申请了破产。

安然盛极而衰，同时损伤了附属于它的网络。签署认可安然账目的安达信会计师事务所（Arthur Andersen）受联邦起诉并随后倒闭。而且人们很快就清楚地看到，世界上最大的一些投资银行曾帮助安然利用复杂性欺骗股东。花旗银行和摩根大通银行（JPMorgan Chase）因参与欺骗，各自向监管部门和股东支付了 20 亿美元，这还不包括它们因安然破产遭受的损失。[21]

安然的员工更是要承担由此造成的残酷后果。20 000 人丢了工作，许多人失去了退休金。系统中不存在保护他们免遭伤害的缓冲。

1927 年，通用电气公司的主席欧文·扬（Owen Young）曾在哈佛商学院发表过一次讲话，几十年后的安然首席执行官杰夫·斯基林就是从哈佛商学院毕业的。[22] 扬说，法律"是用来对付明显错误的犯罪行径的，这些行径如此极端，社会必须用法律来保护自己，反对它们"。他接着说，与犯罪行径对立的是正当行为，它们是那些"无论事物何等复杂，但它们可以直指所有人的本心，让人人都知道这不会是错误的行为"。

对于商业行为来说，困难的地方在中间的灰色地带。"当业务比较简单，而且是区域性时，当地公众舆论很容易看清这些灰色地带，"扬说，"但当业务变得复杂而且分布广泛时，所有的限制都在这个区域内不复存在了。正是在这个灰色地带中，容易出现令人烦恼的行为。"

安然公司那些聪明的高管利用了犯罪行径与正当行为之间的灰色地带。正如法斯托形容的那样："建立一套复杂的规则，目的就是为自己的利益利用这些规则。"[23] 他开玩笑说，让他获得年度最佳首席财务官奖项的交易，也把他送进了监狱。

当然，安然并不是唯一一个利用复杂性隐藏自己错误行径的公司。这样的公司很多。类似的财务丑闻曾撼动日本财团东芝（Toshiba）和奥林巴斯（Olympus）、荷兰的食品连锁店阿霍德（Ahold）、澳大利亚保险公司 HIH 和印度 IT 巨头萨蒂扬软件公司（Satyam）。[24] 更近一些的还有大众汽车公司（Volkswagen），它利用复杂性，愚弄排放检测，并隐藏他们的所谓"清洁柴油"汽车的污染危险。利用复杂性行骗并不局限于企业界，下面我们将看到这一点。

IV

你在《纽约时报》（*The New York Times*）的这些文章上注意到了什么？（黑体字表示强调。）

追溯线索：调查
美国枪击案被视为认罪的障碍

2002 年 10 月 30 日

联邦与州调查员今天表示，因枪击案被捕的约翰·穆罕默德（John Muhammad）在被捕当天同他们交谈了一个多小时，**解释了他愤怒的原因**，当时美国马里兰州的联邦检察官要送他前往巴尔的摩接受有关武器罪名的联邦起诉，并强行结束了审讯。

调查员说，联邦调查局（FBI）特工和马里兰州侦探已经开始与穆罕默德先生达成了默契。调查员还称，另一位嫌疑人是 17 岁的李·马尔沃（Lee Malvo），他在接受蒙哥马利县的侦探审问时，没有回答任何问题。

"看来这位少年不会透露什么，"一位当地执法人员说，"但是，**穆罕默德准备说出一切，这些人肯定会认罪的。**"

……

处于战争中的国家：军人家庭

失踪士兵的亲属担心听到更不幸的消息

2003 年 3 月 27 日

老格里高利·林奇（Gregory Lynch Sr.）靠着门廊俯瞰烟草田和牧场，他哽咽起来，但声称仍然抱有乐观，尽管早先来过的一位军方官员提醒他，勇敢做好准备，今后可能会传来更坏的消息。

星期天晚上他接到消息，说一支陆军部队在伊拉克南部遭到伏击，而他 19 岁的女儿、一等兵杰西卡·林奇（Pfc. Jessica Lynch）当时正在其中。他说，没有什么消息比这更坏。

......

林奇先生站在他位于山坡顶的房屋门廊上，眼望着烟草田和牧场，神思恍惚。他谈起卫星电视服务让他家可以看上 CNN 和其他有线新闻，他家族的军旅生涯和当地落后的经济条件。

......

处于战争中的国家：老兵
在军人病房中，伤员的问题与担心

2003 年 4 月 19 日

这些天里，当他不必强忍肉体痛苦时，海军陆战队下士詹姆斯·克林格尔（James Klingel）时常陷入沉思，他的思绪徘徊在俄亥俄州的女友与带着金属扭曲声的爆炸声响之间。

……

克林格尔下士的邻床是海军陆战队上士埃里克·阿尔瓦（Eric Alva），他是一位长跑运动员，右腿被一枚地雷炸飞了；大厅躺着的是海军医生希曼·布莱恩·阿拉尼兹（Seaman Brian Alaniz），当他冲过去救助阿尔瓦上士时，一枚地雷爆炸，让他失去了右腿。在最令人难以忍受的时刻，克林格尔下士说，想到这两位病友，他就会问自己，**他有没有资格感到精神上的痛苦。**

"这么多人受重伤，丧失了生命，很难再自伤。" 21 岁的下士克林格尔说。**他补充道，也许该与牧师聊一聊了。**

……

这些故事体现了现代报纸的风格。它们不仅仅报道事实。它们把我们放到了感情故事的中心。你与压抑的调查员同处一室，他们对阻碍认罪的司法争端甚为怨恨。你在一座门廊里，与门廊的主人，一位伤心的父亲在一起，他正担忧着女儿未知的命运。你也在医院的病房里和一位受伤的海军陆战队队员在一起，他因为自己在伊拉克的经历而受到心理创伤，正在努力与情感伤痛做斗争。

这些文章都写在美国经历紧张的时刻，互联网泡沫破灭与"9·11"恐怖袭击先后发生。"9·11"事件的几个月后，有狙击手在华盛顿附近随机杀人，然后美国于 2003 年 3 月入侵伊拉克。与此同时，报纸正在艰难地适应扭转行业的各种力量。互联网的崛起和免费内容的扩散破坏了长期以来的商业模型。尽管《纽约时报》刚刚赢得 7 项普利策奖，但这份报纸已经没有能力派遣足够的记者全面报道一切新闻了。

但在这些故事中还有些别的东西在起作用。这些文章都是一位名叫杰森·布莱尔（Jayson Blair）的记者写的[25]，他是一位很有野心的年轻人，而这些文章都是他编造的[26]。

布莱尔一开始在一家报社做实习生，他能够迅速炮制出文章，这给他的上司留下了深刻印象，于是很快得到了晋升，成为全职记者。但他的表现反复无常。编辑们常常因为他的报道粗心大意而对他颇有微词。据一位编辑说，"按照报纸的标准"，他的文章矫正率"特别高"。而且，尽管他长时间投入工作，却深受酗酒与吸毒问题的困扰。[27]事情到 2002 年 4 月时越发严重，都市版的编辑乔纳森·兰德曼（Jonathan Landman）在写给他的两位同事的信中说："我们不能再让杰森给《纽约时报》写文章了。[28] 现在就得停止。"

某次休假回来后，布莱尔好像换了一个人似的改过自新。编辑们开始还严密控制他，只给他些短期任务。但布莱尔被这种限制激怒了。他找机会说服报纸的其他部分，并从都市版转到了体育版，然后在华盛顿狙击案期间转到了国内新闻版。他的新闻伪造就始于华盛顿。

布莱尔伪造了狙击手认罪被阻止的轰动性独家报道，并引起了论战。执法官员公开否认他的结论，资深记者表示了他们的担心。事情很快就清楚了：调查员在调查中并没有从狙击手那里得到坦白，他们和犯罪嫌疑人商量的都是平凡的小事，如午饭和淋浴问题。

其他的文章也编造了无关紧要的细节。布莱尔从来没有到格里高利·林奇的家中访问，后者的家也不在山坡顶上，没有烟草田，也没有牧场。它位于一条山谷中，看不到什么烟草田。而布莱尔对海军陆战队伤员的采访是通过电话进行的，时间是在后者回家之后，而不是像他在文章中说的医院里。而且，这位陆战队队员和文章中提到姓名的海军医生从来没有同时在那家医院中住院，其中的引言更是布莱尔捏造的。

但直到《圣安东尼奥新闻快报》（*San Antonio Express-News*）的一位记者抱怨布莱尔剽窃她的一篇文章之后，《纽约时报》才开始怀疑他有欺骗行为。在这位记者做出指控之后，编辑们开始深挖内情。

他们一开始假定这只是一桩简单的剽窃案。布莱尔声称他被自己的笔记弄糊涂了。[29] 但编辑们很快便得知了一件令人震惊的事实：布莱尔不仅剽窃了这个故事，而且他说他曾经前往得克萨斯州的说法似乎也是个谎言。"人们削尖了脑袋都想得到这些任务[30]，这样他们就可以去全国各地与人们谈话，写他们的故事，"《纽约时报》媒体编辑这样说，"而现在，这家伙或许连飞机都懒得上？"

《纽约时报》的一群老牌记者做了调查，他们发现，布莱尔已经从开始时的草率报道发展成了完全成熟的欺诈。布莱尔曾给他的编辑发电邮，更新他在路上做的人物采访。而事实上，这些更新是他在纽约发出的。他本来应该去华盛顿，但他却与根本不存在的新闻提供者吃饭，为此提供的发票来自纽约布鲁克林区的餐馆。而且他从来没有出具过旅费与旅馆费的消费收据，甚至在提交了几个月之久的旅途见闻后也同样如此。

布莱尔的欺骗行径还不止这些。这当然是事情的一个方面。但从这件欺诈事件中，斯坦福大学新闻学教授兼退休编辑吴惠连（William Woo）却看到了对应于奇克·培洛理论的地方[31]。他写道："新闻组织具有相互作用的复杂性特色。"布莱尔的欺骗是系统的失败，这是吴的论点：他的行为在这么长时间内没有败露，正是因为现代新闻的复杂性。

编辑们赞美生动的写作，而布莱尔描述的格里高利·林奇在弗吉尼亚州西部门廊上的情感场景就是这样的写作。但就像核电站的核心一样，这种描写背后的真相很难查证。研究表明，杜撰新闻的关键成分都是无法观察确证的。[32] 与真实的文章相比，虚假的故事更有可能出现在遥远的地点，聚焦于需要使用保密材料的主题，如战争与恐怖袭击等，它们很少涉及大型公众事件，如棒球比赛等。的确，布莱尔的故事经常来自遥远的地方，主题敏感，使用来源未加说明的个人采访。而新闻编辑部中流动的信息非常庞大[33]，于是编辑基本上主要靠布莱尔本人去核实新闻的准确性。

布莱尔也利用了组织的复杂性来隐藏他的欺诈。《纽约时报》的新闻编辑部各自为政，这一点人所共知。不同编辑部的编辑长期不和，有些甚至相互不说话。布莱尔发现了这些间隙，巧妙地周旋于各个编辑之间。当他转入国内新闻编辑部跟踪华盛顿狙击案时，他的新老板不知道其他编辑对他的担心。

布莱尔也用其他方法玩弄组织复杂性这手牌。如果查看他的花费报销，很容易确定他去了哪些地方采访，但管报销的行政助理不会管布莱尔去了哪里。而真正派他出去执行任务的编辑不负责检查他的收据。就这样，没有人注意到布莱尔在花销上的矛盾之处。

这件丑闻破坏了读者对报纸的信任，让已经运转不良的新闻编辑部进一步动荡不已。这是复杂性的又一次破坏。

在这部书中，我们已经讨论了核电站事故、推特灾难、石油泄漏、华尔街崩盘，以及不当行为等共有的基因。复杂性和紧密耦合更容易导致失败，也增强了与失败之间的逻辑必然性，而我们的头脑和组织并没有处理这类系统的天然结构。而且，尽管我们讨论的这些系统给我们带来了相当大的益处，但它们也进一步把我们推向危险区。

我们无法倒拨历史的时钟，回归更为简单的世界。但有一些我们大家都可以做的事情，其中有小事也有大事，它们可以让崩溃不那么容易发生。我们可以学习如何建立更好的系统，改善我们的决策，并让我们的团队在面对复杂性时更有效率。

怎么做呢？这是我们要在本书的第二部分回答的问题。

T

D

W

O

N

Conquering Complexity

E

征服复杂性

L

M

第 4 章

走出危险区

"《爱乐之城》！"（*La La Land*）①

I

浮华。迷人之美。复杂。困惑。[1]

这是第 89 届奥斯卡金像奖颁奖仪式的最后阶段，演员沃伦·比蒂（Warren Beatty）和费·唐娜薇（Faye Dunaway）即将颁发当晚的最后一座奥斯卡金像。比蒂打开了红色的信封，取出一张卡片看了看。他使劲眨了几下眼睛。眉毛一扬，又在信封里找了找，但里面是空的。他又看了一眼手中的卡片。

"这次的最佳影片……"他对着摄像机镜头整整凝视了三秒钟，

---

① 本意为幻想之地，形容沉迷于自我世界的状态，也是一部美国电影的名字，即《爱乐之城》。——译者注

又一次把手放进了信封，"……奥斯卡金像奖……"他看了看唐娜薇，后者笑着责骂他："简直受不了你！"

她觉得他在搞怪，是在吊观众的胃口。但他没有。他又瞥了那张卡片一眼，眨了眨眼睛，然后让她看卡片，好像在说，你自己看吧。唐娜薇看了看卡片，她叫了起来："《爱乐之城》！"观众爆发出喝彩声。《爱乐之城》的全体演员鱼贯登上舞台，制片人乔丹·霍洛维茨（Jordan Horowitz）开始讲话："谢谢你们，谢谢你们全体。谢谢你们前来参加颁奖仪式。谢谢你们……"

在这一刻，全世界只有两个人知道出了错，他们是布莱恩·卡利南（Brian Cullinan）和玛莎·路兹（Martha Ruiz），他们是普华永道会计师事务所（PricewaterhouseCoopers，简称 PwC）的合伙人。就在奥斯卡颁奖仪式前的那一周，他们统计了选票，并把每一个奖项的获胜者卡片放进了信封。卡利南和路兹在仪式开始时来到后台，一个站在舞台右边，另一个站在舞台左边。他们拎着完全一样的皮革公文包，上面有 PwC 三个字母和闪光的奥斯卡标志。每一个公文包里都有 24 个信封，与每个分类的奖项一一对应。

仪式前几周，卡利南和路兹在一篇博客帖子上描述了整个设置[2]：

如果选票发生了意外，备用计划是什么？

小心驶得万年船！我们备有两套结果信封，每一套都放在自己的公文包里，我们俩一人一个。颁奖仪式那天上午，我们分别前往现场，以备洛杉矶千变万化的交通状况！仪式进行过程中，我们会一直站在后台，把信封交给主持人。

我们也记得每个分项的每一个获奖者。获奖者的名字没有录入计算机或者用手写下，这样可以避免纸片偶尔丢失或者违反安保的现象发生。

在仪式过程中，这两位会计师把信封递给主持人。卡利南是这样描述的："我们必须确保把手伸进公文包时，拿到的是正确的信封……这不是火箭科学[3]，但世事难料，你必须全神贯注。"

在搞砸了的最佳影片奖公布之前几分钟，路兹把最佳女演员奖的信封给了莱昂纳多·迪卡普里奥（Leonardo DiCaprio），他宣布艾玛·斯通（Emma Stone）因她在《爱乐之城》中的演出赢得了这一奖项。

接着，卡利南有点走神。他在推特上发了一张艾玛·斯通的后台照片，并在大约同时把他公文包中的下一个信封递给了比蒂。但这并不是最佳影片的信封。这是放在他公文包里的最佳女演员奖备件，是路兹已经给了迪卡普里奥的那个信封的孪生兄弟。信封里的卡片看上去和下面的草图差不多：

奥斯卡金像奖

艾玛·斯通
《爱乐之城》

最佳女演员

直到比蒂在舞台上打开信封，他才意识到有什么不对，而他不知道该怎么办。他把卡片给唐娜薇看，想要她帮助解惑，但她看到的只有《爱乐之城》几个字，于是脱口说出了影片名。

就在《爱乐之城》的制片人发表讲话时，一位戴着耳麦的舞台经理在人群中匆忙走过。然后那两位会计师走上了舞台。人们来回传递着一沓红色的信封。在发表了两分半钟的讲话之后，《爱乐之城》的制片人乔丹·霍洛维茨重新拿起了麦克风："对不起诸位，很抱歉，出了个错误。《月光男孩》（*Moonlight*）的同仁们，你们获得了最佳影片奖……我不是在开玩笑。"他把正确的卡片对准了摄像镜头：

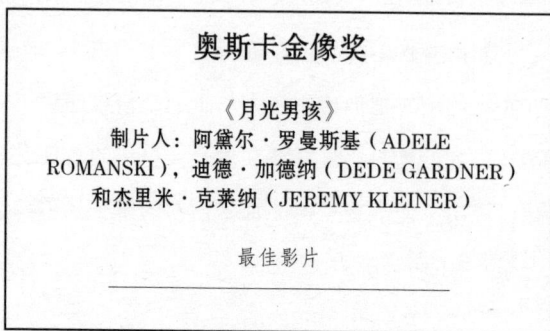

奥斯卡金像奖

《月光男孩》
制片人：阿黛尔·罗曼斯基（ADELE
ROMANSKI），迪德·加德纳（DEDE GARDNER）
和杰里米·克莱纳（JEREMY KLEINER）

最佳影片

"《月光男孩》，最佳影片。"[4]

在颁奖仪式后举行的豪华宴会上，一位记者找到了电影艺术与科学学院的院长谢丽尔·布恩·艾萨克斯（Cheryl Boone Isaacs），她正坐在白色的沙发上，死盯着自己的手机。他问她，在那灾难性的一刻，是什么划过了她的心头。"恐怖。"她回答。

> 我只是在想：什么？什么？我抬头张望，看见了普华永
> 道的人走上了舞台，而我就像，哦，不，天哪，这是——这
> 是怎么回事？怎么，怎么，**怎么回事?** 这怎么可能……? 然
> 后我只是在想，哦，上帝，怎么会发生这种事？怎么会发生
> 这种事。

尽管这让电影艺术与科学学院和普华永道都非常难堪，但幸好
这次事故没有上网。在天下万事万物中，这只不过是很小的一次系
统失误。但它仍然可以告诉我们一件重要的事情。

正如卡利南在出事之前说的那样，把卡片交给名人并不是什么
火箭科学。但这件事仍具有挑战性。直到宣布的那一刻，获奖者是
谁是个秘密，这一点增加了戏剧性，以及复杂性。而高出镜率的观
众和电视直播，更是让整个事件紧密耦合。

这个系统有三大弱点。第一，信封上的分类名称很难辨别。⁵它
们用隐隐约约的金色字体印在红色纸上，这让人很难注意到卡利南
递给比蒂的信封是最佳女演员奖，还是最佳影片奖。而且，卡片上
的奖项分类写在最下方，字体极小。获奖者（艾玛·斯通）和影片
（《爱乐之城》）则用的是大号字体。当比蒂让唐娜薇看卡片时，她一
瞥之下便看到了印刷得非常鲜艳的"爱乐之城"几个字。

第二，会计师的工作也很艰难。这是一个乱糟糟的舞台，就像

卡利南颇有先见之明地指出:"你必须集中精力。"有些主持人是从路兹那里拿到信封的,还有些是从卡利南那里拿到的。而且有很多让人精力分散的东西,比如卡利南在推特上发了名人照片,这种诱惑只是其中之一。

但说到最有趣的弱点,则非 PwC 的双公文包系统莫属。你可以看到其中的逻辑:每种信封准备两套,这可以让 PwC 不至于遭受某些可预见的失败,比如其中一位会计师丢失了公文包,或者哪个会计师因交通堵塞来不了。多加一套的本意是增加安全性,但它也增加了复杂性。所有额外的信封创造了系统内预想不到的相互作用。人们需要注意更多的事及其动向,更多的运行部件,以及更多让人分心的东西,因为有更多的方式,会让失败悄悄地潜入。

查尔斯·培洛写道:"在紧密耦合的复杂体系中,安全系统是造成灾难性失败的最大根源,没有之一。"[6]他说的是核电站、化工精炼厂和飞机。但他的话也可以用来分析奥斯卡颁奖仪式。如果没有额外的信封,这次的奥斯卡颁奖笑话就不会发生。

尽管培洛做出了警告,安全措施显然有其诱惑力。它们能防止一些可预见的失误,所以人们往往倾向于尽可能多地使用这些措施。但安全措施本身变成了系统的一个部分,就会增加复杂性。当复杂性增加时,我们便更容易因为始料未及的原因遭遇失败。①

---

① 这在大范围下也是真实的。例如,增强旅客安全的措施,人们会要求客运航班增加携带的氧气量。但从我们在引言的探讨可以看出,这一要求也增加了复杂性,而复杂性正是瓦卢杰 592 号航班失事的核心因素。

冗余与繁杂并不是安全措施造成适得其反的结果的唯一因素。有研究调查了 5 处特护病房中病床旁边的警报系统，结果表明，这些系统仅在一个月内就发出了 250 万次警报，其中差不多 40 万次带有某种声响。[7]也就是说，每秒钟大约就有一次警报，每 8 分钟会有一次某种形式的哔哔声。差不多 90% 的警报都是误报。这就像一则古老的寓言说的那样：每 8 分钟喊一次狼来了，人们很快就不再理你了。更糟糕的是，这些高频警报让人在真的发生严重事件时，分不清哪些重要，哪些不重要。

这是违反直觉的：安全措施会降低安全[8]。对此的理解，很少有人能比得过内科医师、加州大学旧金山分校（UCSF）的鲍勃·瓦赫特医生（Bob Wachter）。在他题为《数字医师》（*The Digital Doctor*）的著作中，瓦赫特描述了巴勃罗·加西亚（Pablo Garcia）的病例。[9]加西亚是一位十几岁的少年病人，差一点因为吃了一位护士给他的超量抗生素而丧命。

2012 年，UCSF 引进了一套新的计算机系统。它与一个房间大小的未来派医药机器人相连。它有机械臂，能够从预先分装好的抽屉里取药包装。医生与护士希望，这种科技能消除人为错误，提升病人的用药安全。"计算机的命令将让医生的手迹如同唱片专辑上的划痕一样无关紧要，"[10]瓦赫特写道，"一个医药机器人能够确保从架子上拿到正确的药物，保证药剂分量准确地如同珠宝商对待珠宝。而条形码系统会让这个接力奔跑的最后一棒完美无瑕，因为它会在护士拿错药或走错房间时发出信号。"

这些都是极好的安全措施，而且它们消除了许多普通错误。但它们也大大增加了复杂性。尽管设计它的本意是消除人为错误，但却让一位青年儿科医生摸不到头脑。她认为自己填写了160毫克的药丸，但她填的数字是每公斤体重160毫克，于是系统把她的剂量乘以加西亚的体重（38.6公斤）。最终她预订了38.5颗药丸。

示警系统启动了，计算机警示了药剂过量。但这位医生删去了警示，以为这是又一次无关紧要的警示，这种情况经常出现。核查药物预订（当然也是电子系统进行）的药剂师也没有发现这个错误。价值百万美元的医药机器人理所当然地打包好这些药丸。而且，尽管走进巴勃罗·加西亚病房的护士对这么大的剂量感到疑惑，但另一部安全装置的条形码系统告诉她，这是正确的房间，里面的病人也正确。她因此打消了疑虑，让那位男孩吃下了全部38颗半药丸。

警铃、警笛与附加设备会消除一些错误，但它们也助长了复杂性，会引发意料之外的突然崩溃。然而，在出现大错误之后，我们往往会在应对措施中进一步增加安全措施，即使这些错误是复杂性引起的。在讨论上述药品用量错误的问题时[11]，瓦赫特的一位同事若有所思地说："我认为我们需要在这里再加上一道警示。"瓦赫特喊叫了起来："问题是，我们的警示已经太多了。再加上一个只会更糟！"

瓦赫特是对的。越来越多的安全措施表面上看起来是一种解决方法，但发挥不了任何用处。那我们该怎么办呢？怎样才能改进系统？

诊断是成功的第一步。培洛的复杂性－耦合矩阵能够帮助我们认清，在面对令人困惑的事故或者未曾预料到的错误行径时是不是很脆弱。"这个矩阵告诉你，在你的项目或者事业中，你可能会在什么地方遭遇不愉快的意外。"[12] 加里·米勒（Gary Miller）说。他是一位核工程师出身的管理顾问，现在他在公司里差不多成了培洛理论框架的传道者。

米勒举的例子是零售商开拓新商店的计划。"如果制定的计划相当紧凑，没有留下容忍错误的余地，那就是紧密耦合。如果存货系统过于复杂，让人很难直接监控各种货物，那就是复杂性。如果二者都具备，你就应该了解，重大失误迟早会发生，因此你需要在开张之前改变这种状况。"

米勒认为，要点之一是，尽管培洛的矩阵没有告诉我们这个"重大失误"是什么样子，但它仍然于我们有非常大的帮助。只要明白我们的系统、组织或项目中有一部分是脆弱的，我们就能弄清楚是否需要降低复杂性和紧密耦合，以及应该在哪些地方多加努力。这有点像在乘坐汽车时系上安全带。我们扣紧安全带不是因为能够预见即将发生的事故详情和我们会遭受怎样的伤害。我们系上安全带，是因为我们知道有可能发生某种无法预见的事件。我们在精心准备假日大餐时，会为自己留下一定的时间余地，这并不是因为我们知道具体哪件事情会出差错，而是因为我们明白可能发生意料之外的事情。"你不需要通过预测来防止事情发生，"[13] 米勒告诉我们，"但你确实需要处理复杂性和耦合，把它们当作你计划或做事情时的变量。"

培洛的矩阵会告诉我们是不是正在走向危险的领域，而改变事情进程与否取决于我们自己。我们将在这一章的余下部分探讨如何做。我们将看一看，人们是如何让系统——飞机、登山探险以及面包店，变得不那么复杂、耦合得不那么紧密。

II

"从头到尾，空中客车 A330 的外观美观大方，看上去简直不可思议。"[14] 荷兰皇家航空公司（KLM）的飞行员塞吉·琼斯马（Thijs Jongsma）在博文里这样写道，简直就是给这架飞机的一封情书，"她昂首站立，身材极为修长。停在地面时，她微微前倾，好像随时随地做好了一飞冲天的准备。巡航时，她的机首略微昂起，所有这些都让她平添了一分优雅……她是我驾驶过的最美丽的飞机。"

驾驶舱也是大师之作。光滑的流线型设计，屏幕的数量也很节制，符合人体工程学的布局，各种显示和仪表板灯光具有合理的颜色代码系统。"我有没有提到过保时捷的驾驶舱中仪器繁杂？"琼斯马写道，"难怪这架飞机的形状、颜色和灯光如此优美。"

还有操作时的轻捷简单。传统的飞行操纵杆位于飞行员身前，是一个舵轮，而 A330 则不然，她有一个小巧的控制杆，看上去像电子游戏机上的操纵杆。

控制杆与飞机计算机相连，只要飞行员发出指令，比如右转 15 度，松开控制杆，飞机也可以完美地执行任务。而且控制杆只占很小的空间，不会挡到仪器面板。"因为已经不再有舵轮，舱内就有空

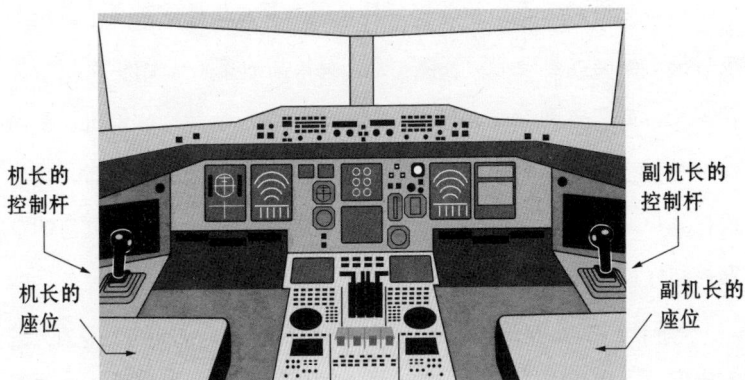

间放桌子了，可以整齐地把它折叠起来放到仪器面板下面。"琼斯马贴了一张在折叠式餐桌上整齐放置午餐的照片，他在照片下面这样写道："其他的 KLM 飞机都没有能让飞行员工作与吃饭的桌子！"

现在让我们看看波音 737 的驾驶舱：

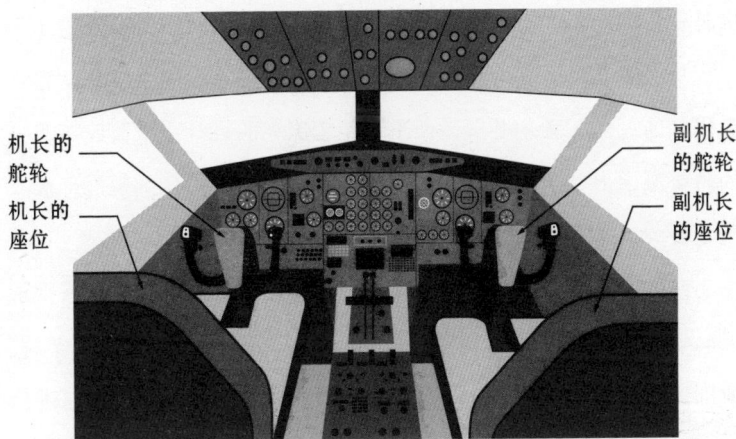

这个驾驶舱没有整洁的控制杆，更不要说折叠式餐桌了。每个飞行员的面前都是一个安装在一个3英尺高的控制柱上的W形大舵轮。飞行员需要朝左或者朝右转动舵轮让飞机运转。放低机首要向前推动整个舵轮，抬高机首要把舵轮朝自己拉过来。必要时，舵轮要拉到拉不动为止，因此他们的座位需要在中间分开。与灵巧的空客控制杆相比，这些舵轮看上去傻大黑粗。

"当我们驾驶波音737飞行时，我们使用身前的这些庞大舵轮，不管哪位飞行员推动其中一个，两个舵轮都会动作，"[15]我们在序言中提到的航班机长、事故调查员本·伯曼说，"两位飞行员的舵轮是连接在一起的，因此如果我把我这边的向左转，副机长那边的那个也会向左转。如果我把它使劲向后拉，副机长的舵轮也会向后运动，很可能会撞上他的膝盖或者顶到他肚子上。"

至于整齐摆放饭食的折叠桌，想都别想。"舵轮这么大，你吃午饭时它会妨碍你，"伯曼说，"它会把东西溅到你的衬衣和领带上！"

从许多方面来说，空客A330的设计似乎都比波音737好。它具有优雅的人体工程学装置，而不是粗笨庞大的设计：午饭放在漂亮的折叠桌子上，不会洒到你的衬衣上。但如果我们仔细观察，会发现波音737守旧笨重的舵轮自有其绝妙之处。

2009年，法国航空公司（Air France）447号航班，一架搭乘了228人的空客A330坠毁在大西洋中，机上人员无一生还[16]。5年后，亚洲航空公司（AirAsia）8501号航班，一架空客A320一头扎进爪哇海，155名乘客与7名机组人员全部丧生。A320装有与A330类似的飞行操作系统。

在这两次事故中，那些聪明小巧的操纵杆都是出事的一个原因。说到底，这两架飞机坠毁是因为空气动力失速，即当机首提起的角度过大时，在机翼下流动的空气不够造成的状况，结果飞机的"升力"不足，无法让飞机保持在空中。[17] 解决失速问题的方法很简单：压低机首即可！但在这两次事故中，经验相对欠缺的飞行员心慌意乱，把操纵杆向后拉，结果进一步提起机首。并且在这两次事故中，另一位飞行员都没有发现这个致命的失误。

"两个操纵杆不会一起动作，而另一位飞行员的侧轮控制器在驾驶舱另一面的黑暗角落里，因此你真的看不到你的同事在干什么，"[18]伯曼机长说，"当你的同事操作操纵杆时，即使你想查看，也得有正确的查看方法。"

在那些装备着老式舵轮的驾驶舱中，舵轮是一起运动的，这种情况就绝不会发生。如果你的飞行搭档把巨大的舵轮回拉，你不可能注意不到。它实实在在地在你眼前，说不定会撞上你的肚皮。这样的舵轮降低了复杂性，因为它让发生的情况一目了然。

只要看看你的汽车，你会欣赏动力透明的好处。《星际迷航》（*Star Trek*）的演员安东·叶尔钦（Anton Yelchin）死于车祸。当时他正从大切诺基吉普车中走出来，这辆 4 500 磅重的汽车从车道上沿坡而下，把他的身体死死地顶在一根柱子上。事故的原因在于这辆吉普车的换挡杆设计。[19] 如果是普通的换挡杆，你在换挡时可以感觉到、看到换挡杆的位置。但在这种吉普车中，驾驶员只要向前或者向后推动造型优美的单稳态换挡杆就行了，然后换挡杆就又回到了中心位置。这种缺乏反馈的操作让很多驾驶员产生了错觉，认为自己已经把车停好了，但实际上它却处于空挡或者倒退状态。[20]

优雅的设计自然有其好处。它们看上去赏心悦目，玩起来让人爱不释手。但能让人一眼看上去就能了解其状态的设计也具有惊人的价值。透明的设计让我们避免错误的操作，而且当你确实做错了时，也比较容易理解。透明降低了复杂性，给我们提供了一条走出危险区的道路。

这一点对于各种系统都是一样的，并不局限于实物系统。还记得安然的按市值计价法吗？它让安然的经营状况扑朔迷离。在这种会计制度下，公司犹如进入了一个黑箱。无论一个黑箱外表看起来多么清丽绝俗、光可鉴人，信任它便可能引起灾祸。

将一个系统暴露在阳光之下并非永远可行，而且这也不是降低复杂性的唯一方法。考虑一下攀登珠穆朗玛峰的登山探险。数不清的风险横亘其间，从裂隙到滚落的岩石，以及雪崩和突然的气候变化。高原病会让视觉模糊，过分暴露于紫外线会导致雪盲。而当暴风雪突袭时，人们什么都看不见。这座山峰是一个不透明的系统，我们对它完全无能为力。

但还有其他方法降低复杂性。过去，后勤问题曾经困扰过几支珠峰探险队，其中包括航班延误、边境入关问题、物品供应商的问题，还包括给当地搬运工的金钱发放和登山者在前往大本营的跋涉中染上的种种呼吸与消化疾病，许多问题甚至在真正攀登开始的几周之前便已初露端倪，而当时看上去只不过是小事情而已。

但这些小事情造成了延期、让登山队领队感到压抑、让人无法如期完成计划、让登山者无法适应高海拔地区的环境。而接着，在向顶峰冲击的过程中，这些问题又与其他的麻烦结合。无法集中精力的领导人，精疲力竭的登山队员，他们漏过了明显的警示信号，犯了他们通常不至于犯的错误。而如果珠峰地区气候状况突然恶化，在疲病交加的情况下，已经落后于计划的登山队成功的希望很渺茫。

一旦我们意识到，真正的成功杀手并不是珠峰本身，而是许多小失利的相互作用，我们就可以看到一种解决方法：尽可能多地扫除后勤问题。最优秀的登山公司就是这样做的。他们将令人厌烦的后勤问题视为关键的安全焦点。[21] 从雇用可以免除领导人后顾之忧的后勤人员，到建立设备精良的大本营，他们都倾注大量心血，关注探险中的一些平凡无奇的方面。就连烹饪也是重大问题。正如一家登山公司在宣传册中所说的那样："我们注重食物及其在珠峰和世界各地山峰地区的烹饪，这让我们的团队成员很少受到肠胃问题的困扰。"[22]

登山队员明白，风险时常来自小问题的复杂相互作用。后勤的改善无法让攀登珠峰完全安全，但它们会让探险不那么复杂，防止了一连串可能发展为灾难的小规模挫败。

事实证明，有助于攀登珠峰的这些解决方案，也有助于我们管理那些不太重要的日常事件，如举办一次感恩节聚餐，可能出现的问题也是由能够惹出大麻烦的一系列小问题耦合造成的。把烹饪、清洁浴室和摆放餐桌搅到一起，会增加压力，分散注意力。急急忙忙的主人会办傻事，就像我们在第 1 章中提及的那位《好胃口》杂志的读者一样，用止咳糖浆而不是香草香精炮制冰激凌。

我们可以把整个事件视为一个系统。在感恩节聚餐这件事中，烹饪本身就相当于冲击顶峰。这和探险公司一样，我们可以做出努力，在受到事物的小细节干扰之前给予它们关注。我们也可以确保准备好所需的一切材料：不仅是明面上的那些，还有像盐、橄榄油和烤箱里用的锡纸这类东西。只要我们把这些平凡的小事视为成功聚餐的关键环节，我们就能防止感恩节灾难。

在其他系统中，人们已经找到方法消除非必要的铃声和警哨声，以此来降低复杂性。[23] 回头想想波音的驾驶舱并阅读下面的清单。这份清单中罗列了能够影响一架多发动机大型喷气式飞机的各种问题。在这些问题中，你认为哪些会在驾驶舱中引发高危警讯？

- 发动机起火
- 着陆过程已经开始，但起落架放不下来
- 迫在眉睫的空气动力失速
- 发动机停止

看上去都很吓人，对吧？

但在这些状况中，只有一种能让现代波音飞机的驾驶舱中所有的系统发出警告。当空气动力失速迫在眉睫时，红色的警告灯光亮起，红色的文字警告出现在驾驶舱的屏幕上。同时，舵轮也会剧烈振动。飞行员能够看到、听到、感觉到示警。

除了失速之外其他状况都不会同时激发所有这些示警。发动机着火当然是严重事件，但它或许不会立即影响飞行路径。正因为如此，它会激发红色的示警灯光、红色的文字信息和警铃声，但不会让舵轮振动。

还有一种更低层次的示警，叫作"忠告"，它会在屏幕上显示琥珀色的文字信息，但仅此而已，连红色示警灯光也不会亮起。液压系统之一的液面过低属于这种范畴。飞行员需要知道这种状况，因为他们必须监视液体量，但这种状况不属于紧急情况。如果液体完全消失，他们会得到更高层次的示警，也就是亮起橙色灯光，出现警示噪音。

这些示警原则很简单：不要让示警系统——或者更确切地说，任何系统——的复杂程度超过它需要达到的程度，以免人们面对这些示警信号手足无措。去掉不必要的，留下的按优先次序排好。① 这就是示警层次结构。如今的飞机变得越来越复杂，但是过去警示灯

---

① 波音工程师做出了巨大努力，以保证示警系统的正确反应，这有时需要更精细入微的方法。例如，在起飞滑跑初期停止运转的一台发动机需要飞行员将飞机在跑道上停下的迅速反应，因此示警中包括警示灯、红色的文字示警和模拟声高声警告："发动机停机。"几秒钟之后，当飞机加速、跑道上已经没有足够的空间可供停机时，飞机便会自动停止这些示警，只留下文字信息。这样做是为了防止让飞行员在无法实现的情况下试图停下飞机。而且，在飞机稳定巡航过程中，如果一台发动机停机，它仅仅点亮橙色灯，发出哔哔示警声以及显示橙色的文字示警。

会映照整个驾驶舱，警铃也一直响个不停。有了示警层次结构，大多数航班现在不会出现任何示警，飞行员也不大会被无足轻重的警告弄得手足无措。

毫不奇怪，其他行业也开始注意到这一点。"我们建立了一个委员会来全面检查我们的所有示警，一个一个加以筛选，"[24] 鲍勃·瓦赫特写到了他的医院在创建示警层级结构方面的努力，"这是非常麻烦的工作，可以说是在数码领域里除草。"

当然，有时候复杂性无法降低，我们并不总是能够让事情变得更透明，消除一切小失误，扫除一切多余的安全措施。但即使是在这些情况下，我们也可以尝试让事情的耦合变得更松散。

你已经在本章前面读到管理顾问加里·米勒的例子[25]，他有一次接了一个项目，要增加一个小面包连锁店的活力。业主计划开办几家新店，并重新装修已有的店铺，推出可供选择的新商品清单。

"这是一家面包店，它和三里岛天差地远，"米勒咯咯地笑着，"但如果你以某种方式考虑，它们之间的差别也没那么大。"

他认为这个翻新计划太复杂，也耦合得太紧密。新的商品清单太长太复杂，这就意味着，公司必须依赖一个复杂的供应商网络。"他们与好多新供应商签订了拜占庭式的合同，"米勒说，"每件货物，从面包、汤、酱料、水果到饮品，都来自不同的地点，很难弄清如何才能控制所有这一切。甚至新店的设计也非常复杂。"更有甚者，更新计划的时间表也非常紧凑。店主想在同一时间整顿现有的所有店铺，新的店铺也要同时开张。他们基本没有留出容忍错误的余地。

米勒想要说服业主降低复杂性，如缩减商品清单、精简供应链、简化新店设计。但业主不肯松口。他们已经在大部分合同上签了字，而且他们非常喜爱新的供货清单和设计。米勒随后进行了另外一种尝试。"我说服他们放慢进度，让时间表变得宽松一点，不要在所有的店铺里同时展开。我很是花了一番功夫，幸好他们最后同意了。"

果不其然，由于这些复杂性，工作计划进展得并不完美。但由于计划中有了松动之处，公司也就能够处理麻烦。米勒回忆道："有几周的情况不大妙，但没有出现灾难。"

我们在这一章看到，我们可以有多种简化系统的方法，让它们更透明，增加它们的松动空间。但这些方法有其局限性。飞行中总会包含复杂性和耦合的元素，医疗、深水钻井和金融业也同样如此。你或许可以从你的领域和你自己的生活中找出很多原因，解释它们为什么如此相似。

当然，复杂性和耦合也有它们好的一面。加里·米勒参与工作的面包店能够从更复杂、更全面的商品供应清单中得到好处，因为这会给顾客更多的选择。如果公司能够优化它们的供应链，就不致积压过多的存货，还能够节省很多资金，但这也增加了耦合。许多决定了今天我们如何生活与工作的最有用的科技既复杂又耦合紧密。脱离危险区绝非易事。

好消息是，在这个新世界中，我们可以更明智地应对如何工作、如何思考。尽管我们无法从根本上改变大多数系统，但我们可以改

变我们在这些系统中的活动方式。在以后各章中,我们将探讨如何
面对复杂状况做出更好的决定,如何从示警信号中找到系统中的问
题,以及如何改变我们与其他人一起工作的方式,从而避免系统在
危险区中崩溃。

第 5 章

复杂的系统，简单的工具

"拷问你的直觉，这是一种特殊练习。"

I

在日本东北海岸线上的一个雪松环绕的山谷中，有一个名叫姊吉的小村庄。这个村庄有一座树木丛生的山坡，山坡上立着一块石碑，紧靠着前往村庄的唯一道路，石碑上面刻着这样的警告[1]：

> 在高地上盖房能够确保我们后代的平安与幸福。
>
> 牢记大海啸的灾难。
>
> 勿在此处以下盖房。

20 世纪 30 年代，在一次毁灭性的海啸之后，村民们把村庄移到了山坡高处，并竖立了这座石碑。像这样提醒人们警惕海啸的石碑散落于日本海岸线各处。有些设立在 1896 年的海啸之后，还有一些甚至更早。但第二次世界大战之后，人们基本上漠视了这些警告。[2] 日本的人口大为增加，海滨城镇不断发展，很多社区从高地移到了海边。

2011 年 3 月 11 日，一次大规模地震袭击了海岸线，地震引起的海啸淹没了姊吉，而海水停止在这座石碑以下几百英尺处。山坡下，海啸摧毁了一切。

福岛第一核电站就坐落在姊吉村以南 200 英里的地方。[3] 地震发生时，核电站关闭了反应堆。紧急发电机运转，开始冷却核燃料，一切似乎都按照计划进行。

但震后不到一小时，海啸来袭。海浪越过了核电站的防波堤，淹没了发电机。冷却系统失效，反应堆过热，而且很快便熔化了。有几台发电机位于较高的山坡上，但本应将电力从它们那里导出的配电站也被淹没了。古朴的大自然之力与复杂的现代系统开始了较量。结果是：三座反应堆熔化了，发生了几起化学爆炸，放射性材料被释放到了空气当中。

这是 25 年来世界上最严重的核泄漏事故，而这起事故本可以避免。例如，女川核电站距离震中近得多，却基本上毫发无伤，虽说海啸摧毁了环绕它的城镇。[4] 女川核电站安全地关闭了。事实上，邻近地区甚至有数百人在海啸期间在核电站内避难。他们中有人回忆道："当时没有比核电站更好的地方了。"

是什么让女川核站如此不同？菲利普·利普西（Phillip Lipscy）、

栉田健儿（Kenji Kushida）和特雷福·因切尔蒂（Trevor Incerti）是斯坦福大学的三位研究人员，他们正好探讨了这个问题。他们发现了几个起作用的因素，其中最关键的是女川的防波堤高度。[5]他们是这样解释的：女川核电站有 14 米的防波堤，能够抵御 13 米的海啸，正是这一高度的海啸，压倒了福岛核电站的 10 米防波堤。[6]他们写道，一道更高的堤防，"能够阻止或在相当程度上减轻福岛核电站的灾难"。几米的高度就造成了巨大的差别。

福岛和女川以外，利普西等得到了一个令人毛骨悚然的结论[7]："福岛并不是特例。至少还有另外 12 座核电站，它们的防波堤高度低于它们所在区域的海浪最高高度。而这些核电站散布在世界各地：日本、巴基斯坦、中国台湾、英国和美国。"

不妨想象一下，现在由你负责决定一座核电站的防波堤应该有多高。你将如何做出这一决定？这是一个艰难的决定，因为这是由极端情况而不是平均情况决定的。你或许会说，显然你想要堤防的高度高于这一地区以前观察到的海浪最高高度。有道理，但然后又怎么样？应该高多少？

这是一个很难回答的问题。增加高度需要多花一大笔钱，特别是要保证防波堤不仅高而且坚固。一座低于女川核电站的 12 米的堤坝已经是四层楼房的高度了！而堤防增加高度时，需要面临越来越多的问题。建造工程越来越复杂，人们会抱怨景观丑陋，维修费用太高，防波堤很快就成了你需要担心的一个重大项目。很显然，防波堤的高度不可能是无限制的。那你该如何决定呢？

你或许会说，你会根据最高海浪的历史数据，或许还要参考海啸模型的结果。但历史资料并不总包含最严重的情况，而模型也带有许多不确定之处。因为你无法修建一座无限高的堤坝，你需要拿出一个你非常肯定的数字。你无法百分之百地确定，但你会对海浪的高度范围有一个大概的估算。你可以考虑在最佳情况和最坏情况之间的合理范围。例如，你或许能够99%地肯定，冲击防波堤的最高海浪高度在7到10米之间。然后你就可以根据这一假定来决定堤坝的高度。

大部分人都不需要去负责决定核电站防波堤的高度，但我们都对这种局面非常熟悉。我们总是需要做出这类预测。我们需要估计一个项目的时间长短，或者在交通状况很差的一天里赶往机场需要多少时间。对这样的预测，我们没有100%的把握。要想做到无懈可击，我们只好说，完成这个项目需要的时间在零天与无穷多天之间。这种预测毫无用处。因此，或隐晦或明显地，我们使用人们称之为置信区间的概念，即处于可能的最佳情况和可能的最坏情况之间的一个区间。例如，我们可能有90%的把握，认为我们的项目会在两个月与四个月之间完成。

麻烦的是，我们进行这种预测的能力实在欠佳，我们画出的范围太窄。正如心理学家唐·莫尔（Don Moore）和乌列·哈兰（Uriel Haran）所说的那样："对于这类预测的研究发现，虽然根据概念，90%的置信区间应该在10次中有9次是对的，但往往只在不到50%的情况下答案是正确。"[8]当我们对于某个预测具有90%的置信度，实际上可能还不到 50%。即使在对错参半的情况下，我们也可能信心十足。与此类似，当我们具有 99% 的置信度时，我们搞错的概率也远远大于 1%。如果你 99% 地肯定，最高的海浪会在 7 米与 10 米之间，事实最后可能会给你一记响亮的耳光。

通常，当我们在估计某种情况时，比如一个项目的耗时长短，我们应该注重两个端点：一个可能的最佳结果（项目将在两个月内完成），和一个可能的最坏情况（需要用四个月）。莫尔、哈兰和他们的同事凯里·莫尔维吉（Carey Morewedge）找到了一种更好的方法，它推动我们考虑一个更宽的结果范围，即主观概率区间估计（Subjective Probability Interval Estimates，简称 SPIES）。[9] 尽管这个名字听起来似乎有点不靠谱，但实际上它相当简单。你要考虑的不是两个端点，而是要估计几种结果的可能性：在整个可能的数值范围内的几个区间。你首先找出能够覆盖一切可能结果的区间。然后一个接一个地考虑每个区间有多大可能性，并写下你的估计。就像下面这样：

区间（项目的长度）	估计可能性
不到一个月	0%
1～2 个月	5%
2～3 个月	35%
3～4 个月	35%
4～5 个月	15%
5～6 个月	5%
6～7 个月	3%
7～8 个月	2%
8 个月以上	0%

　　根据这些可能性估计，你可以估计出一个置信区间。例如，如果你想要达到90%的置信度，你就应该忽视最底端的5%的概率区间（不到一个月的区间和1～2个月的区间），也应该忽视最顶端的5%的概率区间（6～7个月、7～8个月、8个月以上的区间）。余下的那些就是你的90%的可靠置信区间：2～5个月。但你甚至不需要进行最后的计算。莫尔和哈兰创建了一个漂亮的网上工具，你只要轻松地把你的区间与估计输进去。这件工具将为你完成其他的工作，计算出你想要的任何水平的置信区间，快捷、容易。

　　SPIES是完美的吗？不是。但它确实做出了重大改进。莫尔和哈兰是这样说的[10]：

　　　　我们的研究前后一致地显示，与使用其他预测方法相比，使用SPIES能够更为经常地获得正确的答案。例如，在一份研究中，参加者同时使用传统的置信区间方法和SPIES方法来估计温度。他们的90%置信区间法在大约30%的情况下能得到准确的答案，但用SPIES法时，得出准确答案的概率几乎达到74%。另外一项研究是一个有关日期的小测试，估计这些日期上各种历史事件的发生率。使用传统的90%置信区间法，参与者正确回答了54%的问题。而SPIES法则在77%的情况下做出了正确的估计。

SPIES迫使我们考虑整个区间的可能性，而不仅仅是两个端点，因此它压制了我们的过度自信，让我们尽可能考虑一些似乎不大可能的情况。

遗憾的是，设计福岛核电站的东京电力公司（Tokyo Electric Power Company，简称 TEPCO）的工程师没有考虑整个可能性区间。"工程师没有考虑意料之外的庞大海啸可能发生的情况。"[11] 公司的一位高管在事故之后承认。尽管有古老的海啸警示石碑和现代的计算机模型，这家公司"没有足够谨慎地考虑自然灾难的正面冲击"。

II

TEPCO 的管理人员过于自信了。他们也面临着重大的挑战，尽管他们使用了精巧的模型来预测海啸的规模，但模型实际上效果如何，他们并没有得到过很多反馈，因为海啸并不经常发生。当然，总的来说，没有海啸自然是件好事，但也让 TEPCO 的工作更为困难。

心理学家称 TEPCO 的工程师的工作条件为"恶劣环境"。[12] 在这样的环境下，我们很难核对预测和决策是好是坏。这就像在无法品尝的情况下学习如何烹饪一样。在没有反馈的情况下，我们无法根据经验做出更好的决策。我们无法获得足够的技巧，因此也就无法判断加一汤匙盐会让汤太咸还是太淡。

在所谓良性环境下，其他类型的问题会经常为我们提供反馈，让我们认识到决策是好是坏。在这种环境下，人们确实能够逐步认识到规律，并做出有效决断。例如，象棋大师能够迅速决定有希望的走法，而经验不足的玩家则经常错失良机，甚至在长时间思索之后也不例外。气象学家运用他们有关某个特定地区气候的经验，改进他们的天气预报。这些专家随时随地都可以得到反馈。象棋大师有胜有负，天气预测专家也会定期核对预测的准确性。他们品尝了自己领域内做出的"汤"的滋味。马尔科姆·格拉德威尔（Malcolm Gladwell）曾在其著作《眨眼间》（*Blink*）中描绘了一些运用直觉的超级英雄，比如有一位消防队队长，可以依赖第六感行动，在房屋倒塌之前把队员从燃烧的建筑物中拉出来。[13] 在良性环境下，专家是可以成为那种人物的。

但那些在恶劣环境下工作的人，永远没有机会发展出这种技能。[14] 研究表明，他们的判断不会随着时间的推移得到改进。[15] 例如，在一项实验中，对于那些证件照与本人相貌不符的申请者，移民官员在 7 次中有 1 次让他们蒙混过关。这些经验丰富的官员和参与同一项实验的未经训练的学生看走眼的情况相差无几。在鉴别谎言方面，警察也不会比未经训练的大学生强。而在恶劣环境下工作的人经常根据不相干的因素做决定。法官通常很少会得到有关他们判决的反馈。一项研究表明，在聆讯假释案件的繁忙日子里，法官在午餐休息后同意假释的可能性更大。其中的差别非常大：在刚刚用餐之后，同意假释的裁决百分比要比用餐前高出 65%，但随后便逐渐下降，在下次休息之前几乎降到了零！我们不妨考虑一下这一点：饥饿不应该影响专家的判断，对吧？

更糟的是，要完成棘手任务的专家几乎没有机会去弥补错误。人们认为他们是可以信赖的，因此他们很不愿意承认错误、讨论错误并从中学习。如果有人报错了明天的气温，我们不会在意，但我们不愿意想象警察会抓错人、假释法官会随意做出决定。

这并不是说消防员或者气象学家要比警察或法官高明，这完全与处在特定位置上必须做的工作有关。例如，气象学家在近期降雨方面的预测做得很好，这是他们有大量机会实践的一件事，但他们对于飓风一类罕见事件的预测就不那么好了。[16]而且，就连他们的降雨预测也是冬天比夏天更准确，因为冬天的雨云比较稳定，而夏天的高热可能导致大型雷雨云砧的出现。[17]

在复杂系统中进行预测更像预报飓风，而不像预报降雨。复杂系统是恶劣环境：我们很难理解决策会造成什么影响，也无法从中学习，而我们常常被直觉误导。但好消息是，不用遵循本能行事时，我们可以利用工具。[18]

考虑一下，当一位病人一瘸一拐地走进急诊室时，医师是如何对受伤的脚踝做出诊断的。[19]长期以来，医师一直受到如肿胀等实际上并不严重的症状的误导。他们让病人做了许多没有必要的 X 射线检查，把它作为一种诊断安全网络。但那些 X 射线检查是要花钱的，如果每个脚踝受伤的病人都做这样的检查，加起来就要耗费很大一笔钱。而且这也让病人没有必要地暴露在辐射之下。另外，医生有时又在需要做 X 射线检查时没有做，结果漏过了严重的骨折。他们依赖于自己的直觉，但他们从来没有得到足够的反馈来改进他们的直觉。

20 世纪 90 年代初，加拿大的一个医师团队开始改变这种状况。[20]
他们实施了一项研究，确认那些真正重要的因素。他们的数据表明，
只要使用 4 项标准，医生就能减少三分之一的 X 射线检查，同时还
不会漏过每一个严重骨折。现在让我们看看人称"渥太华踝关节规则"
（Ottawa Ankle Rules）的这些准则：

踝关节 X 射线检查仅在如下情况下是必须的：

踝骨附近疼痛而且符合以下一个及以上标准

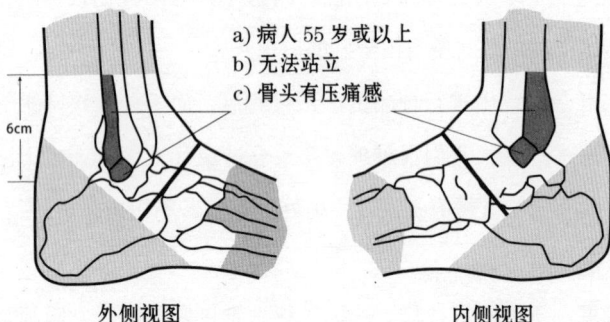

a) 病人 55 岁或以上
b) 无法站立
c) 骨头有压痛感

6cm

外侧视图　　　　　　　　内侧视图

疼痛、年龄、承重、骨头压痛。这些简单的事先决定的标准，
确实要比医生的直觉可靠得多。这 4 个简单的问题能够让每个医生
都变成诊断专家。[21]

与渥太华踝关节规则出现以前的医生类似，我们也经常运用直
觉做出特殊决策，而不是使用事先规定好的标准。例如，考虑我们
通常是如何选择管理一个高风险的重大项目人选的。我们或许会先

考虑所有潜在的项目管理人员，并用直觉比较他们，然后做出选择。但这就会让我们在恶劣环境下，任凭自己受直觉指引。

与此不同，我们应该根据这个项目来建立一个标准。我们首先要弄清，想要成功，这个项目的管理人应该具有哪些最关键的技巧。然后我们根据这些标准比较潜在的候选人，即简单地给他们评分（1、0或者–1）。如果这是一个团队共同决策，我们应该为每一个候选人独立打分，最后对结果取平均值。这将让我们对每个人的总体能力具有数值概念。这就有些像下面的这份表格：

技能	平均评分		
	加里	爱丽丝	苏米
工程理解力	1	1	0.25
与顾客联系的能力	−0.25	0.5	0.75
内部团队人员认可度	0.5	0.75	1
总得分	1.25	2.25	2

这个过程很简单，但它对我们很有帮助。在这个例子中，苏米大概是个善于社交的英俊员工，但他缺乏成功扮演这个角色所需的技能或者组织能力；而加里虽然在工程方面颇有才能，但他却不善于与顾客来往。所以，这个过程让我们免受表象的误导。而且当然了，你的标准会更多，各个标准的权重也会有不同。

丽莎（Lisa）是西雅图的一位年轻母亲，她和丈夫使用这种方法寻找他们的第一座房屋。[22] 在使用事先规定的标准之前，他们已经看了50多处房子，却仍然不满意。"有时候，房子的某些特点我喜欢，我丈夫却不喜欢，并且我们谁也说不出自己最想要的是什么，"丽莎这样告诉我们，"我们时常对细节耿耿于怀，比如卧室里丑陋的油漆或者周围的环境。"还有些时候，他们着迷于某座房子，忘记了长远目标。他们想象着自己可以在这座房子里举办梦幻般的聚餐会，却忽略了他们的家庭会扩大，因此那座房子并不合适。"更糟糕的是，带着一个两岁孩子奔波，一座房子一座房子地看下去，实在太累人了，"丽莎补充道，"你就想快点决定下来。这很容易让人看不长远。"

在经历了徒劳无功的四个月之后，这对夫妇采用了一种新方法。作为第一步，他们罗列了对他们来说重要的各个方面，结果写出了12条标准，从房子是否好卖到邻居的素质。接着，他们用网上的一种叫作"维基序列测量"（pairwise wiki survey）的工具[23]，给这些标准做了主次排列。这个工具会随机从他们的清单中选择两项标准，他们俩都必须点击各自认为更重要的项目：

什么对你更重要?

房子比较容易卖　　　　　　　　　　　**邻居友善**

我无法决定

经过几十次这样的选择之后，这个工具会计算出每个项目的得分，把它们从 0（最不希望的）到 100（最希望的）排列起来。例如，

"比较容易买卖"得 79 分，这就是说，如果与标准清单中随机选择
的一项配对，它有 79% 的机会入选。这对夫妇用这一套测量确定了
这些标准的权重[1]。

然后，当他们去看房子时，便能够独立针对每一项打分了（得
分为 −1、0 或者 1）。如果他们对于某个得分意见不同，则取两人的
平均值。调查的加权总和让他们给每个房子打出总分。下面是从他
们的电子表格上摘录下来的，表明他们对几个房子的实际评级：

标准[2]	权重	房子 D	房子 J	房子 T
功能特点（3 间卧室，待客空间）	89	1	1	1
比较容易买卖	79	0.5	1	0.5
空间大小	73	0	1	1
增加附属居住单元的潜力	67	1	1	1
与户外 / 自然环境的连接	62	1	1	0.5
家的感觉	62	1	−1	0.5
似乎不需要大规模维修	61	1	−0.5	1
性价比	53	0	0	0.5
邻近地区的社区感	65	0	−1	0.5
优雅的邻里环境	57	−1	−1	0
邻居	54	−1	0	0
房子的总加权得分（最高 722）		269.5	155.5	450.5
相对于 722 总分的百分数		37.3%	21.5%	62%

---

[1]　你可以在 www.allourideas.org 上创造你自己的维基序列测量。

[2]　为简化这一过程，这对夫妇去掉了几个评级很低的附加标准。

　　我们以房子 D 为例。丽莎和她的丈夫喜欢这座房子，在很多项目上给它打了 1。但是，让他们吃惊的是，计算结果出来时，这座房子的总分相当低。"我们喜欢房子的许多方面，几乎要爱上它，"丽莎说，"但评级系统让我们计入了周围环境，这方面它比较差。"最终，这对夫妇买下了房子 T。尽管它没有 D 或者 J 得到的评分 1 多，但各方面都没有大问题，并且在一些权重高的项目上得了高分。

　　"这种方法帮助我们透过表面细节和模糊感觉细致观察实质，"丽莎说，"要把 11 个不同的标准全都记住实在太复杂了，但通过这套工具，我们可以把所有事物都归纳成一个总体图像。它也让我们之间的不同意见变得不那么具有感情色彩。我们讨论实际的项目，而不是就个人印象展开辩论。"

　　这种增加结构的方式并不适用于我们的每一次选择。但是，当我们在恶劣环境下面临重大决定时，这是一种能够提高质量的简单解决方法。

Ⅲ

　　2013 年 3 月，当美国零售业巨头塔吉特在加拿大开办头几家商店时，有几百名好奇的顾客与迫切希望买便宜货的人黎明前就排起了长龙。有些人甚至在帐篷里过夜。上午 8 时整，商店开门了。"我一直想参加塔吉特的宏大开业大典，现在我来了！好兴奋啊，太兴奋了！"一位女子进门时这样说。身穿公司传统制服——红色衬衣和卡其长裤的员工拍手欢呼，与顾客击掌相庆。"来吧，伙计们，欢迎来到塔吉特！来吧，人人都来吧，推上一辆购物车！"

塔吉特在加拿大开设第一家商店之前，这家店铺便已经在加拿大久负盛名，许多加拿大人跨过美加边境，只为去塔吉特商店购物。[24] 为了给加拿大的开张营造气氛，塔吉特在奥斯卡颁奖仪式期间播出了加拿大主题的广告片。在 9 个月之内，这家公司在加拿大开办了 124 家商店，进入了加拿大的每一个省份，甚至包括爱德华王子岛。

开张之后不到两年，塔吉特关闭了在加拿大的所有商店，一举退出该国。17 000 多人失去了工作。那时塔吉特在加拿大已经累计亏损数十亿美元。"简而言之，我们每天都赔钱。"[25] 塔吉特的首席执行官承认。加拿大报纸称这次扩张是"辉煌的失败""全然的灾难""美国零售商在这个国家遭遇的最惨痛失败"。这是一次戏剧性的崩溃，以至于有加拿大剧作家就此写下了剧本。[26]

塔吉特的扩张计划十分大胆。它没有遵循一步步向前的方针，而是做了一次 18 亿美元的房地产租赁交易，一次性租赁了 100 多处商店。公司面临着尽快开店的压力，因为这样就可以不必在商店空置时付租金。而且商场所有者也不喜欢购物中心空荡荡的，这更让塔吉特压力大增。塔吉特全力以赴地按照一个雄心勃勃的时间表开始了工作。

换言之，从一开始，进军加拿大就是一个紧密耦合的系统。"要在一个新国家内，在这么短的时间里开办这么多商店，允许犯错误的空间非常小。"[27]多伦多商业记者乔伊·卡斯塔尔多（Joe Castaldo）如是说。他全程报道了塔吉特加拿大的崩溃。"所以，一旦一个地方出了问题，你几乎没有时间去修补，因为你必须在两周之后再开一波新店。"

这一扩张也很复杂。进军加拿大要求建立庞大的供应链管理系统，引导从卖家到塔吉特仓库，然后从仓库到商店存储地点，直到商店货架的产品流。这个系统必须持续跟踪每一种产品，建立可靠的数据，以便塔吉特预测需求、补充存货、管理它的配销中心。在美国，塔吉特为此有一个经过反复尝试确定的系统。但加拿大有所不同。现存的系统需要许多客制化服务，才能与法语字符、公制单位和加拿大货币匹配。这套东西在另一个国家的转换无法一蹴而就。

出于时间考虑，塔吉特买了一套现成的供应链管理系统在加拿大商店中使用。他们选择的是一套德国软件，许多零售专家认为这是同类产品中最好的。这是一套高档先进的系统，但却很难上手。塔吉特没有几个人真正弄懂过这个系统。卡斯塔尔多称它是一头"要求非常严格的野兽"。[28]

要让这个系统顺利运行，员工必须输入 75 000 种产品的数据。一种产品他们经常要输入几十个字段，从产品编号、大小，到多少个单位与一个运货箱配套。而且这一切都必须迅速完成，很容易出错。

果不其然，员工们出错了。这些错误普普通通，像打字错误、有些字段没有填上、产品大小用的是英寸而不是厘米。不过错误越积越多，而没有每一种产品的准确信息，以及每一家商店的每一个货架的正确尺寸，存货总额管理系统就无法正常工作。

大量小错误让塔吉特的供应链承受了巨大的压力。产品没有正确地流入商店，顾客购物时会发现货架有一半是空的。与此同时，管理这次进军的团队过高估计了需求，仓库中的货物爆满。塔吉特另外租用了存储空间，但这让人们更不容易知道每种商品在哪。

"为什么塔吉特的配货中心这么快就挤成了这个样子？好吧，事实证明，它没有预料到会发生这样的情况，"卡斯塔尔多告诉我们，"每一种商品都必须快速进出，这样才能腾出空间，让下一批货物进入，这种情况下，一个问题很容易就会导致另一个问题。"[29]

有一段时间，销售部门的员工花费了令人精疲力竭的两周时间，手工核对系统中每条产品的信息。商店库存量惨淡，货架是空的，顾客很生气。加拿大中心总部的经理在他们的计算机屏幕上看到的东西与实际情况不相符合，这是复杂系统的确凿症状。"我们几乎看不见顾客看到的东西，"一位前员工说，"我们看纸上的文字，认为没问题。但当我们来到商店，我们被惊到了。"[30]

这次进军加拿大演变成了一次大混乱。到 2015 年初，塔吉特加拿大寿终正寝。

但从许多方面来说，塔吉特这一仗早就失败了，从它在 2011 年签下商店租赁合同，并全力以赴地致力于完成一个紧迫的时间表的那一天起，它失败的命运便已经注定。大约就在那个时候，塔吉特的年度报告描述了他们对这次加拿大行动的预期风险。[31] 它专注于几个一般性因素，诸如推广计划、商店改建和员工招募。报告中没有提到后来粉碎了这次扩张的真正风险：过分紧迫的启动时间安排、货物系统的复杂性、令人尴尬的数据录入问题，以及加拿大的小怪癖，如公制单位和法语字符等。事实证明，小怪癖造成了大毛病。这些问题都没有在报告中出现。

当然，事后诸葛亮比较容易当。就像据说沃伦·巴菲特（Warren Buffett）说的那样，后视镜永远比车前窗更清楚。而后见之明又总是来得太晚，或者看上去如此。但如果有一种能够在崩溃发生之前利用后见之明的威力的方法又会怎么样呢？如果我们能够提前从后见之明中得到益处又怎么样呢？

两年前，在一个顶级商业学校中，我们在60名学生毕业前几周对他们做了调查。这是一次快速的网上调查，只有一个问题。我们给这些学生几分钟时间，让他们写下下列问题的答案：他们的学校如果要在今后几年内取得成功，面临的最大风险是什么？我们想要看看，我们提出这一问题的用语是否能够产生重要影响。于是这次调查包括两个略有不同的版本。一半的学生看到了我们最初的问题（1号版本），另一半学生看到了一个略加改动的问题（2号版本）。

下面是对答案的一个随机取样。你能看出规律吗？

对于 1 号版本问题的回答	对于 2 号版本问题的回答
"没有对学生进行足够的实践训练。我们学到的实际能力与技巧不如别的学校多。"	"过分专注于学术问题，对于实践职业服务关注不够。"
"这一专业中竞争者极多，而它无法每年都让学生得到好的工作。"	"诸如学生考试作弊这类学术丑闻损害学校的声誉。"
"我们的学习计划没有将课堂教学与实践工作经验结合。"	"人工智能顶替了许多很好的初级工作岗位，这些岗位过去是由我们这些毕业生占据的。"
"与其他学校相比，很少有公司从我们这里招人。对职业准备的支持不够。"	"自然灾害损坏建筑物。新法律让外国学生太不容易得到签证。"
"来自其他学校的竞争，以及对于作为整体的经济的更广泛的威胁。"	"在其他学校中有更为实用的训练。网上课程让真人课堂教学过时了。大学自己的经济学系创造了一个应用课程，吸引了我们最好的学生。"

正如我们看到的那样，对于 1 号版本问题的回答是完全合情合理的，尽管比较狭窄。它们是关于外部竞争和课程内容的。它们是经典的学生抱怨：其他学校做得更多，课程的实践性不够。这都是些合乎情理的观点。然后让我们核对 2 号版本问题的回答。学生也在这里谈到了外部竞争和课程内容。但还包括了多得多的东西：考试作弊丑闻！自然灾害！人工智能！网上教育！而且回答还不止如此，从始料未及的法律变化，到来自大学内经济系的竞争。这是更多样化的一组风险，其中有更多突如其来的想法。

那么，引起不同回答的两个问题有什么不同呢？第一个问题直截了当，当你试图让人们开动脑筋考虑潜在风险时可能会这样问：

花上几分钟时间考虑，在今后两年中，哪些因素、倾向或者事件会对这所学校的生命力与成功造成最大的威胁。然后写下你的头脑能够想到的每一件事。

第二个版本的问题，提问方式有所不同。它没有关注可能会出现的风险。与此不同，它请人们想象，现在已经是两年之后，已经出现了不好的结果：

想象一下两年后的今天，这所学校正在艰难挣扎。作为最近毕业的学生，你一直在听到坏消息。事实上，大学甚至可能会取消商业课程。现在，花上几分钟想象，是哪些因素、倾向或者事件导致了这样的结果，然后写下你的头脑能够想到的每一件事。

这个问题的基础是一个叫作事前检验（premortem）的聪明方法。[32] 下面是发明了这一方法的研究人员加里·克莱因（Gary Klein）的解释[33]：

如果一个项目进展欠佳，就会有一个汲取经验教训的会议，探讨哪里出了问题，为什么项目失败了，就像医学上的验尸解剖。为什么我们不可以事前这样做呢？在一个项目开始之前，我们应该说："让我们现在看一看水晶球，这个项目将会失败，是一次惨败。现在，诸位同仁，花上两分钟，写下你们想到的所有可能造成项目失败的原因。"

然后每个人就都说出他们想到的原因，并提出方法，预防团队集体归纳出的一系列风险。

事前检验的基础是心理学家称之为未来的后见之明的概念，即通过想象一个事件已经发生而产生的后见之明。一份1989年的里程碑式的研究表明，未来的后见之明可以提高我们的能力，确定某种结果为什么可能发生。[34] 研究课题时采取未来的后见之明这种方法，人们可以找到许多原因。而如果他们不去想象失败的结果，这些原因就不会如此实际与准确。这是一种技巧，可以让后见之明为我们服务，而不是成为我们的对头。

怎样做呢？这里是这项研究中的一个例子[35]：

考虑一下预测冠军系列赛的第一场篮球比赛的获胜队。在比赛开始之前，预测获胜者是基于一些一般因素：关键球员之间的配合，团队的优缺点等……比赛之后情况则不一样了。一支球队的失利可以用这些一般因素以及其他特殊事件解释，如球员A多次犯规后表现得缩手缩脚，球员B"发挥失常"，该队曾获得了上次系列赛的冠军因而不够积极，等等。

比赛之后情况则不一样了。如果某种结果已经发生，我们会对它产生更为具体的解释，这就是事前预防利用的倾向。它重新组织了我们考虑原因的出发点，即使我们只是在想象中看到了结果。而且，事前预防也影响了我们的动机。"其中的逻辑是，它并不是在告诉人们，你很聪明，你能想出一个好计划。而是告诉人们，你可以极富洞察力地思索，想出这个项目为什么可能败北的原因。"加里·克莱因说，"人们的整个活动发生了变化，从试图避免可能破坏和谐的任何东西，变为试图让潜在的问题浮出水面。"[36]

例如，它不会问我们如何才能让塔吉特的扩张成功，而是让我们想象这次加拿大进军已经一败涂地。我们就会绞尽脑汁地解释它为什么会失败，而且在我们决定进军之前就防止这一切。

事前检验不仅能够运用于10亿美元规模的扩张业务中，还可以运用于其他许多地方。吉尔·布鲁姆（Jill Bloom）在西雅图工作，是一家大型科技公司的经理。为了自己生活中的一项重大决定，聪明而又勤奋的她做了一次事前检验。[37]当她在同一个职位上工作了两年之后，有人招募她担任一个新职位。开始她很兴奋：她的新经理是罗伯特，他似乎很有活力，也很有魅力，而且她有机会参与重大决策。但没过多久，她就认清了形势。罗伯特的所谓活力其实只不过是轻浮易变。她担负的角色也和她预想的有所出入。她确实有机会参与战略性问题的决策，但她几乎没有任何机会得到合适的资源来把她的想法付诸实行。更糟糕的是，她所在的团队几乎每时每刻都有危机，而没有规律的工作时间让她感到过度紧张与疲乏。

在加入罗伯特的团队之前，布鲁姆曾经在电子表格上分析了这一行动的风险与益处。"但我没有注意到一些大的风险，而且我也没有深刻地分析我发现的那些风险，"她告诉我们，"我并没有深入这些风险内部，评估它们是否确实是风险。"

另一位名叫玛丽的经理与布鲁姆有过一次闲谈，其中提到了后者对这一改变的不愉快程度。她问布鲁姆是否有兴趣加入她的团队。布鲁姆加入罗伯特的团队只不过几个月，因此她担心再次跳槽会影响今后的晋升。而罗伯特听说她在考虑跳槽，因此提出让她留在团队中，转任另一项工作，这让情况变得更加复杂化。

为了在罗伯特给她的新工作和玛丽的团队之间取舍，布鲁姆和她的丈夫坐下来，对她的每一个选项进行了一次事前检验。"我们设想，情况将在一年后变得不是很美妙，并试图弄清楚为什么。"布鲁姆告诉我们。这次事前检验给了她一份短清单，其中罗列了她在比较这两份工作时应该考虑的具体因素，例如经理的风格、团队的文化和她推动项目发展的能力等。

以这份清单为武器，她尽可能多地搜集了各种信息。"你没法在一次 30 分钟的面谈中仔细探讨 20 个问题。这次事前检验帮助我专注于少数几项最大的风险，并就它们提出了有针对性的问题。"然后她基于这次事前检验的因素，比较了这两份工作。"我以这些风险为基础做出了评级，它们的得分帮助我弄清楚对我来说什么更重要。加入新的团队，我便必须重新证明自己，因此可能耽搁晋升。但当我将这一点与我每日的工作兴趣比较时，我便意识到，实际上对于我来说，在玛丽团队里的那份工作风险要小得多。"

当决定的时间临近时，两个团队都在她身上施加了不小的压力。"我有一种手足无措的感觉，"布鲁姆告诉我们，"我需要做一件什么事情，帮助我退后一步，仔细分析我的决定。"正是事前检验和事先确定的标准帮助她做到了这一点。最终她决定加入玛丽的团队，而事实证明，她与新角色之间的契合要好得多。

丹尼尔·卡尼曼（Daniel Kahneman）是行为经济学的开创者之一，也是《思考，快与慢》（*Thinking, Fast and Slow*）的作者。他建议我们使用工具来处理恶劣环境中杂乱无章的重大决定。SPIES、事前确定的标准和事前检验无法消除错误，但通常它们确实能打断我们的定式思维，让我们系统地检视我们的选择。

卡尼曼是这样解释的："大部分人信任他们自己的直觉，因为他们认为自己认清了形势。而拷问你的直觉，这是一项特殊练习。"[38]但是，在恶劣环境下，拷问直觉正是我们需要做的事情。以塔吉特为例。基于他们在美国多年开店的经验，塔吉特的高管认为他们在加拿大也会成功。但他们从来没有关于国际扩张方面的反馈。因此，当他们签订了那份10亿美元的租赁合同时，他们是在盲目飞行。

塔吉特领导人应该做的不是信任他们的直觉，而是使用我们在这一章中提到的技巧。SPIES可以帮助他们避免做出过分乐观的销售预测。像那对首次购房的夫妻一样，事先确定的标准可以帮助他们评估重大决策的决定性因素，并从中得益。就像吉尔·布鲁姆和她的丈夫一样，他们可以做一次事前检验，确定阻碍他们成功的具体障碍是什么。这些工具帮助我们在各种恶劣环境中进退自如。我们在复杂系统中痛苦挣扎，但如果能够在我们的决定中加上一点点结构，将让我们有机会反击。

第 6 章

审视不祥之兆

"是的，这让我夜不能寐。是的，这让我情绪激动。这些是我的孩子。这些是我们大家的孩子。"

I

2014 年夏季，李安妮·沃尔特斯（LeeAnne Walters）注意到，每当她的小孩在澡盆里洗澡或者在后院池塘里玩时，他们的皮肤上就会出现红疹。几周之后，孩子们的头发开始大把大把地脱落，而三岁的双胞胎之一不再长大。11 月，李安妮家里的自来水变成了棕色。她买来了好多箱瓶装水煮饭、饮用和刷牙。很快，这家人开始限制淋浴，李安妮开始在火炉上加热瓶装水给她最小的两个孩子洗澡。天哪，她家的自来水到底怎么了？[1]

好几个月来，她一直向所在地密歇根州弗林特市的官员发出抱怨，但他们听而不闻。在一次公众聚会上，她把从家里水龙头接下来的棕色自来水带到了会上，结果市政官员说她撒谎，认为那些水根本不是从她家里取来的。但李安妮给她的儿子身上的皮疹拍了录像并给儿科医师看了，这位医生给市政当局写了封信，催促他们检测她家的自来水。该市的公用设施管理人员迈克·格拉斯哥（Mike Glasgow）来到李安妮家探查，他注意到了水中的橙色。他担心这种水有腐蚀性，便给水取了样，检测是否含铅。

大约一周后，格拉斯哥给李安妮打电话，通知她检验结果。他的信息很简单：不要让任何人饮用那种水。其中铅含量之高达到了危险的程度。

当时美国还没有自来水中含铅量的安全标准，但环境保护局认为，一旦铅含量超过十亿分之十五（15ppb），人们便需要采取应对措施。而在李安妮家里，尽管所有的水管设施都是新的，而且还安装了水过滤器，其中的铅含量仍然高达104ppb。格拉斯哥承认，他从来没有见过如此之高的自来水铅含量。第二周他又做了新的测试，铅含量已经蹿升到了397ppb。随后，一家独立的实验室检测未经过滤的水样品时，测得的平均结果为2 500ppb，其中一次的结果甚至高达13 500ppb。

在李安妮的孩子开始发疹子之前的几个月，一度繁荣的弗林特市开始从弗林特河抽水充作自来水，而不再像它40多年来一直做的那样，从邻近的底特律购买自来水。它这样做只有一个原因：省钱。

在2014年春季的一次仪式上，弗林特的市长按下了一个黑色的小按钮，它关闭了来自底特律的自来水供给阀门，开始了弗林特的自来水处理实验。市州两级官员举起玻璃杯，以澄清的弗林特自来水相互祝酒。"水是一项绝对必需的服务，但绝大多数人认为它是天经地义的，"市长说，"这是弗林特市历史性的一天，它回归自己的根，用自己的河流作为饮用水的供应之源。"[2]

市政官员们在仪式上说，水的质量不会有任何改变。[3]但当人们开始抱怨时，他们的腔调变了，争辩说水的味道或许会有不同，因为它更硬些。但后来，人们对自来水喝起来闻起来都有怪味的抱怨越来越多，于是官员们尝试了一系列补救小措施，如用消防龙头冲洗弗林特的一些老旧管子等。

日常检测很快揭示，水中的消毒剂数量不足，会让大肠杆菌等病菌滋生，因此居民们必须先把水煮开了才能喝。为此，工人们在水中增加了漂白剂，事实上，他们加得实在太多了。于是，过量消毒剂引起的危险副产品飙增，这让市政当局不得不通知自来水用户，并紧急通知密歇根州当局，为弗林特的市政雇员购买瓶装饮用水。[4]就在该市与大肠杆菌问题苦斗之时，卫生官员注意到了军团病的一次爆发，这是一种由军团菌属细菌引起的肺部感染。[5]他们的调查表明，疾病暴发的根源是该市的饮用水。

通用汽车公司（GM）在距离李安妮的家只有5分钟车程的地方有一家大工厂，他们也发现了问题。在与李安妮的孩子出疹子差不多同时，自来水让这家工厂生产的发动机机体生锈。[6]GM一开始的解决办法与李安妮的办法大同小异。这家公司安装了水过滤器，然后用巨型卡车运水进来,这是小家小户在商店里购买瓶装水的工业放大版。但这一切都无济于事,这时 GM 不再使用当地水源,改用附近城镇的自来水。

跟 GM 不同,李安妮没法更换水供应商。而且她的孩子已经深受其害。在从迈克·格拉斯哥那里得到了铅测试结果之后,她带着她的双胞胎孩子去见医生,这时她发现,他们中有一个已经铅中毒了。铅含量只是略微加大都会影响幼儿的智商,令他们终生受苦,并引起持续的行为问题。

从李安妮家中发现了水中含铅过量之后,州政府官员试图掩盖问题。他们告诉李安妮,说她家的自来水中的铅来自家中的水管设施。但李安妮家里的水管在几年前全部换用了新的塑料管,完全符合现代安全标准。

整个城市中,与腐蚀了 GM 的发动机同样的东西也腐蚀了弗林特的老旧管子,毒化了居民的自来水。最终,由于李安妮锲而不舍的抱怨,弗林特官员更换了她家通往水源的主管道。她家里的自来水铅含量立即下降了。

尽管有所有这些数据——水的味道与气味、病菌的爆发、烧开水喝的建议、李安妮家饮用水超量的铅含量,以及 GM 工厂中的腐蚀,州官员还是一口咬定,弗林特的水可以安全饮用,不承认其中有任何问题。

除了漠视警告信号之外,官员们还设计了取样过程,以降低水样中检测出的铅含量。[7] 请看下面的这封弗林特自来水公司发给居民的信：

铅与铜的饮水取样说明

亲爱的居民：

感谢你帮助我们检测饮水中的铅与铜的含量。你需要按照如下说明取样，这一点很重要，因为这样才能让我们准确地测量饮水中的铅与铜。这个水样应该与你通常饮用的水一致，来自你常取水的水龙头。如有任何问题，请垂询自来水供应公司。

1. 在你的厨房或者浴室里选一个水龙头，它应该是你通常接取饮用水的水龙头。不要从洗衣水槽或者花园水管接头那里取样，因为自来水公司无法使用这样的样品。

2. 打开水龙头，放冷水至少 5 分钟。在你计划取样之前，至少 6 个小时不要让水流动。如果你用的是单把水龙头，请将它转到冷水一侧。在取样之前不要使用这个水龙头。

3. 在取样之前至少等待 6 小时，但我们建议，不要在不使用水龙头 12 小时以上之后取样。

4. 用你在至少 6 小时之前放过冷水的水龙头取"第一次放出"的冷水水样，装满样品瓶。

随着信一起来的还有一个用来取样的小瓶，自来水公司回头会过来取走分析。

这种做法在美国非常常见，因为那里的环境法规要求自来水公司在存在高铅污染风险的家庭中搜集样品，也就是由含铅的旧水管供水的那些家庭。但送往弗林特居民的信有所不同。在普通人的视线之下隐藏着一个骗术。请再看看第 2 步！

在取样前一天晚上放水 5 分钟，居民冲洗了他们的水管，暂时从他们家的水管系统中冲走了铅。一位专家认为，这种行为相当于在为灰尘取样前彻底用吸尘器清扫房间。[8]

而样品瓶的瓶口非常狭窄，居民在取样时无法把龙头开至最大。这进一步造成了结果的偏差，因为水流越弱，从管道里带走的铅就越少。不仅如此，自来水公司并没有专注于从高风险的房屋中取样，而是主要从没有任何含铅水管或者含铅供水线路的房屋中取样。

当这一切都还不够时，密歇根的官员们裁决，李安妮家中的铅测量数据无效。因为她的房子里装有水过滤器，因此严格地说，这些测试并不完全符合联邦的标准，而这一标准的设计目的，是防止自来水公司使用过滤后的水来降低检测出来的铅含量。将李安妮家的水检测结果排除在外，州政府官员可以让这座城市的饮用水铅含量水平刚好保持在引起联邦注意的门槛之下，而弗林特也没有必要知会居民这一麻烦事。[9]

在此期间，饮水不仅毒害了李安妮的孩子，同时也毒害了整个城市的孩子。李安妮是这样说的：

这不仅仅关乎我们的家庭。从来就不是只有我们，永远也不会只有我们。其他家庭怎么办呢？弗林特的其他孩子怎么办呢？你们怎么能明知他人受难而坐视不理，不闻不问呢……？我 4 岁的孩子问我他们是不是就要死了，因为他们中了毒……我有一对双胞胎，一个 56 磅重，另一个 35 磅重。他有一年没有长大，现在还有贫血病……是的，这让我夜不能寐。是的，这让我情绪激动。这些是我的孩子。这些是我们大家的孩子。[10]

当弗林特开始从弗林特河取水作为饮用水时，州政府官员的决定是不使用化学剂对水进行处理，以便控制腐蚀，尽管事实上这是水务系统的标准作业。这一决定每天为城市省下大约 60 美元。[11] 这不是一个打印错误，也不是每个居民 60 美元，就是每天 60 美元，或者说大约每年 20 000 美元，而让整个系统运转的年花销为 500 万美元。这甚至都没有达到在一位实验室技术员身上每年花销的一半。与此相比，研究人员估计，如果只考虑工资方面的直接经济后果，一个孩子受铅中毒造成的花销是 50 000 美元。在弗林特，9 000 名孩子饮用了受污染的水。密歇根的预算拨付了数亿美元来解决这个城市依然存在的自来水问题。[12] 如果这座城市需要更换它的整个自来水基础设施，还需要更多的金钱。

复杂性和耦合增加了弗林特水危机的严重性。这座城市放弃了一个久经考验的系统，改用全新的水源，这使州政府官员遭遇了一系列难以预测的相互作用，参与这些作用的有细菌、用来对付那些细菌的化学药品、腐蚀性化学品，以及老化的铅管道。而由于自来水系统的性质，州政府官员必须依赖不完美而且间接的标识物。例如，弗林特的官员没有这座城市的详尽水管地图，于是他们从中获取水样品的大多数房屋连铅水管都没有。而且，水中含有的铅是看不见的，通过测试得出结果需要好几个星期。同样紧密耦合在一起的是：一旦水中含铅，人们就无法将它除去，它对孩子造成的损害是不可逆转的。

当我们面对一个复杂系统时，我们通常假定一切正常，不去理会那些与这一假定有冲突的证据。在切换水源的仪式上，一位负责监督弗林特改用自己的水供应的州政府官员是这样评论的："当水泵把经过处理的河水引入系统时，我们的计划变成了现实，水的质量不言自明。" [13] 他是对的。水的质量确实不言自明。但在没有一个系统方法追溯问题的情况下，密歇根的官员漠视了警讯。事实上，他们并不是只见树木不见森林，他们断然否定森林中有任何树木存在。

查尔斯·培洛认为，这种否定实在太常见了。[14] "我们无法把握我们现有的世界，因此我们构建了一个我们期待的世界，然后加工那些与期待的世界相符的信息，并找出理由排除那些可能与它抵触的信息。当我们构建这个世界的时候，漠视了预期之外或者不大可能发生的相互作用。"

这正是在弗林特发生的事情。

Ⅱ

距离华盛顿市中心不远处，有一座平平常常的建筑物，里面是华盛顿地铁系统的操作控制中心。操作员坐在围绕着一个庞大屏幕的办公桌前，屏幕上有一幅实时地图，几十套摄像输入显示着火车轨道和隧道入口。

这套地铁系统是在 20 世纪 70 年代设计的，工程师在其中设置了能够自动追踪列车的装置。为了做到这一点，他们将整个轨道系统分为许多路段。有些路段只有 40 英尺，还有些长达 1 500 英尺。每个路段上都有检测列车的仪器。

这是一个精巧的系统。[15] 路段一端有一个发射器会发出电子信号。路段另一端的接收器则接收这些信号。路段没有列车的时候，轨道本身会将信号从发射器传递到接收器。但当列车进入这个路段时，信号传递线路就改变了。列车的车轮把轨道连接到了一起，信号发射器于是就无法将信号传递到接收器，而是直接发送到地面。于是，当接收器失去信号，系统便知道有一列列车在这个路段内，并把这段路标记为"已占用"。另外，系统还能利用这一信息自动管理列车速度，防止相撞。

但这个系统老化了。地铁开始更换旧的部分，尽管如此，基础科技也过时了。[16] 这个系统无法确定特定列车的位置，它只能说出某段铁轨上是否有列车。

这些复杂性在 2005 年达到了必须解决的程度。在一个繁忙的交

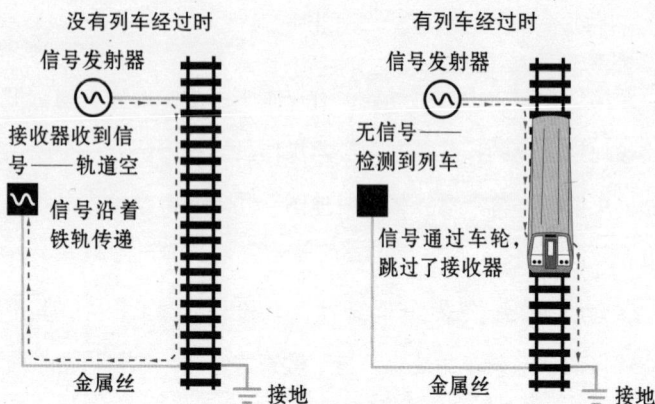

通高峰期，三辆列车只差几英尺就险些在波托马克河下相撞。在这个繁忙的路段，存在一些问题让自动系统失灵，只是出于运气和列车驾驶员的神速反应，才险而又险地避过大祸。

说也凑巧，一位工程师偶尔听到了关于这次未遂相撞事故的讨论。他查看了有关的路段数据，意识到当列车位于路段中段时传感器可能无法检测列车。[17]他便立即向轨道上派出工人。随后的几天里，在工程师排除故障前，都有工人站在轨道边，确保轨道上没有列车，然后控制室才允许另一列列车进入。

工程师必须弄清楚，为什么在这段 900 英尺长的路段上传感器无法检测列车。他们得知，不知为什么，即使列车行驶在这个路段，检测列车的信号还是可以从发射器传递到接收器。他们怀疑有地方短路了，但这个问题在他们找到根源之前消失了。

尽管这个问题看上去已经解决了，但工程师更换了线路上的所有零件。他们还需要肯定这个问题不会发生在系统的其他地方。于是他们设计了一个检测方案：从那时开始，当维修人员在铁轨检测线路上工作时，他们将在铁轨之间放下一大块金属棒来模拟列车的车轮，以检验路段能否显示自己被占用中。这一问题是间歇性的，维修人员需要在三个地方检测铁轨：靠近发射器的地方、铁路中段以及靠近接收器的地方。

工程师还开发了一个计算机程序来寻找消失的列车，他们每周开动一次检查程序。最后，他们认为这个程序整体上能令人满意地按照计划工作，这时他们把这件工具交给了维修团队的同事，并建议他们每个月在高峰期使用一次。

地铁的工程师做到了大海捞针，而且与弗林特的官员不同的是，他们对警示信号采取了措施。他们解答了问题。而且他们随后拿出了检测工艺和监督系统的方法，这些措施可以让他们知道，一旦有针再次落入海中应该如何搜寻。他们成功了。

但这个组织随后忘记了这个问题。没有人再用那个检测工艺或者使用那份程序去寻找失踪的列车。

光阴似箭，转眼到了2009年6月。作为更新计划的一部分，工人们更换了B2-304路段的一些部件。这项工作很不顺利。在更换部件并反复调整发射器和接收器之后，这个路段的线路检测工作仍然不尽如人意。工人们留下来观察，要看看轨道是否能够检测到他们完工后通过的第一列列车。[18] 当他们继续寻找故障时，系统错失了一列经过的列车。他们告诉操作中心还有问题，然后就离开了。

操作中心对那段有问题的铁轨发布了一项工作指令，但这项指令一直留在系统内未能执行。在此后的 5 天里，差不多每辆经过那段铁轨的列车都不在轨道传感器监测中，但谁也没有注意到这一点。当列车通过这段淘气的路段之后，只要列车有一部分在有问题的铁轨之外，系统就能监测到它们，于是一切正常。

地铁操作员没有注意到路段 B2-304 的问题，也没有使用测试工艺或者工程师开发的程序，这种情况并不仅仅是粗心大意。在一个简单的系统内，追踪重要的事情很容易，但在一个复杂且紧密耦合的系统内，情况就不一样了。在危险区内，人们或许并不清楚哪些事情重要，而且我们也不可能错失重要细节而不必付出重大代价。

2009 年 6 月 22 日，下午高峰开始时，214 号列车来到不妥的路段。它也像它之前的所有列车那样消失了。[19] 与过去 5 天内发生的情况相同，当铁轨线路无法检测时，列车开始自动减速。但与它之前的所有列车不同的是，214 号列车很不走运。在进入这个路段之前，列车一直以低于正常的速度运行，因为驾驶员喜欢控制列车，准确地停靠在车站的站台上。当 214 号列车减速时，它缺少动量，无法让系统监测到有问题的那段铁轨。结果整列列车都停在不正常的那段铁轨上，系统根本看不到它。

214 号列车后面是 112 号列车，上面乘坐着我们在本书开篇提到的退休空军军官戴维·惠雷、他的妻子安以及其他许多人。在自动列车控制系统中，112 号列车前方的路段是空置的，于是它向 112 号列车发出加速前进的指令。4 时 58 分，当 112 号列车转过弯道时，驾驶员看到了前方停靠着的列车并踩下了紧急制动刹车。但这时已经为时过晚。座椅、金属杆和天花板面板组成了 13 英尺厚的碎片波浪，冲击了列车，并把第一节车厢的长度从 75 英尺挤压成了 12 英尺。

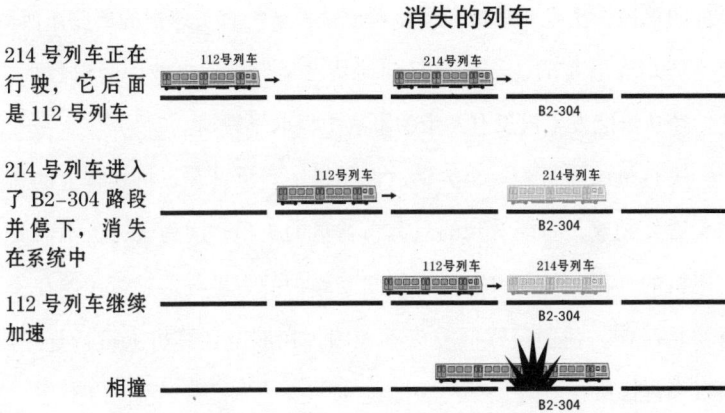

消失的列车

214 号列车正在行驶，它后面是 112 号列车

112号列车 →　　214号列车 →　　B2-304

214 号列车进入了 B2-304 路段并停下，消失在系统中

112号列车 →　　214号列车　　B2-304

112 号列车继续加速

112号列车　　214号列车　　B2-304

相撞

112号列车　　214号列车　　B2-304

112 号列车撞上了一个幻影，一个不应该在那里存在的鬼魂。地铁系统如此复杂，它甚至无法追踪工程师已经知道应该如何解决的问题，因此造成了 9 人丧生。

Ⅲ

有一个产业研究了警讯，并弄清了如何避免灾难，那就是民航业。20 世纪 50 年代后期，喷气机时代刚刚开启，那时的民用飞机每起飞 100 万次会发生大约 40 次致命的坠机事件。10 年之内，它的安全性便改进到了每 100 万次起飞不到 2 次坠毁。[20] 近年来，这个数字甚至有了更大的改进，达到了每1000万次起飞大约2次坠毁。按照里程计算，汽车发生事故的风险是飞机的100倍。[21]

这一进步有很大一部分来自对于小失误、反常现象和侥幸脱险事件的重视：正是弗林特和华盛顿地铁系统的官员忽视的那些东西。航空公司弄清楚的，不仅仅是如何从已经发生的事故中吸取教训，它们还从可能发生但没有发生的事故中汲取了教训。

飞行员中流行着一个笑话，说如果一只栖息在飞机机首上的鸟回头看驾驶舱，它能看到的只有飞行员的头顶，因为飞行员不需要看飞机的外面，他们只需要管好驾驶舱内的一堆仪器就行了。在飞行繁忙时刻，他们经常低着头看地图，在航空计算机上运行程序，监督飞行仪器。

在晴朗天气里，驾驶舱中的飞行员可以看到几百英里之外。但在云雾天气里他们什么也看不见。他们依靠驾驶舱内的仪器，以及地面的无线电信标上发出的无线电波，沿着看不见的高速公路航行。[22]飞机上带有无线电接收器，飞行员调整它们的频率，与无线电信标的频率一致。就像汽车在高速公路上一样（你可以想象美国西海岸的I-5公路和出伦敦的M-20公路），这些高速公路也有它们自己的名字。例如，从西雅图飞往旧金山，飞行员可能会按照飞行计划沿J589到J143航行。当他们沿着这些高速公路到达目的地附近，用仪表进场着陆的方式飞行，这种方式指引他们下降到机场。每一个仪表进场着陆方式都由一套详细的仪表读数组成，这些读数出现在仪表进场着陆面板上。这是一个印制的图表，上面显示着高度、逐项道路指示和飞行员应该使用哪些无线电信标的信息。这些面板详细规定了飞机应该如何飞向一处距离地面只有几百英尺的指定地点，那里已经为它做好了着陆准备，并指定了一条跑道。

在这个过程中，空中交通管制员扮演着重要的角色。他们按照次序让飞机降落，保证这些飞机不会相撞。他们告诉飞行员应该如何接近飞机场，在哪条跑道上着陆。

仪器导航飞行位于培洛的危险区内。低云、大雾和黑暗会模糊飞机外的情况。飞行员依赖间接的信息来源：飞行仪器、无线电信标、仪器进场着陆面板，以及与控制员的通话。而且系统是紧密耦合的。一旦飞机起飞，飞行员便无法像我们在驾车时那样停在路边，他们必须一直飞下去，直到着陆。而且一旦出现了未能及时发现的错误，人们很难弥补。

1974 年 12 月 1 日上午，环球航空公司（Trans World Airlines）的 514 号航班从俄亥俄州哥伦布起飞，飞往华盛顿国家机场，机上载有 92 人。[23] 这天气候条件恶劣，阴云密布而且下着雪，华盛顿附近狂风大作。在驾驶舱中坐着的是老牌机长理查德·布罗克（Richard Brock）、副机长勒纳德·克烈谢克（Lenard Kresheck）和随机工程师托马斯·沙弗拉内克（Thomas Safranek）。

航班行程为一个小时。但起飞后几分钟，一位空中交通管制员便通知机组，国家机场上空风力过强，无法降落。布罗克机长决定改飞国家机场以西大约 30 英里的更大的杜勒斯机场。航班飞行正常，大约 15 分钟后，当飞机在杜勒斯机场西北大约 50 英里时，另一位空中交通管制员指示机组,在第 12 跑道上用仪器进场着陆方式着陆。

机组"通报了他们的路径",他们高声读出了仪器进场着陆面板上在第 12 号跑道着陆的数据,并控制飞机,遵照上面的详细指示飞行。[24] 着陆面板上带有鸟瞰图,表明了海拔高度、机场位置和机组人员应该在什么地方开始下降。它也显示了韦瑟山的位置——1 764 英尺高,距离机场 25 英里——以及飞机为避免撞山应有的飞行高度。

着陆面板上也有一幅侧视图,看上去如下:

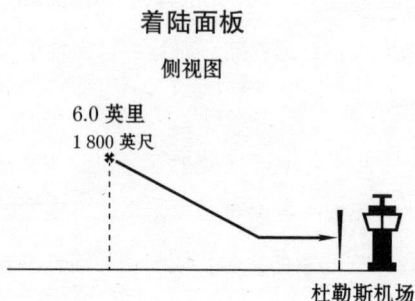

着陆面板

侧视图

6.0 英里
1 800 英尺

杜勒斯机场

侧视图上显示的唯一一点是距离机场 6.0 英里,1 800 英尺高的地方。这表明,飞机到了距离杜勒斯机场 6 英里的地方,机组应该在 1 800 英尺的高度开始下降,直到他们看到机场并着陆。但侧视图漏掉了图像上很大的一部分:它没有告诉机组他们在距离机场更远的地方需要保持的高度。

当空中交通管制人员为环球航空 514 号航班进场做好准备时,

飞机位于地图上朗德山某一点的西北方向。当它穿过狂暴的云层下降时，机组人员进行了以下讨论[25]：

> 机长：1 800（英尺）是最低高度。
>
> 副机长：开始下降。
>
> 工程师：我们离机场还有好远呢。我还是把热气调低点吧。
>
> 副机长：我讨厌周围的高度上下变动……没多久就让你头痛……你能感觉到这里在刮风。
>
> 机长：你知道，按照这张傻傻的纸（进场面板上的俯视图）上说的，离朗德山3 400英尺是最低高度。

随机工程师问机长是在哪里看到这一点的，机长回答："喏，就在这，朗德山。"

机长注意到，西面飞来的飞机，俯视图显示了一条飞行路线，最低高度为3 400英尺。但机组并不在预定路线上。他们直接飞向机场，但他们没有从空中交通管制中心接到什么时候可以下降的指示。侧视图上只显示了在到达机场前最后6英里的情况，没有为他们解决这个模棱两可的问题。

所有人都说："那好吧，但是……他说可以，意味着你可以走向你的……初始进场路线……是的，你的初始进场高度。"

机长是对的：1 800英尺太低了，非常危险，因为有被云雾笼罩着的朗德山。但这次讨论平息了他的担心，他没有继续关注这个问题。飞机继续下降。

"这里很黑。"随机工程师说。"也很颠簸。"副机长回答。此时，514 号航班上 92 个人的生命只剩下一分钟。

那天感到困惑的人不仅是布罗克机长和他的同事。就在半个小时之前，另一架从西北方向飞来的航班也接到了同样的仪器进场指示。与 514 号航班一样，另外的这架航班的进场指示中也没有任何有关高度的限制，例如要求他们在飞越朗德山之前在 3 400 英尺以上高度飞行的指示。这就是说，飞行员可以下降到 1 800 英尺的高度。但这架航班的机长刚巧简单地追问了空中交通管制员这样一句：现在飞行的最低高度是多少？控制员做了清楚的回答，航班安全着陆了。

但 514 号航班的机组人员错误地理解了进场指示。他们的思维模式与实际不符。在这次事故发生后的许多年中，研究人员就大脑如何思索模糊形势得到了许多结论。当解决问题的信息不足时，我们会感到不和谐，大脑将迅速工作填补缺口，这样便可以用和谐代替不和谐。[26] 换言之，大脑在填补信息。

机组人员不很清楚应该怎么做。他们不是沿着正常路线飞行。那张"傻傻的纸"告诉他们不要降低高度。但空中交通管制员放他们进场了。为了处理这种模糊，他们发明了一个规则："当他放你进场时，意味着你可以降到初始进场高度。"

他们看不到正在接近的山峰，但他们确实透过云层瞥了一下偶尔可见的小块陆地。他们的近地雷达发出了警示。但为时已晚。几秒钟之后，他们的飞机撞上了朗德山的花岗岩山坡。从侧面看，他们的最后飞行路线差不多是这样的：

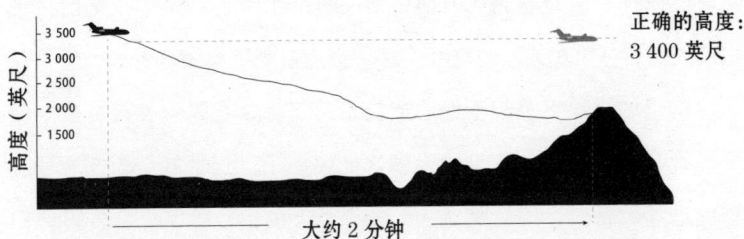

在 514 号航班坠毁之后，联邦航空管理局（Federal Aviation Administration，简称 FAA）修改了仪器进场面板。让我们看看有哪些改动：

原来的侧视图

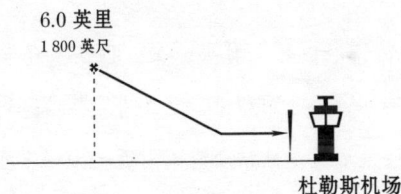

修改之后的侧视图

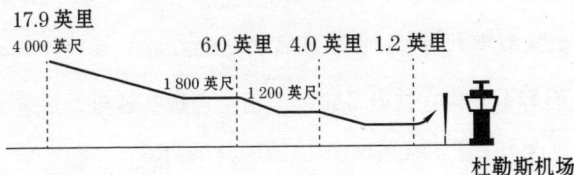

原来的侧视图只指示机组，要他们在距离机场 6 英里时下降至 1 800 英尺，而没有给出在到达那个地方之前应该怎么做，这需要机组自己处理。而新的侧视图则特别说明，在到达 17.9 英里之前，飞机应该保持 4 000 英尺的高度。这一描述避免了模糊之处。

机组的错误无关漫不经心或技术不熟练，是因为飞行员被空中交通管制中心提供的信息的模糊之处迷惑了。当管制员为 514 号航班的进场放行时，飞行员认为，如果需要的话，管制员会告诉他们高度限制。而空中交通管制中心则认为飞行员不需要这种指示。

美国国家运输安全委员会（U.S. National Transportation Safety Board，简称 NTSB）聆听了这次事故中有关机组与空中交通管制员各自扮演的角色的几小时证词。他们的结论是："飞行员非常习惯从管制员那里得到帮助，如果没有管制员的建议，他们便不知道将会得到或者不会得到哪些信息。"[27]

当然，事后诸葛亮很容易。事实证明，有些人在事故发生之前很久便认清了其中的问题。他们知道，有关进场放行问题的困惑迟早会造成灾难，他们甚至知道，杜勒斯机场附近的山峰中潜藏的危险。

1974 年，美国联合航空公司（United Airlines）开始了一项内部安全意识培训，让飞行员报告与安全有关的事情并提出建议。机组可以匿名提出问题，航空公司承诺将永远不会利用他们提供的信息对飞行员采取不利行动，而且它将竭尽全力避免向 FAA 透露他们的身份。在 514 号航班撞山之前两个月，美联航收到了一个令人惊恐的报告，这个机组不久前刚刚在杜勒斯机场着陆。

空中交通管制员放行了这架美联航航班，他们来自西北方向，接近那条走向12号跑道，并在之后让514号航班走上不归路的航线。和布罗克一样，美联航机长错误地理解了进场面板上的信息并下降到了1 800英尺。美联航的飞行员犯了与环球航空公司飞行员完全相同的错误。但他们比较走运，没有撞上朗德山，而是正常着陆了。

然而，这个美联航机组仍然认为进场指示存在问题。回到基地之后，他们回顾了进场的经过，意识到飞机下降得太早了。这似乎正是美联航需要的那种信息，于是他们交上了一份报告。

航空公司调查了这个问题，并给它的飞行员发出了一份通知[28]：

航行终点区域已经广泛使用雷达导航，这就导致航班机组方面出现了某些错误理解。我们从最近发生的事件中总结出这份提醒：

"进场放行"通常是让航班机组自行飞行。

下降到最后进场的固定高度之前，先要检查其他高度最低要求。

进入机场终点区域外围的最低高度显示在（进场）面板上。

对于航行中将要进入的航行终点区域，航班机组应该彻底熟悉显示在面板以及（或者）区域图标上的高度信息。这包括最低海拔段（MSA）信息。

这就是说：航班机组，你们要靠自己。在明白进场面板上有关高度的一切信息之前不要降低高度。这四条要点是在环球航空公司航班坠毁之前好几个星期发出的，包括了针对布罗克机长的困惑的矫正办法。但美联航的安全意识培训只是在内部采取的主动行为，因此这份通知没有走出美联航，发给 FAA 或者环球航空公司，或是任何其他航空公司的飞行员。如果他们得到了这份通知，或许能够拯救 92 条生命。

IV

为了防止复杂系统的崩溃，我们必须在大海里找到许多针。美联航正在对它的安全意识培训采取行动。它创造了一份地图，上面标出了海里的针在哪里。但行动范围太窄，这份地图没有发到每个需要它的人手中。

在 514 号航班的事故调查期间，证人建议 FAA 建立一份全行业的系统，用以搜集匿名的安全报告，并对任何使用这一系统的人免责。6 个月后，航空安全报告系统（Aviation Safety Reporting System，简称 ASRS）建立。

ASRS 是由 NASA 的一个独立单位经管的。在一个月内，它从飞行员、军方操作员、空中交通管制员、机械师和其他航空业从业人员那里搜集了数千份报告。为 ASRS 提交报告已经超越了犯错误后免责的目的，成了飞行员引以为傲的一件事。他们知道，这些报告会让航行更加安全。

这些报告存在一个可以搜索的数据库里，任何人都可以访问，NASA 在它的每月简报《回话》（*Callback*）中强调安全趋向。例如，最近一期描述了一份报告，这个机组在最后一分钟接到了跑道改变的指令，这让他们不得不以过分冒险的动作，下降到较低的高度。[29] 而这个机组无法及时到达这个高度，于是提交了一份报告。为此 FAA 改变了进场规程。

《回话》在另一期中描述了一次自鸣得意的危险[30]。这个问题来自一位驾驶小飞机的飞行员。在一份核对清单中他收到一条指令，要他让机械师改换燃油箱，但这位机械师曾因为在一台发动机中遗留了一件工具而造成发动机报废，所以他没有执行这条指令，结果只好在用完了一箱燃油后迫降在高速公路上。正如你可能会猜到的那样，奇克·培洛非常喜欢 ASRS。他写道："对于设计者，它提供了一个数据库，它经常能够发现系统违反直觉的缺点；对于组织，它能强调这样一点，即确实有人正在努力尝试。"[31]

复杂系统的一个基本特点是，我们无法通过单纯地思考它们的情况来找到所有的问题。复杂性能够引起如此复杂与罕见的相互作用，人们不可能预见将会出现的大部分错误链。但在复杂系统崩溃之前，它们会发出解释这些相互作用的警告信号。这些系统本身会给我们一些线索，我们可以用这些线索来解决它们的问题。

但我们经常未能注意到那些线索。只要看上去没问题，我们往往便会假定，我们的系统运转良好，而没有出现问题可能只不过是因为偶然的运气。这就叫作结果偏见。让我们以一位虚构的项目经理斯特凡·菲舍尔（Stefan Fischer）为例。他负责研发一家科技公司的新型平板电脑，但在产品上市前几个月，负责电脑摄像头的工程师跳槽去了别的公司。这样一来团队的工作便落后于计划。为了节省时间，斯特凡决定省去对替换摄像头设计的一项评估。

在一次实验中，我们请 80 位商学院学生阅读这个项目的材料，以及可能出现的三种结果之一，然后让他们评估斯特凡的表现。[32]在成功案例中，这台平板电脑卖得不错，没有发生什么问题。在几乎失败的案例中，这个项目的成功只是因为偶尔的运气：摄像头的设计让平板电脑过热，但由于纯粹的运气，可以通过更新处理器控制发热，而这款平板电脑的销售与性能仍然不错。而在失败案例中，摄像头也让平板电脑过热，但这时处理器无法更新，过热成了重大问题，结果平板电脑的销售状况欠佳。

对于那些评估斯特凡表现的学生来说（同样，也对于一组NASA 工程师来说，他们参与了一个航天器的类似研究），结果决定了他们的评价。当平板电脑成功时，斯特凡得到了高分。即使成功是因为偶然的运气，人们仍然认为他极有竞争力、睿智，值得重用。他们只有在平板电脑不成功时才会质疑他的决定的质量。只要这个项目不是个灾难，他们不在乎斯特凡的成功是否全靠运气。他们认为好运气和好表现没什么差别。

还记得骑士资本的 5 亿美元亏损吗？它源于一位 IT 人员的一个简单错误：他忘记把新的计算机代码拷贝到骑士的所有 8 台服务器

上。在过去某个时间点上，几乎肯定有 IT 工作者犯过同种的错误，但那时他们比较走运，结果修正了错误，没有发生任何倒霉事。他们的结论是：这个系统运转得不错，不管怎么说，灾难避免了。但实际上，每一种软件的首次亮相都是在掷骰子。

我们中许多人也在日常生活中这样做。我们认为，厕所偶尔堵塞只不过是小小的不便，而没有把它当作一个警示信号，结果最后厕所发了大水。或者我们不去理会我们的汽车上出现的警示信号，如挂挡生涩，或者轮胎总是缓慢漏气，没有把它送去修理。

为了管控复杂性，我们需要从系统显示的信息中学习，这些信息以小错误、几乎出事或者其他形式的警示出现。在这一章中，我们已经看到了三个组织，它们以不同方式在这一问题面前苦苦挣扎。弗林特的官员对一系列警示信号未加重视，并坚持认为自来水可以安全饮用。他们甚至不承认存在问题。华盛顿地铁的工程师表现要好些。他们知道问题是什么，并开发了检测工艺和监督程序来应对这个问题。但这些保护措施在乱糟糟的日常操作中丢失了。尽管已经有了解决办法，但这个办法却没有付诸实行。最后，美联航的经理甚至走得更远。他们知道问题所在，并向他们组织内部的每一位飞行员发出警告。但那这份警告没有到达美联航之外的飞行员手中——它从来没有到达环球航空的飞行员手中，包括负责 514 号航班的飞行员。

这些故事，每一个都带着我们一步步地解决问题。事实证明，一些组织已经弄清了如何从小过失和未遂事故中获得经验教训。研究人员称这种学习过程为异常现象化（anomalizing），它看上去如下图 [33]：

第一步是通过搜集未遂事故的报告和检查错误事件来搜集数据。[34] 例如，航空公司不仅搜集未遂事故的报告，而且也直接从航班上搜集数据。

第二，需要改正这些问题——未遂事故的报告不应该在建议箱中蒙尘。例如，在伊利诺伊斯州的一所医院里，护士差一点把同住一间病房的两位病人的药弄混了。[35] 病人们有类似的姓，医生给他们的药物也有类似的名字：赛特泰克（Cytotec）和环磷酰胺（Cytoxan）。她发现了自己的错误，并提交了一份未遂事故报告。医院对她的报告做出了反应，把病人分开了，让以后的护士不至于犯同样的错误。

第三步是继续深入发掘，理解并应对根本原因。一家社区医院的一位质量经理注意到，在一个病房内连续发生了药物治疗差错。

这个质量监督团队没有把这些错误视为一系列孤立的事件，而是深入研究，以期理解深层次的共性问题。结果发现，站在走廊里准备药物时，护士总是被人打断。为避免这种现象，管理者设定了一间不受干扰的配药专用房间。[36]

　　了解问题后，我们便需要认识到，未遂事故不是秘密。需要分享它们，或者应该在整个组织中，或者像《回话》那样，在整个行业中分享。分享未遂失误能让人们明白，错误是系统的一个正常部分[37]，并帮助我们预想，当我们自己哪一天遇到问题时该怎么办。

　　最后一步，我们需要确认，我们在应对警示信号时给出的答案确实有效。例如，在有些航班中，驾驶舱中多出一位飞行员，观察机组人员的工作，从中寻找漏掉的核查清单中的步骤或者令人迷惑的工作过程。这种方法让航空公司可以检验它们的解决方法。否则一些事情可能会在匆忙中被人遗忘。就像在地铁中发生的那样，应该使用的解决方法，使用者却根本不知道有这种方法。检验也有助于保证不会因为实施解决办法而使情况变得更糟。例如，如果一种解决办法引入了太多的复杂性，或者附加的监督手段造成了太多的假阳性表象，这时就可能发生这种现象。

　　组织的文化就存在于所有这些事物的核心。正如航空公司机长、事故调查员本·伯曼告诉我们的那样："如果你打算严惩告诉你未遂事故信息的人，那就不会有人告诉你系统中有过哪些错误和事件。"[38]通过公开分享失败和未遂事故，不去责备或者惩罚当事人，我们便能够创造一种文化，让我们将失误视为学习的机遇，而不是当作迫害人的起因。"有了重大发现的人是否会得到首席执行官的感谢，这不应该是衡量一个组织安全的方法。"[39] 调查了巴勃罗·加西亚的过量服药病案的 UCSF 医师鲍勃·瓦赫特写道。这个方法是：如果有人提出了一个问题，尽管后来被证明是错误的，他同样也应该得到感谢。

你或许会想："确实，这对于航空公司和医院来说相当不错，但如果在我的组织中不存在那些与特别操作事件相关的错误，我应该怎么做呢？[40] 我应该探查什么呢？对于那些与安全无关的问题，那些不想让竞争者得知的问题，又该怎么做呢？"

研究组织问题的丹麦专家克劳斯·莱卢普（Claus Rerup）解答了这个问题。[41] 他分析了来自许多有趣场合的资料，其中包括摇滚音乐会、渡船事故和大型跨国公司。莱卢普研究了这些组织是如何通过关注失败的微弱信号防止灾难的。

有几年时间，莱卢普对全球医药业巨头、全球最大的胰岛素生产厂家诺和诺德公司（Novo Nordisk）进行了深入研究。[42] 莱卢普在20 世纪 90 年代初发现，即使是严重的威胁，也无法引起诺和诺德公司员工的重视。一位高级副总裁解释道："他必须说服他的上司，他的上司的上司，以及他的上司的上司的上司，说明他的方法是一个好主意，只不过是方法与目前的不一致。"小孩经常玩一种电话游戏，他们依次传递信息，而这些信息会在传递过程中变得越来越走样。与此类似，问题会在它逐步走向高层的过程中被过分简化。"写在提出问题者的报告中的问题……是一个提请专家注意的警钟，"

公司的首席执行官告诉莱卢普，"而在高层管理人员读到的版本上，这个警钟很可能已经消失了。"

在这个时候，从事生产的诺和诺德公司员工知道，这家公司或许已经无法达到美国食品和药物管理局（U.S. Food and Drug Administration，简称 FDA）越来越严格的标准。但高层经理完全不知道，危机已经隐现。1993 年，这家公司雇用了一批退了休的 FDA 检查员，进行了一次模拟审计。检查员发现了大量问题，数量之多令人吃惊。看上去，诺和诺德公司在美国销售胰岛素的许可证很有可能会被吊销。公司放弃了 6 个月的储备物资，并让它的主要竞争对手之一礼来公司（Eli Lilly）接管它在美国的顾客群。最后，无法达到 FDA 标准这一事件损坏了公司的名誉，造成超过 1 亿美元的损失。

诺和诺德公司没有因为这次失利责备任何人。它也没有简单地鼓励经理以后要更加当心。它在公司内实施了改革，加强了自己注意警示信号并从中学习的能力。

为了认清正在露出苗头的问题，诺和诺德创造了一个由大约 20 人组成的机构，他们四处识别来自公司外部的新挑战。在他们的工作中，有一部分是与非营利环境组织、政府官员探讨一些重大问题，如基因改造与改变规则，这些都是经理忽视或没有时间考虑的问题。一旦确认了一个问题，这个团队便从公司各部分、各层次召集重要人物，组成临时团队，深刻探讨这个问题可能会如何影响他们的企业，并找出规避方法。他们的目的是确保不会对正在酝酿中的弱点信号一无所知。

诺和诺德也采用审计来寻找公司内部的问题。它利用"促进者"来确保重大问题不会像过去的胰岛素生产危机那样沉积在公司下层。这些促进者由二十几号人组成，是从公司内部最受尊重的管理者中招募的，他们在公司的每个下属单位中工作，至少几年轮到一次。[43]两位促进者曾与单位中大约 40% 的员工面谈，并发现了他们关心的问题。正如一位促进者所说的那样，我们"就通常没有人讨论的问题交谈，百无禁忌"。

然后促进者分析他们搜集到的数据，评估其中是否含有管理者可能忽略的隐患。"我们到处走动，录找任何一点小问题，"一位促进者解释道，"如果不去理会这些小问题，我们就不知道它们是否会发展成为大问题。我们不能去冒这个风险。因此我们不会放过任何一个小苗头。"

当促进者选定一个问题时，管理者就会关注这个问题。员工的担心不必再经过层层筛选到达上层。而且这不仅仅是提高认知的问题。促进者会提出一系列可能的行动，以供管理者采取行动，达到改进的目的。每一个行动都有一位指定的负责人，负责保证问题得到解决——在最近一年中，95% 的纠偏行动都按时完成了。[44]

诺和诺德的做法看上去或许是一件大事，但它是个大公司，这一做法的花费甚至不到它年收入的 1%。这些原则也可以在小范围内应用，甚至可以在一个团队或者在一个大组织内的一个分部内应用。事实上，莱卢普和他的同事也对家族公司如何运用这种方法进行了研究，不需要团队，单个人也能进行这一促进工作，只需要一位值得信赖的顾问。[45]这类顾问隐身幕后旁观，帮助企业主关注来自竞争对手、技术落后和规则变化的威胁。他们甚至能够预料到家族内部出现的不和谐，并提醒企业主在做出重大决策前与他的兄弟姐妹交流。就像诺和诺德内部那些兢兢业业的促进者一样，这些顾问梳理企业全部业务，从中发现问题的苗头，发现警兆，提请决策人注意。

在危险区内，我们的系统如此复杂，以至于人们难以准确地预测今后会出什么样的乱子。但还是会有警讯，都是些明显的不祥之兆，我们需要仔细解读。

第 7 章

解剖异端

"你一直低着头，你干你的活，不然你就什么都没有。"

I

1846 年秋天，维也纳综合医院（Vienna General Hospital）产科门前，有一位即将生产的青年女子敲着它庞大的橡木门。[1] 两位护士走出来，挽着她的胳膊，带着她走上了高高的楼梯。一位医科学生坐在楼梯顶端的小办公桌旁，把她分配到第一产科诊室。

她意识到，第一诊室是由医生而不是助产士负责的，这让她大吃一惊。她恳求那位医学生让她去第二诊室，那里是由助产士负责的。她跪了下来，拧着手苦苦哀求，但医学生听都不听。规则就是规则。病人按照星期几到来接受分配，前往第一或者第二诊室。根据日历，她必须去第一诊室。

第二天，她在第一诊室的一个小产房里产下了一个男婴。三天后她便去世了。

这是一个很典型的故事。许多来到这家医院的待产妇女都听说过第一诊室的情况，都拼命地不想在那里生产。她们中许多人在生产后没几天就死在那里。症状总是一样的：可怕的高烧、发抖、腹痛，开始不厉害，但很快便如同受刑。婴儿也常常夭折。死因是产褥热，这是当时人们闻之色变的病症。

这位青年妇女去世前不久，一位教士和他的助手前来诊室执行最后的仪式。当他们穿过病房，教士的助手摇着一个小铃铛，宣布教士到来。这种声音人们再熟悉不过了。教士在大多数日子里都会来为病人提供精神解脱，有时一天不止一次。

教士和他的助手去往那位青年妇女躺着的房间时，经过了一位青年医师。这是位身材壮实的医师，有着蓝灰色的眼睛，宽阔的肩膀，稀疏的金色头发。这就是 28 岁的依格纳茨·塞麦尔维斯（Ignác Semmelweis）。他毕业于匈牙利的医学院，最近被任命为诊室的总住院医师。

塞麦尔维斯差不多每天都会听到这种不祥的死亡铃声，这让他心烦意乱。"当我听到这铃声急急忙忙地从我门前经过，我的心会发出一声叹息，因为未知的力量又一次夺走了一条生命，"他后来这样写道，"这铃声是对我的痛苦激励，要我找出疾病的未知原因。"[2]

究竟是什么夺走了这些妇女的生命，这一点确实还不清楚。塞麦尔维斯的大多数同代人，包括他专横跋扈的上司约翰·克莱因

（Johann Klein），都认为产褥热是某种悬挂在这座城市上空的有毒大气造成的。但塞麦尔维斯偏偏不买账。不妨让我们看看比较这两间诊室的图表：

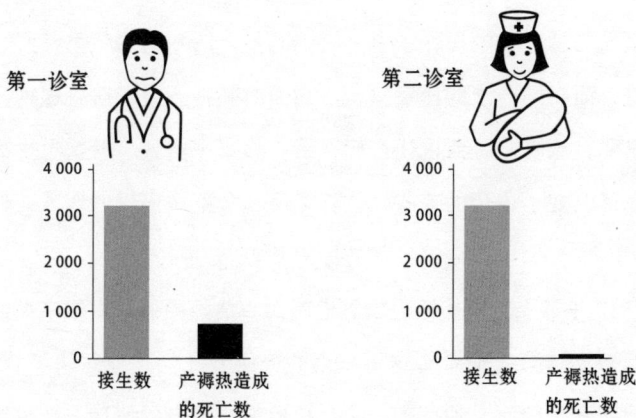

除非这种有害空气不知怎的仅仅盘旋在第一诊室上空，否则这个理论便无法解释在这里的产褥热为什么如此普遍。在第二诊室，平均每年会有 60 名妇女因产褥热丧生，而在第一诊室，去世的母亲人数会达到 600 ～ 800 个。

考虑到在两间诊室中生产的妇女数量差不多，而且她们的病房基本一样，这样的差异实在令人震惊。两者的差别只有一个：在第一诊室中接生的是医生和医学院学生，而在第二诊室中是助产士和她们的学生。

而且这一病症并没有在医院外肆虐。家庭接生罕有产褥热发生，无论操作者是私人医生还是助产士。就连在街道上生产的妇女，感染这一疾病的比例也远小于第一诊室，在街巷里生孩子都比在医院里更安全。很明显，第一诊室中有什么奇特的东西，而且这种东西只在那里存在。

医生与助产士的操作中有一处不同：在医生的诊室里，产妇仰面躺卧，而在助产士的诊室里，产妇侧面躺卧。为了检验这种区别是否重要，塞麦尔维斯也让产妇在第一诊室中侧卧。但这没什么效果。他还改变了用药的方式，改善了第一诊室病房里的通风，但也没用。

1847 年春季，因为迟迟没有进展而心情郁闷的塞麦尔维斯前往威尼斯短期休假。他希望这座城市的美丽春光能让他的头脑清晰。但当他回到医院时，他接到了一个让他无比沮丧的消息：他最钦佩的同事之一，法医病理学家雅各布·柯勒什克（Jakob Kolletschka）去世了。一位随柯勒什克做尸检的学生不慎用手术刀割伤了他的手指。柯勒什克在短短几天内便病死了。

塞麦尔维斯阅读验尸报告时大为震惊。古怪的是，让柯勒什克丧生的病症与塞麦尔维斯在第一诊室中再三见到的病症非常相似。

这是一条关键的线索。塞麦尔维斯怀疑，柯勒什克是因为小得看不见的感染微粒致死的，我们今天称这种微粒为细菌。当他的手指被割破时，它们进入了他的身体。而他的疾病与产褥热其实是完全相同的，因此，必定是同样的那种微粒在第一诊室中杀害了那些产妇。带着这份明悟，解决方法似乎近在眼前。第二诊室的助产士不做尸检。但医生和医学院学生经常从尸检房出来后直接前往第一诊室，他们身上带着的那些看不见的致命物质感染了诊室中的产妇。

我们现在知道，产褥热可以由多种不同的细菌感染，其中有些存在于尸体中，无论死者的死因是什么。但在塞麦尔维斯生活的时代，疾病的细菌理论还要几十年后才能得到确认。因此，在解剖尸体之后，医生们绝对没有任何理由需要换衣服或者彻底清洗双手。医生们或许会匆匆用肥皂和水冲洗一下手，但远远没有达到彻底搓洗的程度。事实上，当他们从验尸间来到诊室时，手上经常发出塞麦尔维斯所说的那种"尸体味"。[3]

塞麦尔维斯不知道什么是细菌，但他合理地推断，去掉了这种气味，也就摧毁了这种致命的物质。他在第一诊室的入口放了一盆漂白水，命令手下的医护人员在进入诊室时用它洗手。

效果好得惊人。几周之内，诊室中的死亡率便急速下降。在进行干预后的第一年内，产褥热造成的死亡率就下降到1%左右。这个曾经遍布死亡的地方，如今整整几个月都不曾发生一次产褥热造成的死亡。

到了这时，塞麦尔维斯已经确信无疑，自己是正确的。他也知道，他的发现令人毛骨悚然。他写道："我曾广泛地参与尸检。我必须在这里坦白，只有上帝知道，有多少病人因为我的过错而过早地走进了坟墓。"[4]

塞麦尔维斯自己接受这一令人痛心的事实并不难，但说服医学界同仁接受他的理论就完全是另一回事了。尽管如此，他的发现说明，几十年来，实实在在地，不但是维也纳的医生，而且是全欧洲的医生，都在用他们赤裸的双手杀害母亲与婴儿。他必须说服他的同事，让他们知道自己的错误，让他们知道，正是由于他们的错误信念，无辜的人死于非命。

这是一次令人生畏的挑战，但塞麦尔维斯大声疾呼。"隐瞒真相不是补救的方法，"[5] 他写道，"这样的悲剧不应该继续上演，必须让所有心怀关切的人得知真相。"

但他的上司克莱因曾领导产科医院长达 25 年；他如何才能说服这样一位自鸣得意的老顽固，一个总是厌恶青年医师的家伙呢？怎样才能说服像克莱因教授这类人物，让他意识到他在如此重要的一件事情上是大错特错呢？

当一位异见者绝非易事。我们经常感到需要随大流地思索，而神经科学证明，这种渴望与他人一致的想法并不仅仅是同伴压力造成的，也是我们大脑的固有本性。

在一项实验中，科学家使用了机能性磁共振成像法，观察当我们的意见与团队共识不符合时大脑的反应。[6] 结果证明，当我们与他人格格不入时会发生两件事。首先，大脑中与探测错误相关的区域变得非常活跃。神经系统注意到了一个错误，触发了错误信息。这就好像你的大脑在说："喂，你现在做错了事！你需要改正！"与此同时，大脑中预期获得奖励的区域活动也会减慢。你的大脑说："别指望做这种事会得到奖励！这么干对你没好处！"

"我们得到的结论是，大脑认为，与团队意见有偏差会得到惩罚。"[7] 这一研究的首席作者瓦西里·克鲁查列夫（Vasily Klucharev）如是说。错误信号结合冲淡了的奖励信号，产生了一个大脑脉冲，表明我们应该调整意见，与共识一致。有趣的是，甚至当我们没有理由认为会从团队中得到任何惩罚时，这个过程也会出现。克鲁查列夫的解释是："这就像一个自动过程，人们会形成自己的意见，接着听取团队的意见，随后迅速改变自己的意见，让它更顺从团队的观点。"[8]

艾莫利大学的神经学家格雷格·伯恩斯（Greg Berns）主持了一项极有说服力的研究，也淋漓尽致地表现了这一点。[9]参与实验的对象观看几对三维物体，每个都从不同的角度显示。他们必须说出每一对物体是否等同。参与者每五个组成一组，但每一组中只有一个是自愿参与者，其他四人其实都是研究者雇来的演员。有时演员回答正确，但有时他们全都给出了错误的答案。然后就轮到真正的实验参与者回答了，而研究人员则使用脑扫描仪器捕捉这一时刻。

人们有超过40%的时间会顺从团队的错误意见。这并不太让人吃惊——许多实验证明，人们愿意与他人保持一致。真正有趣的是脑扫描仪器得出的结果。当人们同意自己同伴的错误意见时，大脑中与有意识决策相关的区域活动很少出现变化。而与此不同的是，负责视觉与空间感知的区域大为活跃。这说明，人们并没有为了配合同伴而有意撒谎。但似乎压倒性的意见实际上改变了他们的感知。如果所有其他人都说这两个物体是不同的，一位参与者或许会开始注意到它们之间的差别，尽管它们其实完全相同。我们与人求同的倾向真的能改变我们的视觉。

　　而当人们出来反对团队时，与处理感情色彩浓郁的事件相关联的大脑区域就会高度活跃。这是站出来坚持自己的意见在感情上必须付出的代价。研究人员称之为"独立思考之痛"。[10]

　　当我们为求同而改变意见时，我们并不是在撒谎。我们甚至在不自觉的情况下顺从了其他人。有时候，这种情况具有更深层的意义，而这正是我们不自觉、未仔细思索的一点：我们的大脑在让我们避免"独立思考之痛"。

　　这些结果让人警惕，因为在现代组织中，不同意见是珍贵的商品。在一个复杂的、紧密耦合的系统中，人们很容易漏掉重要的威胁，而且看起来很小的错误也很可能造成巨大的后果。因此，说出我们注意到的问题可能会改变情况。

　　但看上去我们的大脑结构不支持我们持有异见。"我们的大脑敏锐地做出了调整，让我们与别人对我们的想法一致，让我们的判断符合团队的想法，"[11]伯恩斯教授说，"在这种一致的后面是人类进化的考量，即反对团队不利于生存。"

II

　　在德国汉诺威城外的一个火车站，一位气度优雅的50岁男子走出人群，走上铁轨，向迎面开来的列车扑去。他被火车碾死。这位男子名叫古斯塔夫·阿道夫·米夏埃利斯（Gustav Adolf Michaelis），是一位著名的德国医生，他曾对科学产科学做出过贡献。

当塞麦尔维斯的理论第一次传播到欧洲的产科医院时，米夏埃利斯是热情接受这一理论的少数人之一。在听说了维也纳的发现之后不久，米夏埃利斯就在他自己在德国城市基尔的诊所中要求医生使用漂白粉水溶液洗手。这一做法见效了。但随着死亡率下降，米夏埃利斯却越来越悲痛。他认为，证实塞麦尔维斯理论正确的证据越多，越说明自己罪孽深重。他意识到，他过去的行医生涯曾经将不知多少妇女送进了坟墓，这令他震惊。当他引入了漂白粉溶液洗手的几个星期之前，他心爱的侄女来到他的诊所，在他的帮助下产下了婴儿，但他侄女却死于产褥热。这道坎他觉得自己实在迈不过去。

其他的大部分医生没有意识到自己的过错。有些人仍然相信产褥热周期性爆发的解释，这种病的起因一定是某种大气的影响。塞麦尔维斯的理论直接与一些医生的研究对立，他们将这一理论视为人身攻击，认为医生的手会带来疾病这种想法实在荒唐。还有人则根本不理会这一发现，认为没有必要改变他们的行医习惯。

塞麦尔维斯的上司克莱因教授就非常讨厌他。"从一开始，他便警惕地看待这名青年医师在医学院中日益增强的影响，"[12]医学史学家舍温·努兰（Sherwin Nuland）写道，"越来越多的证据说明，塞麦尔维斯发现了真正有价值的东西，它或许可以拯救许多人的生命。出于人类的弱点，克莱因教授很难面对这一事实，因为他拒绝改变陈旧的观点。"[13]

塞麦尔维斯作为总住院医师的两年期满了，这时他要求接着做下去，但克莱因拒绝了。塞麦尔维斯向院长办公室提出上诉，但保守派结成了死党。一位资深教授认为，让塞麦尔维斯离开很重要，因为他与克莱因之间的紧张关系损害了诊所。让塞麦尔维斯留下只会带来更多麻烦。于是他被解雇了，克莱因的一位门徒接替了他的职务。

塞麦尔维斯随之申请一份教师的职务，这可以让他使用医院的一些设施，包括验尸间。但他的申请也未获通过。他又再次申请，这次成功了，但对他的任命直到他初次申请之后18个月才获得通过。而且，在最后时刻，有关他的工作的条件变了。与他期待的不同，塞麦尔维斯不可以用尸体教学。他只能使用一个木头的解剖模型教学。

这是压垮骆驼的最后一根稻草。尽管老顽固的影响正在逐步减退，而且塞麦尔维斯得到了医学界几位新星的支持，但他连不受限制的教学资格都得不到。他对来自克莱因一伙人小肚鸡肠的敌意感到厌烦，也对人们对他理论的质疑感到心灰意懒。他认为自己是医学理论的先驱，但其他人把他当作贱民。

在他获知教学安排的新条件之后5天，塞麦尔维斯匆忙离开了维也纳。他没有告诉任何人他的去向，连他最亲密的同事都不知道他去哪了。

正如塞麦尔维斯知道的那样，站出来说话只是方程式的一边。如果没有人听，异见者不会产生任何影响。而听取不同意见可能跟说出不同意见一样艰难。

事实证明，受到挑战——你的意见遭到否定或者质疑——产生的效果不仅仅是心理上的。研究结果表明，它会对人的身体产生实质性的冲击。[14] 你的心跳加快，血压升高。你的血管变窄，好像要限制即将来临的搏斗可能出现的伤口出血量。你的皮肤变得苍白，你的紧张程度飙升。这和你在丛林中行走时突然见到一只老虎的反应完全相同。

这种原始的或战或逃的反应让人很难倾听他人意见。而且，威斯康星大学麦迪逊分校的一项实验表明[15]，如果我们处于一种权威地位，事情会变得更糟，比如当我们处于克莱因教授的位置时。

在这项研究中，三个陌生人需要围着一张桌子在实验室里坐着，讨论一个很长的问题清单，例如在校园里禁酒，或者是否需要强制性毕业考试等等。人们很快就感到厌倦了。幸运的是，30 分钟后，一位实验室助手进来了，他带来了一大盘巧克力曲奇饼干，让人们得以暂时从这项艰难的工作解脱。但这些实验参与者不知道的是，这盘饼干也是实验道具的一部分。事实上，现在到了最关键的部分。

半个小时之前，就在这次实验开始之前，研究人员曾随机选取三位陌生人中的一位，并告诉这个小组，这个人将担任各方面评估者的角色。这一角色并没有实际权力，只不过是根据小组中另外两个人在讨论中的贡献，给他们分配"实验得分"而已。这些分数完全没有任何实际意义。它们不会影响给参与者的补偿，或者影响他们将来受邀继续参与研究的机会。而且，这项研究的结果是匿名的，因此实验室以外的人都不会知道他们得了多少分。

这只不过是临时的、非常微小的权力。评估者知道，他们入选完全是因为运气，而不是因为他们的技巧或者经验。他们知道他们的评估没有真正的权力。

然而，饼干盘子端来的时候，他们的表现与其他人大为不同。饼干数量不足，不是人人都有两块，而评估者比他们的同伴有更多的机会额外拿到一块。只不过浅尝了当领导的滋味，就让他们感到自己有权享受稀缺资源。

"人人都拿到了一块饼干，"[16] 研究者之一的达契尔·克特纳（Dacher Keltner）解释道，"但谁将拿到第一块多出来的饼干呢？这时我们的掌权人伸出了手，抓住了饼干说：'这块是我的。'"

当研究人员后来观看实验录像带时，让他们深受触动的不仅是评估者吃了多少，还有他们的吃相。他们表现出了"不受抑制的吃法"[17]，也就是说他们吃东西就像动物一样。与其他参与者相比，他们有更大的可能在咀嚼时张开嘴，把更多的小碎屑弄在脸上、掉到桌子上。

饼干研究是一个简单的实验，但它具有深刻的含义。它指出，最微弱的权力感也有腐蚀作用，哪怕负责的是显然不重要的事情。而这只是得出同一结论的许多研究中的一项。研究表明，当人们处于某种权力地位时，或者只不过具有某种权力感时，他们就更可能不理解或者漠视他人的意见，更可能在讨论时打断别人的话或者不按次序发言，更可能不愿意接受建议，即使是来自专家的建议。

事实上，享有权力有点像脑部受损。克特纳的解释是，"掌权者的表现与患有大脑眶额叶损伤的病人类似"[18]，这种损伤会引起感觉迟钝与过分冲动的表现。

当我们负责某项事务时，我们会漠视他人的看法。这是一种危险的倾向，因为更大的权威并不一定等于更高明的洞察力。一个复杂的系统或许会揭示失败即将到来的线索，但那些警示信号不会遵从层级结构。它们经常出现在底层工作人员眼前，而不是在高高在上的大人物阔气的办公室里。

然而，底层员工认为他们的上司不会听他们的，因此也就不会如实报告。[19] 如果他们的上司是一位像克莱因教授那样的专制人物，情况更是如此。但并不只有暴君才会压制异见者。即使抱有极为良好的意愿的上司也会让员工缩手缩脚。这是吉姆·德特尔特（Jim Detert）多年研究得出的结论，他是有关这一问题的世界顶级专家之一[20]。

"无论你是否意识到这一点，你都很有可能通过微妙的提示表现你的权威，"[21] 德特尔特和他的合著者伊桑·伯里斯（Ethan Burris）写道，"当有人进入你的办公室时，你会不会身体后仰靠在椅子上，胳膊交叉放在头后面？你或许觉得你正在营造一种轻松的气氛，但你其实是在显示高高在上的优越感。"

德特尔特和他的同事研究了公司如何鼓励员工站出来说实话。他们发现，"最好的做法"是什么都不做。无论公司开的是连锁餐馆、医院，还是金融机构，大部分领导人在研究人员问他们如何帮助员工说话时都有同样的反应。他们说："我们有一个开放的政策。"但当德特尔特和他的同事对员工谈话时,他们发现,开放政策基本上没有用。[22] 与上司对话和提出问题的责任仍然落在下级身上,而那是一个难以逾越的障碍。有时候,采取开放政策的领导坐在好几道紧闭的门后面,前面是严阵以待的助理组成的防线。

还有些领导人主动征求员工的意见,但他们的尝试往往没什么效果。人们很愿意使用的一种方法是征集匿名意见。比如广泛使用的匿名调查,设置建议箱,还有匿名电话热线。人们假定,这些匿名方式可以帮助员工说话,能够保证坦率的回答。但强调匿名实际上强调了说话的危险。德特尔特和伯里斯是这样解释的:"潜台词就是公开地在这个组织中说出你的看法是非常危险的。"[23]

III

在提出他的重大发现将近 20 年之后,48 岁的依格纳茨·塞麦尔维斯秃顶、肥胖,过去的形象只在他身上留下淡淡的影子,他被关进了维也纳的一座国家精神病院。他尝试逃离,但警卫制服了他。警卫冲上来朝他的腹部打了一拳,另一个警卫把他踢倒在地。他们对他拳打脚踢。他们用这种方式阻止他逃离,又把他丢进一间黑暗的小屋。两个星期之后,他因伤重不治身亡。他的尸体被转送到附近的综合医院做尸检。他在那里工作时曾经无数次使用过验尸台,如今他自己躺到了其中一个验尸台上。

　　在 1850 年离开维也纳之后，塞麦尔维斯一度在匈牙利生活。尽管他曾在一所当地医院里引入洗手程序，也得到了令人动容的结果，但大多数产科医师仍旧反对他的做法。他未做解释突然离开维也纳，这令他疏远了最坚定的支持者，而且他越来越倾向于对反对他的人大声咆哮，这都对他没有好处。[24] 他于 1860 年出版了一本书，阐述了他的理论，猛烈抨击了反对他的人。当这本书受到批评时，他给他的反对者写了一系列怒气冲冲的公开信。他曾在写给一位教授的信中对他说："你的教学是建立在因疏忽而死的分娩妇女的尸体之上的。"[25] 这些辛辣冗长的信件标志着他走向疯狂的开始。塞麦尔维斯的行为变得越来越古怪，到了 1865 年，他的亲人和朋友只剩下一个选择：把他送进精神病院。

　　直到许多年后，医学界的权威人士才接受了塞麦尔维斯的想法，当时微生物学的进步形成了细菌理论，即微生物能够引起疾病的想法。在这之前，接生前洗手这一做法未能坚持下去，母亲和婴儿始终因为产褥热而死。

　　这很容易让人想到，今天的情况会有所不同，人们不会再漏掉如此明显的事情。我们毕竟是现代人，现代人相信科学。但塞麦尔维斯的同代人也正是这样想的。他们是在世界上最好的医院和大学里工作的聪明人。他们相信科学。他们只不过认为塞麦尔维斯的想法是错误的。无论他拿出了多少证据，他的不同看法没有说服他们。

　　今天的系统具有无可比拟的复杂性，这意味着我们很可能漏掉一些风险，而它们就像塞麦尔维斯的发现一样明显。几十年后，人们或许会回顾过去，并像今天我们评价克莱因教授和他的朋友那样评价我们：他们怎么会如此视而不见？

在我们的组织中，人们经常知道隐藏着风险的某些事情，或者有一种令人不安的感觉，好像有什么事情不对劲。或许现在就有一位塞麦尔维斯在我们周围，他是我们的部下或者同伴。但怎样让这样的人开口呢？

第一课：魅力学校

罗伯特 60 多岁，是一位身材高大、肌肉发达的男子。[26] 他来到多伦多市中心的牙医诊所做例行检查。罗伯特喜欢预约早上 8 点整的检查，他从不迟到。而且，每当他走进候诊室并与诊所接待员唐娜打招呼时，他看上去都非常健康，活力十足。

但那天早上，唐娜看到罗伯特时却觉得什么地方有点不对头。他脸色通红，大汗淋漓。她让他坐下，问他是否一切正常。"是啊，我很好，"他告诉她，"就是昨晚没睡好。我有点消化不良。我的腰也有点疼。"他曾在网上查了查他的症状，但不想去麻烦医生。

听起来这没什么，但唐娜有一种奇怪的感觉，好像漏掉了点什么东西。尽管牙医理查德·斯皮尔斯大夫（Dr. Richard Speers）正在诊视另一位病人，她还是过去找了他。"迪克，罗伯特来了，但是我觉得他有什么地方不对劲。你能不能出来看他一眼？"

"我现在真的很忙。"斯皮尔斯说。

"我真的觉得你应该先看看他，"唐娜坚持己见，"有什么事不对头。"

"但我正在看这个病人啊。"斯皮尔斯说。

"迪克,我确实想请你看看他。"

斯皮尔斯屈服了。他总是让手下的工作人员,包括牙医助手、口腔卫生师和接待员,说出他们觉得有问题的情况。他觉得他们或许能发现些他没有注意到的事情。

他脱掉手套,走进候诊室。他问了罗伯特几个问题:他吃了治疗消化不良的药片了吗?药片发挥疗效了吗?左胳膊疼不疼?肩胛骨之间有没有不舒服的地方?罗伯特吃了药片,但没起作用。罗伯特确实觉得左胳膊疼,就在手腕的地方。而且,罗伯特也确实觉得上背部疼痛。

"你有家族心脏病史吗?"斯皮尔斯问。

"是的,我的父亲和哥哥都死于心脏病发作。"罗伯特回答。

"当时他们多大年纪?"

"都跟我现在差不多大。"

斯皮尔斯立即把他送到了同一条街上的多伦多综合医院心脏康复中心。罗伯特的心脏病已经发作了 18 个小时。一次心脏搭桥手术挽救了他的生命。

斯皮尔斯大夫是一位业余飞行员兼航空爱好者。他肩负着一项使命:要把民航业的安全经验教给牙医。他从飞行员那里学到的最大的一课,就是让位置较低的工作人员大胆地说出自己的看法,同时要让高层人员善于倾听。

从 1970 年代起，一系列致命的空难迫使民航业变革。在过去的艰难时日中，机长是驾驶舱中永远正确的王者，任何人都不能挑战他的权威。副机长通常不会说出自己的担心，即使他们真的说，也只是对问题的隐晦暗示。组织研究者卡尔·韦克（Karl Weick）是这样描述这种态度的："我对发生的情况非常困惑，但我觉得，别人谁都没有像我这样，特别是因为他们有更多的经验，更老的资历，更高的级别。"[27]

但当这个行业继续成长的时候，飞机、空中交通管制和机场操作变得太复杂了，这种方式已经无法奏效了。机长是王者，但王者经常出错。有太多的部分已经发生了变化，而且它们相互连接的方式太复杂了，让一个人注意到所有这些部分，理解所有的一切实在太难了。

机长和副机长通常会相互替换着驾驶飞机。驾机的飞行员操作最主要的控制器，非驾机飞行员负责无线电联系、核查核对清单，而且应该对驾机飞行员的错误提出质疑。机长在大约一半的时间里驾驶飞机，副机长是非驾机飞行员。在另一半时间里，他们交换角色。因此，按照统计学的观点，大约有 50% 的事故应该发生在机长驾机的时候，而另一半的事故发生在副机长驾机的时候。对吧？

1994 年，NTSB 发表了一项对 1978 年至 1990 年间因航班机组错误造成事故的研究。[28] 这项研究揭露了一个令人瞠目结舌的发现。差不多四分之三的主要事故发生在机长驾机期间。而当不那么有经验的飞行员驾机时旅客更为安全。

当然，这并不是说机长是较差的飞行员。但当机长驾机时，其他人更不容易质疑他（在大多数情况下，机长都是男性）的错误。他犯的错误无人纠正。事实上，这一报告发现，在重大事故中，最普遍的失误是副机长没有质疑机长的错误决定。而反过来，当副机长驾机时系统能够工作得更好。机长提出问题，指出错误，帮助驾机飞行员理解复杂的形势。但这一动态关系只是单方面有效。

在人们实施了一个叫作机组资源管理（Crew Resource Management，简称 CRM）的培训计划之后，这种情况有所改变。[29] 通过这一计划得到革命性改造的不仅是驾驶舱文化，还有整个行业的文化。它确定了安全是整个团队的责任这个提法，让所有机组人员，包括机长、副机长和航班空服人员，取得了更为平等的地位。质疑上级的决定不再是无礼行为，而是正式的要求。CRM 向全体机组人员教导异见者的语言。

CRM 中的一些部分听上去平淡无奇，甚至相当孩子气。例如，这一培训的一部分集中关注副机长提出问题的五步过程：

1. 从提起机长的注意开始。（"嘿，迈克。"）

2. 表达你的关切。（"我担心，雷暴已经来到了机场上空。"）

3. 叙述你所看到的问题。（"我们或许会遭遇某种危险的风切变。"）

4. 建议解决办法。（"我们先不急着降落，当机场安全了再说吧。"）

5. 直截了当地询问对方是否赞成。（"你觉得这样做可以吧，迈克？"）

听上去，这些步骤不比我们教一个孩子该如何提请帮助复杂多少。但在 CRM 出现之前人们很少这样做。副机长会陈述一项事实（"雷暴已经到达机场上空"），但会犹豫着不知是否应该提醒机长注意并表达自己何等关切，更不要说提出解决办法了。于是，即使在他们试图表达严重关切时，他们说的话听上去也更像轻描淡写的评论。

CRM 取得了巨大的成功。自从它被引入美国民航业以来，航班机组人员错误造成的总事故率急剧下降。而驾机飞行员是机长或者副机长已经不再重要了。到 20 世纪 90 年代，只有一半，而不是四分之三的事故发生在机长驾机的时候。[30]

这一计划能够奏效，是因为它给每个人 —— 从行李员到机长——一种使命感。它传递的信息是：每个人都能对安全做出重大贡献，而且每个人的观点都是重要的。而且，就像丹尼尔·平克（Daniel Pink）在他的著作《驱动力》（*Drive*）中解释的那样，这一方式给了人们一种使命与自治的感觉，往往也是驱动人们的最有效方式。

CRM 的深层含义也扩展到了正在与越来越复杂的操作做斗争的其他领域，如消防与医药。在发表于 2014 年的《加拿大牙医学会杂志》（*Journal of the Canadian Dental Association*）上的一篇论文中，斯皮尔斯大夫及其合著者牙科教授克里斯·麦卡洛克（Chris

McCulloch），描述了牙科诊所中的"CRM"是什么样子。[31]

"牙医需要在他们的操作中尽量减少等级观念，达到这一点需要创造一种气氛，让全体工作人员感到他们能对他们怀疑的问题畅所欲言，"他们写道，"一位团队成员或许会看到牙医没有注意到的情况，比如没有检查到的龋齿（虫牙）或者不恰当的治疗方案。应该鼓励牙医团队的成员互相检查对方的工作，在必要时提出异议，并以一种无偏见的方式对待错误。"

而且事实证明，说出问题不仅在其他人不知道有问题的情况下是有益的，甚至在人人都注意到了同一问题时也同样如此。组织研究人员米歇尔·巴顿（Michelle Barton）和凯瑟琳·萨克利夫（Kathleen Sutcliffe）煞费苦心地研究了几十次森林火灾，发现了区别后果严重与不严重的森林火灾的核心因素。主要差别并不是消防人员是否注意到了出现问题的紧急信号。事实上，在这两类情况中，甚至包括那些具有灾难性后果的事件中，消防人员都发现了早期警示信号。真正的区别在于，消防人员是否在人人都注意到问题时说出他们的担心。如果他们说了，他们的个人担心就变成了大家的共同知识，并会触发讨论。正如这两位研究人员所说的那样，说出问题，团队成员便可以"创造一种氛围，即问题描述在团队成员之间悬而未决时，必须予以确认，承认它或者否定它，在任何情况下，团队都必须对成员提出的问题做出反应"[32]。

不仅是飞行员、医生和消防队员受益于这种方法。谷歌曾在它的工程师中做过一次大型实验，实验的名字叫作亚里士多德计划

（Project Aristotle）[33]。实验结果显示，如果一个团队有意愿分享担忧，将有助于改进团队的表现。其他的研究显示，银行中表现最佳的支行正是员工最能提出问题的那些。[34]

但学习热烈接受异见非常困难。最初引进 CRM 时，许多飞行员认为它不过是毫无用处的心理学呓语。他们称它为"魅力学校"[35]，觉得它是一个教他们如何待人热情、絮絮叨叨的荒唐诱惑。但有越来越多的事故调查揭示[36]，未能说出问题以及未能倾听问题怎样导致了灾难，于是他们的态度开始改变。对于飞行员来说，"魅力学校"已经变成了有史以来最强有力的安全保障之一。

第二课：软化权力

在得克萨斯州的一家大医院里，一位技术高超的急诊医师正在苦苦尝试，想要让他的病人舒服一些。[37]尽管他有极佳的安全纪录，而且他的同事也尊重他，但病人对他的评价却不高，他们总觉得不易与他相处。护士向他指出，有些病人甚至不会对他说出重要的情况；这时他知道，他需要做出些改变了。

按照医院首席运营官（COO）的建议，他决定做出一个小的改变：巡诊时与病人谈话，他不再站在床边，而是拉过一把椅子坐下，于是他可以跟病人面对面地谈话。除此之外没别的变化，他和病人之间的互动时间仍然很短。但病人的满意度大为提升，他们开始愿意对他推心置腹。

航空公司机长、前事故调查员本·伯曼使用的是一种类似的小技巧。"我从来没有完成过完美的飞行。"[38] 每当他在起飞前遇到一位新的副机长时都会这样说。这样的开场白能让地位较低的飞行员更容易对他发出质疑,尽管他身上环绕着许多光环:经验丰富的机长、顶级事故调查员,还写过一本有关飞行员失误的书。

2011 年夏季,波士顿大学商学院院长肯·弗里曼(Ken Freeman)采取了软化权力的方法。[39] 在企业界担任权力极大的高管几十年后,弗里曼于 2010 年担任该院院长。当他来到商学院时,他的办公室是高层的一间豪华镶木板的房间,远离课堂与学生的日常喧嚣。这间房间"比我在企业界的任何办公室都大",他说。他还有一位助手在房间外面办公,是他的守门人。没有几个人敢于走进他的办公室。

在这样一间华丽办公室里工作了一年之后,弗里曼决定搬家。他在人来人往的二楼中间选了一间简朴的小房间,外墙是透光的玻璃板。"我的办公室比我的大多数教员的办公室还小。"他说。办公室外面也不再设置助手了,人们可以透过玻璃墙看到他。这个房间和教室与教师和员工喜欢的一个咖啡店在同一条走廊上。"这让我每天都能接触到我们的学生、教师和员工,这是我在更为正式的办公室中无法做到的。有人一大早 7 点钟就会路过来访。我估计,一天通常会来大约 10 个人。"

与弗里曼的全开放状态遥遥相对,谱系的另一端是理查德·福尔德(Richard Fuld)的私人电梯。他是雷曼兄弟银行名声扫地的首席执行官,在他任职期间,这家投资银行最终倒闭,成为美国历史上最大的银行倒闭事件。雷曼银行的前副总裁劳伦斯·麦克唐纳（Lawrence McDonald）描述了福尔德上午到来的仪式："他的司机打电话给雷曼兄弟银行的服务台，服务台接待员按下一个按钮，大楼东南角便有一台电梯不再运转。一位保安人员会过去占住电梯，直到福尔德先生来到后门。他从后门进入建筑物，就这样，国王理查德·福尔德距离我们只有 15 英尺，我想你可以称我们为'下层人士'。"[40]

这种电梯仪式变成了福尔德领导风格的一个象征。正如麦克唐纳描述的那样："在雷曼兄弟，你一直低着头，你干你的活，不然你就什么都没有。"

第三课：领导人最后说话

伊斯特恩中学有麻烦了。需要赶快做点什么，而你正好是一个团队的成员，人们希望你们这伙人能够找出解决办法。当地学校系统遭遇了财务问题，原因是税收收入下降，以及与教师工会冲突频仍。尽管伊斯特恩中学一直是一座精英公立学校，但由于学区重新划分，它现在接收了大批质量较低的学生。有些教师无法控制局面。例如，年老的代数老师辛普森女士（Ms. Simpson）便无法继续维持课堂纪律。学校董事会主席的儿子就在辛普森女士的班里，他对此非常生气。他要求学区主管立即改善局面，但却不打算追加任何预算。

学区主管成立了一个团队来处理危机。这个团队由四个人组成：

主管本人、伊斯特恩中学的校长、学校顾问和你。作为学校董事会的成员，你是代表家长的发言人。

你们带来了不同的信息，都要拿到桌面上讨论。例如，学区主管知道，该系统中的其他校长同意辛普森女士转到他们的学校工作，但被拒绝了。校长知道，辛普森女士两年前有过一次轻微的心脏病发作，而其他教师很喜欢她。顾问知道，学生们通常比较容易从她那里拿到 A，而且认为她不是个好的数学老师。而你知道，家长反对增加税收。作为一个团队，你们能够拿出怎样一个解决办法呢？

1970 年代，心理学家马蒂·弗劳尔斯（Matie Flowers）做了一个简单而重要的实验，这种局面是他的设定。[41] 弗劳尔斯组织了 40 个小组，指定人们充当每个小组的四个角色中的一个，可能是其中的主管、校长、学校顾问或者董事会成员。每个人都得到了一张写着信息的纸，其中描述了 6 或 7 项与局面相关的事实，但所有小组成员都不知道别人的信息。这个实验是要模拟一个复杂的形势，让不同的人得到不同的信息。然后这些小组就开始工作，试图找到解决方法。

这个实验的窍门是，弗劳尔斯将扮演主管的参与者随机分为两组：分别是权威命令型领导者和开放型领导者。权威命令型领导者接受了指示，要在讨论开始时宣布他建议的解决方案，而且要强调这个小组最重要的任务是同意这个决定。与此相反，开放型领导者会在其他成员有机会陈述意见之后，才会说出自己喜爱的方案。而且开放型领导者强调，最重要的事情是讨论所有可能的观点。

弗劳尔斯录下了所有的会议，由两位独立的评判员分析录音。他们计算了小组成员提出的不同解决方法的数目，和在讨论期间透露的信息纸张上的事实的数目。让我们看看结果：

	权威命令型领导者的团队	开放型领导者的团队
提出的解决办法数目	5.2	6.5
叙述的事实的数目		
总数	11.8	16.4
达成共识之前	8.2	15.5
达成共识之后	3.6	0.9

开放型领导者的团队提出了更多的解决办法。他们也在讨论中分享了更多的事实。而最令人吃惊的模式，是评判员统计的团队在做出决定之前与之后叙述的事实的数目。在做出决定前，开放型领导者的团队分享的事实几乎是权威命令型领导者团队的两倍。因此，开放型领导风格不仅产生了更多的解决方法，而且也通过更好的信息交流确定了解决方案。与此相反，在权威命令型领导者的领导下，几乎三分之一的分享事实是在共识达成之后出现的。当然，到了这时，新的事实已经没有什么作用，只能用来说明一个已经做出的决定的正确性。

弗劳尔斯的实验表明，我们根本不需要做多少事就可以搜集更多的事实，取得更多的解决办法。我们并不需要一个具有特别魅力与本领的领导人。事实上，实验中的开放型领导人是随机选取的，而且他们只接受了短暂的训练。然而，他们的小组全都比其他小组的工作做得更好。

不多的几句话就可以产生巨大的差别。你可以用这样的方式开始会议：我认为，最重要的事情是我们大家全都赞成最终的决定。现在说说我认为应该怎么做。当然，你也可以用这样的方式开始会议：最重要的事情是我们大家畅所欲言，在发表一切可能的意见之后得出一项好的决定。现在，你们各位认为应该做些什么？

我们中大部分人都不是主管，也不是首席执行官，但开放型领导模式在各种场合下都有效。育儿专家简·尼尔森（Jane Nelsen）曾描述过与她最小的两个孩子解决问题的方法。[42] 尼尔森每周都会给她的孩子随机分派两项大任务。几个月后，两个孩子都开始抱怨，说另一个孩子得到了更简单的工作。于是，这个家庭决定在他们的每周例会上讨论这个问题。

尼尔森确信，随机分配工作是公平的，但她在讨论开始时并没有说出自己的观点。"我只是把问题放入议程。他们的解决方法如此简单、如此深刻，我不知道为什么我以前没有想到这一点。"孩子们的想法是：每天早上把所有应该做的工作列在黑板上，让先起来的孩子选择他想做的两件事。她写道："这又一次让我意识到，只要有机会，他们能够想出很好的解决办法。"

家长确实有更多的生活经验，但在与孩子有关的事情上，只靠这一点并不能保证他们能够得出更切合实际的好办法。如果尼尔森首先说话，她的孩子或许永远不会说出他们的想法。①

　　"这全都回到了这样一个问题：人类要在多大程度上与层级体系合拍？对此我们需要更精细地予以评价。"⁴³吉姆·德特尔特告诉我们。他继续说：

　　　　你需要意识到，无论是自觉的或者不自觉的，大多数人确实担心冒犯权威与损害社会关系。因此，作为一个领导人，创造一个总的来说令人愉快的环境并采取开放政策是不够的。你要更加活跃才行。不要坐等人们到你的办公室里去说出问题，你要到他们那里去。如果在会上没人说话，不要假定他们全都同意，而是要积极地询问不同观点。当人们能够与你分享意见时，要经常与他们谈话。按照这种方法，说出问题并不是什么特殊事件，而是一件随意的、常规性的事情。

　　首先，德特尔特警告我们，仅仅是避免扼杀怀疑意见是不够的。"你需要意识到，如果你没有鼓励人们说出问题，你就是不鼓励他们说话。仅仅不做消极的事情是不够的。"

　　但如果所有这些步骤引起了大量没有根据的担心和不符合事实的评论怎么办呢？是否存在着"言论开放过度"这种问题呢？无疑，你会听到一些不好的想法。有些可能来自心怀不满的员工，他们是

---

① 最近，本书作者之一克里斯曾与他的 4 岁儿子就玩泡沫剑的合适方法进行了讨论，事实证实这种方法是有效的。开放型领导确实有效。

为了抱怨而抱怨。"当你鼓励人们说出问题时，不要指望它们全都是好主意，"德特尔特说，"但你需要掂量一下，是在无用的想法上浪费时间损失大呢，还是漏掉了一些非常重要的东西损失大。你需要确定哪一项更重要。"

在一个简单系统中，鼓励人们说出问题或许并非如此重要。失误更加清楚，每个人都能很容易地注意到，而且小失误通常不会造成大崩溃。但在一个复杂的系统中，任何个人都只能有限地了解正在发生什么。如果这个系统同时也是紧密耦合的，怀疑意见就是关键，因为犯错误的代价实在太高。在危险区内，不同意见不可或缺。

第 8 章

减速效应

"他是一位黑人。我想让他成功，但还是不行。"

I

当花旗银行前首席财务官萨莉·克劳切克（Sallie Krawcheck）坐下接受美国公共广播公司（PBS）的记者保罗·索门（Paul Solman）采访时，他们谈起了几年前撼动世界经济的 2007–2008 年金融危机。[1]

克劳切克：我过去在金融服务业，眼看着那些公司走下坡路。那里并没有"一批预见到衰退的邪恶天才"。完全相反，那都是一些努力工作的人，他们的失误造成了衰退。而当我回头考虑那些团队时，发现他们是一批意见统一的人，他们

一起长大成人，在同样的学校里读书，多年来钻研的是同一
批数据，结果得到了同样的错误结论。

索门：就像一个模子刻出来的。

克劳切克：一个模子刻出来，可以这么说。我不知道他
们是否喜欢你这么说他们，但可以说是一个模子刻出来的。
我非常清晰地记得，有一天，一位高级投资银行家在描述一
种复杂的证券，一位处理个人银行业务的女子打断了他，问
道："那是什么鬼东西？为什么我们要做这种东西？"如果有
足够多的人问过"那是什么鬼东西"，我们就不会遭遇金融
危机了。

索门：是不是女人更可能会说"我还不明白"？

克劳切克：我想，如果你把多元化的团队集合到一起，
他们有不同的背景，给他们更多的自由，而不会让人觉得：
我无法想象，我居然弄不懂这些事，我最好别问是怎么回事，
因为我可能会丢掉工作。应该允许人们说："我不太明白，你
能不能再给我解释一遍？"而我确实看到过这种情况。但随
着时间的推移，管理团队变得不那么多元化了。事实上，金
融服务业正在经历中年白人男性的衰退时代。当衰退结束时，
掌权的人有更多的白人、男人、中年人。

在这次采访中，克劳切克热烈地论证了多元化的好处。但她是
对的吗？多元化能够保证我们在复杂世界中避免失败吗？

新加坡的一个行为研究实验室的等候室里坐着 6 个人。[2] 他们都是生活在这个城市国家的华人。他们来到这间实验室，在一个股票交易模拟中相互竞争。但他们不知道的是，他们即将参加一次实验，它将颠覆许多有关多元化的传统观点。事实上，他们完全不知道，这次研究与多元化有关。

一位研究助手走了进来，带着候选人分别走进分开的小隔间，里面放着一台计算机和一个交易屏幕。参与者随后接到了如何计算股票价值的指导。

这个模拟是真实的股票市场的简化版本。这 6 位参与者可以自由决定如何使用计算机相互买卖股票，而且可以从他们的屏幕上看到所有完成的交易和买卖的价格。在经过一个练习阶段之后，他们开始用真钱交易。

研究者通过这种模拟对十几个小组做了实验。有些小组来自同一种族，都是华人，他们是新加坡最大的族群。其他的交易小组更多样化些：它们中间至少包括一位少数族裔成员，如马来人或者印度人。研究者监控这些不同小组中的交易的准确性。根据为这些交易者提供的信息，他们的出价与股票的准确价格之间有多大的差距呢？

"多元型市场要比单一型市场准确得多，"[3] 论文作者之一、麻省理工学院（MIT）教授埃文·阿普费尔鲍姆（Evan Apfelbaum）说，"在单一型市场中，如果其中一个人出了错，其他人更有可能照搬他的错误，他们过分相信彼此的决断，"阿普费尔鲍姆告诉我们，"在多元型市场中，错误扩散的可能性要小得多。"

当研究人员在与此非常不同的地方实施这个实验时，这些结果仍然有效。在得克萨斯州，多元型市场是白人、拉美人和非裔美国人的混合。与在新加坡的多元人群一样，得克萨斯州的多元型市场参与者对股票的估值更准确。而处在成员单一的市场中时，他们更有可能不经过思考地盲从他人。因此，结果显示，单一型市场会造成更多的价格泡沫，而泡沫破裂会造成严重的崩溃。多元化则会抑制过度的泡沫。

是什么让多元型团队有所不同呢？

在参加者开始交易之前，他们分别回答了几个有关估价的问题。研究者接着就利用这些回答，查看来到实验室的多元型团队是否已经有了更好的估价能力。但情况并非如此。

我们可以从交易数据上得到答案。在单一型市场中，交易者似乎对他们同族人的决定很有信心。甚至当有人犯错误时，他们也经常假定这是一个合理的选择。他们相互信任对方的判断，即使判断是错的也不例外。而在多元型市场内，人们会更仔细地研究错误，而不是照搬错误。他们按其本来观点看待错误。他们不信任彼此的观点。

少数族裔交易者的价值并不在于他们贡献了独特的观点。按照研究人员的解释，少数族裔交易者有助于市场决策，因为"他们存在的本身便改变了所有交易者做出决定的思路"[4]。在多元型市场中，每个人都抱有更具怀疑性的态度。

我们往往会更信任那些看上去与我们类似的人的判断，于是单一型市场使人放松了警惕，做出了更圆滑、更不费力的反应。当然，这并不总是一件坏事。当我们对于依赖同事的判断力有信心时，我们能够更容易地办成事情。但似乎单一化把事情办得过分容易了。这导致过多的顺从、过少的怀疑精神。这让我们更容易跟随错误思维。

与此相反，多元化让人们感觉相互间不那么熟悉，不那么舒适。这有可能变成摩擦。而且它让我们更容易产生怀疑，更有批评精神，更警惕，所有这些让我们更有可能发现错误。"我们倾向于认为，如果有人看上去不同，他们的想法也会不同，他们有不同的观点，不同的假设，"[5]阿普费尔鲍姆告诉我们，"这会让我们做决定的过程更加健康。或许这会让人感到有些不舒服，但它让我们更客观。"

阿普费尔鲍姆和他的同事用另一个实验做了进一步挖掘。[6]在这项研究中，他们把一些由四个人组成的小组放到了一起，请每个人评价申请一所顶级大学的中学生的状况。见下面的一个例子：

	学生 A	学生 B
平均分（最高为 4）	3.94	3.41
SAT（标准考试）成绩		
批判阅读（满分 800）	750	630
数学（满分 800）	730	620
进阶课程参与数量	2	3
课外活动	环境俱乐部	戏剧俱乐部
	国家荣誉学会	交际舞
	写作指导员	反对醉驾团体

你认为，哪位学生更有可能进入那所精英大学？

如果和大多数人一样，你的回答肯定是 A。这似乎是一个很容易的决定。学生 A 的学习成绩几乎完美，批判阅读与数学的考试成绩也很好。尽管 B 参加的进阶课程比较多，但 A 的学业成绩显然更好，而且他的课外活动记录看上去也不比 B 差。当你分别问每一个人而不是向整个团队提问时，大部分被提问者都会选 A。

但这项实验包含一项技巧。在每个四人组中，只有一个人是真正的参与者，其他三个是演员，他们得到的指示是，在选择时给出错误的答案。真正的参与者不知道其他人是假扮的。

由三位演员开始。"学生 B。"第一个人说。"学生 B。"第二个人说。"学生 B。"第三个人照搬。然后轮到真正的参加者说出自己的选择。有些人压住了随大流的想法，在犹豫了一阵之后选了 A。但许多人选择了与其他组员相同的答案，尽管按照大多数标准，学生 B 不如学生 A。

你或许会据此认出著名的阿希从众实验（Asch conformity experiments）也是这样设置的：处于同样形势的人也屈服于团队，声称两条线段长度相等，尽管其中的一条显然比另一条长些。但阿普费尔鲍姆和他的同事在实验中增加了一个新的维度。在有些小组中，真正的参与者和三位演员都是白人。而在其他团队中，真正的参与者是白人，而演员中有两三个少数族裔。这造成了很大的差别。在种族相同的小组中，参与者经常顺从团队，接受学生 B。而在多元型小组中，人们接受错误答案的可能性低得多。

为什么会出现这种情况？正如股票交易的实验那样，当同组成员做出了可疑的选择时，单一型团队中的参与者更有可能再次考虑自己的答案。"这看上去是一种'怀疑作用的益处'[7]，"阿普费尔鲍姆解释道，"在单一型团队中，人们似乎对他们的同族人的错误观点做了合理化处理。他们试图想出原因证明其他人可能实际上是对的，即为什么较弱的申请人可能实际上更好。而在多元型团队中，这种情况较少发生。"

在多元型团队中，我们对其他人的判断的信任程度不那么高，我们敢于喊出"皇帝什么都没穿"这句话。而这在处理复杂系统问题时非常有价值。如果小错误可能是致命的，我们就不应该因为证据不足而忽略它们，因为这会导致灾难。我们应该做的是保持怀疑态度，并进一步调查。多元化有助于我们做到这一点。

其他的研究也得出了同样的结论。在 2006 年的一次令人着迷的实验中，研究人员组织了一些三个人的团队，其中有些全是白人，有些是由不同族裔的人士混编而成的。[8] 他们让这些团队解决一个谋杀奇案。这是一个复杂的案件。一位商人被谋杀了，有好几个嫌疑人，还有许多信息需要理顺：证人的证词、审讯记录、侦探的报告、犯罪现场的地图、剪报，还有受害人的一份笔记。这些材料中包含着有关谜底的好几十条线索，而研究人员确保所有的团队成员都能得知同样的线索。但他们也给每个人几条独特的线索，是只有这些人知道的线索，团队需要所有这些线索才能找到凶犯。这种设定抓住

204 | 崩 溃

了复杂系统的两个重要特点：真相是无法直接观察的，没有任何一个人知道所有事实。

多元化有助于解决这个疑案。多元型团队更容易意识到，不同的团队成员知道不同的信息。这些团队也会花更多的时间分享与讨论线索。"具有种族多元化的团队表现显然超过了单一化的团队，"这一研究的首席作者，哥伦比亚大学教授凯瑟琳·菲利普斯（Katherine Phillips）写道，"与类似的其他人在一起，这让我们认为，我们全都拥有同样的信息，因此有同样的观点。这种观点……让全白班无法有效地处理信息。"[9]

在真实陪审团成员进行的模拟审讯中，研究人员也发现了类似的结果：种族混杂的陪审团分享了更多的信息，讨论了更广阔范围内的因素，甚至在回忆案情事实时更少出错。[10]这同样不是因为少数族裔陪审员表现得比白人更好，而是当陪审团更加多元化时，每个人都表现得更好。

性别多元化也有类似的效果。例如，会计学教授拉里·阿博特（Larry Abbott）、苏珊·帕克（Susan Parker）和特丽萨·普雷斯利（Theresa Presley）曾发现，董事会中缺少性别多样化的公司有更大的可能需要重述财务报告，需要对他们报表中的错误或舞弊进行更正。财务重述是令人尴尬的失败，能够动摇投资者对公司的信心，但似乎稍微增加性别多元化就能降低重述的可能性。"一个更加多元化、凝聚力不那么强的董事会更有可能质疑人们的假设、调查和比较会计工作与行业现状，结果就会进行更深入的讨论和较缓慢的决策，"

这几位研究人员写道，"这些行为与董事会的性别多元化程度一致，能够降低集团迷思，改进监督过程。"[11]

具有讽刺意义的是，实验室的实验表明，尽管单一型团队在复杂任务中表现不那么好，但他们对于自己的决定感觉更为自信。对于他们从事的任务，他们享受自己作为团队的感觉，而且认为自己做得很好。周围环绕着与自己类似的人，这让他们感觉良好。这很舒服。没有摩擦，各种情况都很熟悉、干得很顺利。与此相反，多元化让人有奇特的感觉，不方便。[12]但它却让人们工作得更勤奋，提出更难解答的问题。

II

下面的谈话几年前发生在一家素负盛名的美国咨询公司里。[13]这是两位顾问在对一位名叫亨利的应聘者面试之后所做的一次实际讨论。

顾问1：他是一位黑人。我想让他成功，但还是不行。

顾问2：他很优雅，表达得很好，但他的方法结构有问题。他连"我想要讨论以下三点"都没说。

顾问1：我用了许多激励方法。（叹气）

顾问2：他是个能提供多元化的应聘者。

顾问1：他不会是个灾祸，但不值得进入下一轮。

亨利很优雅，善于表达思想，会为公司提供多元化，而且顾问希望他能成功。但他的回答方法结构不足。

也是同样的两位顾问，他们考虑了一位名叫威尔的白人。"他极为优雅、自信，适合面对顾客，"[14]一位顾问指出，"但他没有商业直觉。"另一位顾问也同意：威尔的方法缺乏结构。但这没问题。威尔对咨询案例面试没经验，他只需要再来一些实践就行。于是他们让威尔进入了下一轮面试。他们甚至在威尔的下一次面试之前给了一些反馈：他需要"加强结构性"。而亨利没有得到第二次机会。

这些顾问认为他们没有偏见。甚至当偏见悄悄进入他们的头脑时，他们还认为自己是根据应聘者本身的优缺点进行评价的。管弦乐队多年来也面临同样的问题。他们自认为是任人唯贤，雇用的全都是最好的音乐家。但他们置候选人的性别多元化与试听时感觉到的公正于不顾，招募时接受的男性远远多于女性。

但当管弦乐队开始使用一幅帘子遮挡，让评判员无法辨别面试者的性别时，他们的雇用偏见不翼而飞，这就实现了多元化。[15]许多最好的管弦乐队现在男女比例平衡。

但在大多数雇佣与晋升决定上，我们无法在候选人面前挡上一幅帘子。于是，虽然各公司在过去30多年来采用了大量多元化措施，然而大多数措施没有带来变化。从1985年到2014年，在员工超过100人的美国公司中，黑人在管理层的比例一直稳定在3%左右[16]。2000年以来，白人女经理的比例一直稳定在30%左右。在某些领域，如金融服务业等，这些比例甚至更低。事实证明，在领导层增加种族与性别多元化的尝试失败了。

这是一个悖论：到处都是多元化计划，公司也为此投入越来越多的金钱和努力，但我们看不到结果。为什么？

为了回答这个问题，哈佛大学社会学家弗兰克·道宾（Frank Dobbin）及其同事仔细阅读了来自 800 多家公司的 30 年的数据。他们发现了一些令人震惊的事情：最常使用的多元化计划根本没有增加多元化。事实上，它们降低了公司的多元化。

以强制性多元化培训为例。这是人们非常喜欢用的培训，大多数福布斯 500 强企业和差不多一半的中等大小的公司都在使用它，但它就是不起作用。5 年时间里，引进这一训练计划的公司的亚裔美国人管理者比例下降了 5%，黑人女性管理者比例缩水了将近 10%。而白人女性、黑人男性和西班牙裔管理者的比例也完全没有改进。

人们喜欢用的其他计划的结果也大同小异，如强制性工作测试（这个计划的目的是保证公平的雇佣过程）和正式申诉程序（员工可以用这个程序对工资、晋升和终止雇佣关系的决定提出申诉）。这些计划似乎应该减少对少数族裔和妇女的歧视，但它们实际上让情况恶化了。

为了找出个中缘由，道宾及其同事与几百名管理者进行了面谈。结果发现，这些计划不起作用，因为它们注重监督管理者的行为；它们试图向管理者施加压力，限制他们在雇用和晋升决定上的决策权。但管理者会对抗这种方法。"你没法通过用规则和再教育责备与羞辱管理者来拉他们入伙，"[17] 这些研究人员写道，"正如社会科学家发现的那样，人们经常通过展示他们的自治来对抗规则。你想强制我做 X、Y 或者 Z，我偏要做相反的事情，以此证明我有自主决定权。"

例如，在最近的一次实验室实验中，当人们感到要他们赞同一个谴责种族偏见的小册子的压力时，他们在阅读文章之后往往会表现出更大的种族偏见。只有当人们感到他们可以自由地表示同意或者不同意，即他们有自主选择权，这份小册子才能发挥减轻偏见的作用。道宾及其同事也在工作测试中发现了类似的情况。例如，在西海岸的一家食品公司里，管理者只让大部分来自少数族裔的陌生人参加测试，而免试直接雇用他们的白人朋友。

领导者可以做些什么？ 30 年来的资料显示了几种行之有效的方法。

其中一种有效工具是自愿多元化训练。尽管人们对强制性计划颇多怨言，但他们经常会很高兴地参加自愿计划。而且，如果他们将这些计划视为可供选择的学习机会而不是强制性的流程时，他们更容易接受新的想法。

有针对性的招工是另一个好方法。这一想法是从代表性低的群体中寻找应聘者，可以在组织内部进行，或者通过已有的招募计划在大学或者少数族群的专业组织中进行。正如多元化训练一样，这些计划应由管理者自行决定，看他们是否愿意参加。通过这种方法，他们将会把计划视为进入更大的人才库的机会，而不是限制他们权力的强制手段。"我们从面谈中了解到，管理者在受到邀请时愿意参加，"[18] 研究人员写道，"有一部分原因是，他们得到的信息是正面的：'请帮助我们找到更加多种多样的有前途的员工！'"

为低层员工（无论种族与性别）开办的正式指导课程和交叉培训课程（参加课程的管理者轮换担任不同的角色）也有帮助。因为这些方法没有把多元化规则强加到员工头上。在设计这些课程时经常没有考虑多元化；然而它们却让管理者进入了许多不同的团队，单纯这一点便减轻了偏见。一位资深男性管理者接受了指导一位来自少数族群的年轻女子的任务，他或许会因此非常了解她的工作。当一个管理者的职位出现空缺时，他更有可能提出让她成为晋升人选之一。

当然，许多组织有非正式的指导安排。但正式计划会为被接受指导的人指定指导者，这样会更有效。道宾及其同事是这样说的：

> 尽管白人男子往往会在白人男子中找人指导自己，但女性和少数族裔人士往往需要正式课程的帮助。其中的一个原因是，白人男高管经常对非正式地教导年轻女性和少数族裔男子感到不舒服。然而他们却热心于指导分配给他们的门徒，女性和少数族裔人士经常（在正式的计划中）需要先签字要求导师指导。[19]

事实也证明，只要有人负责检查多元化的状态，这便会起正面作用。对于一个业务单位来说，这可能意味着有人负责推进多元化，即使他们的权力除了收集与报告数据之外甚为有限。例如，由于有多元化的任务，就必须有人定期检查各单位的多元化数据，并找出机会增加多元化：某个特定部门的应聘者是否足够多元化？已经在公司工作多年的女性和少数族裔是否还没有得到晋升？他们是否在某些领域根本就没有提出晋升申请？一旦他们对此有了答案，特别任务小组成员就可以把这些问题带到他们自己的部门中去。

用这种方式检查多元化是有效的，因为人们想要显得自己公正。当管理者知道有人在查看数据时，他们就会问自己：我是不是该后退一步？我是不是应该更宽泛地考虑有资格的人选？难道我考虑的只是进入我头脑中的第一批人吗？

许多致力于增进多元化的领导者抱有良好的意愿，他们因为自己的努力未能带来变化而沮丧。人们采取的最普遍的策略全都与规则和管控有关，结果全都惨遭失败。但我们在这里概括描述的方法是有效的，它们包括自愿多元化训练、有针对性的招募、正式的指导与交叉训练计划，以及多元化特别任务小组。在道宾的样本公司中，这些计划在仅仅 5 年内便增加了女性和少数族裔管理者的数目，而且增长百分比往往达到两位数。

这些计划能够奏效，是因为它们都是软工具。它们并不试图强制人们放弃控制。它们并没有把一个该做什么和不做什么的清单强加于人，而是鼓励经理参与。它们让经理去接触更广泛的人群。而经理想让自己的形象在别人眼中变得和蔼可亲，这与这种愿望发生了共鸣。

在这个复杂系统的年代中，多元化是控制风险的一个良好工具。但我们无法把它强行灌输给组织。当我们采用通常那些官僚机构的管理方法时，情况会变得更坏而不是更好。我们需要缓和控制策略。建立一个多元化的组织，这是一个有着软性解决方法的艰难问题。[20]

Ⅲ

血液检验公司 Theranos 曾是美国最热门的健康保健投资公司之一。这家公司的创始人是伊丽莎白·霍姆斯（Elizabeth Holmes），她 19 岁从斯坦福大学退学，创办了这家公司。2015 年 10 月，《纽约时报》将霍姆斯评为"改变世界的 5 位有远见的科技企业家"之一。[21] 大约也就在这一时刻，她的照片上了《公司》（Inc.）杂志封面，大字标题写着"下一位史蒂夫·乔布斯"[22]。Theranos 生物科技的市值为 90 亿美元，而年仅 31 岁的霍姆斯积累了 45 亿美元的净资产。[23] 几个月前，她荣登《时代》周刊 100 名最有影响的人物之列。[24] 投资者向这家公司投入了数亿资金。

看起来，Theranos 发明了一种医学检测方法，只需要一滴血就能进行几十种检测。只要在你的手指上一戳，就可以检测你是否患有几百种疾病。没有必要通过静脉抽血，没有必要使用长针头，花费也只有现有测试的几分之一。

看起来这是一种不可思议的技术，它将打乱整个医疗保健的格局。"将血液检验转变为一种价格低廉、容易进行，甚至（差不多）

令人欣喜的经历，而不是昂贵的、可怕的、费时的过程，这让医疗检查更容易了，"《纽约时报》指出，"这样一来，人们便可以及早确认健康问题，有效防止或者应对糖尿病、心脏疾病甚至癌症等种种疾病。" [25]

Theranos 将成为硅谷的下一个巨头。但曾获得普利策奖的《华尔街日报》(*The Wall Street Journal*) 调查记者约翰·卡雷鲁 (John Carreyrou) 并不认同这种炒作。[26] 他阅读了有关霍姆斯的一篇杂志简介，对她说起公司的科技时用语如此含糊大为吃惊。"文中有一些简短的关键部分，它们让我想到了一些问题，但我没有多想。"卡雷鲁说。然后有人向他透露："这家公司可能不完全像表面上那样，而是另有隐情。"

卡雷鲁开始调查 Theranos。2015 年 10 月 15 日，《华尔街日报》发表了他的文章。这是一份让人崩溃的报告，它对该公司的测试仪器的准确性提出了质疑，而且文章揭示，Theranos 甚至没有在测试中使用它自己的科技。[27] 员工承认，绝大部分测试是他们使用从其他公司买来的传统血液测试仪器进行的。"霍姆斯女士的大胆言论与黑色高翻领可以与苹果公司的共同创始人史蒂夫·乔布斯相比，"卡雷鲁写道，"但 Theranos 一直在暗中挣扎，想要把人们对它的科技感动变为现实。"

经过第一次打击之后，"纸牌屋"开始摇晃了。调查这个公司的记者与监管单位接踵而至。Theranos 很快便遭到大批法律起诉。它的合伙人，药品零售连锁店沃尔格林 (Walgreens) 对它提起违反合同的诉讼。[28] Theranos 的一些主要的资金支持者也提起了诉讼，宣称该公司及其创始人曾就公司的科技向他们撒谎。[29] 数以万计的血液测试结果被废弃，得到了虚假结果的病人不断提起诉讼。[30] 2016 年，《财富》杂志将霍姆斯命名为"世界上最令人失望的领导者"之一。[31]《福布斯》（Forbes）将她的净资产调整为零美元。[32]

在这次崩溃前几个月，美国临床化学协会主席戴维·科赫博士（Dr. David Koch）曾受邀对 Theranos 的潜力发表评论。科赫是这一领域的专家，但他没有多少话要说。"我无法对这项科技的优点发表评论，"他说，"我真的无法确定，因为我完全没有看到、读到任何东西，也无法对它做出反应。"[33]

Theranos 的严格保密远近闻名。霍姆斯坚持说，这家公司必须以"隐身模式"操作，以此保护它的技术。没有几个人真正见到过它的数据。它的设备也从来没有经过同行评议研究。[34] 当记者肯·奥莱塔（Ken Auletta）请霍姆斯解释她的科技是怎样运作时，她的回答是："化学原理在其中起作用，发生了化学反应，并产生了来自样品内的化学相互作用的信号，这些信号被解释为一种结果，然后通过有资格的实验室人员验证。"[35] 奥莱塔称这一回答"模糊得可笑"。

正是因为这种模糊，几家投资公司没有对 Theranos 进行投资。"我们越是想弄清楚情况，她就越是觉得不舒服。"[36] 一位有意向的投资者这样告诉《华尔街日报》。谷歌风投也考虑过投资 Theranos[37]："我们只不过让一个生命科学投资团队的人去了沃尔格林，做了（Theranos 的）测试。任何人都看得出来，事情并不像表面上看上去那么好。因为沃尔格林想要抽满满一管血，而不是用 Theranos 的革命性的手指一戳。"

公司外的一些人认清了问题。但公司内的人又如何呢？董事会的董事又如何呢？毕竟他们负责保证公司按照正轨运行。

下面是一份 Theranos 在 2015 年秋季的董事会成员名单：

名字	过往声誉	出生年	性别
亨利·基辛格（Henry Kissinger）	前美国国务卿	1923	男
比尔·佩里（Bill Perry）	前美国国防部长	1927	男
乔治·舒尔茨（George Shultz）	前美国国务卿	1920	男
山姆·那恩（Sam Nunn）	前美国参议员	1938	男
比尔·弗里斯特（Bill Frist）	前美国参议员	1952	男
加里·拉夫黑德（Gary Roughead）	前海军上将	1951	男
詹姆斯·马蒂斯（James Mattis）	前海军陆战队将领	1950	男
迪克·科瓦切维奇（Dick Kovacevich）	前富国银行（Wells Fargo）CEO	1943	男
赖利·贝克特尔（Riley Bechtel）	前贝克特尔公司 CEO	1952	男
威廉·福奇（William Foege）	前流行病学专家	1936	男
桑尼·巴尔瓦尼（Sunny Balwani）	Theranos 高管（总裁兼首席运营官）	1965	男
伊丽莎白·霍姆斯	Theranos 高管（创办人兼 CEO）	1984	女

"这是一个绝无仅有的董事会，"《财富》杂志宣称，"从公众服务的角度上说，Theranos 建立的董事会堪称美国企业史上阵容豪华之最。"[38]

这确实是一个空前绝后的团队。你很少能看到一个有这么多前政府部长、参议员和高级将领的董事会。但这个团队同时也因为缺少多元化而引人注目。除了两位 Theranos 的高管，其他十个人中，每一个董事都是白人男子，而且全都生于 1953 年之前，他们的平均年龄是 76 岁。

Theranos 的董事会不仅缺少阿普费尔鲍姆认为非常重要的表面上的多元化，也缺少医药或者生物技术方面的专家。团队中仍然有执照的医疗专家是前参议员比尔·弗里斯特，他是以外科医生开始自己的职业生涯的。79 岁的威廉·福奇曾经是顶级流行病专家，但多年前便从医药界退休了。作为一个团队，Theranos 的董事更熟悉的工作是充当国家政策的智囊团，而不是在一家尖端医疗科技公司中任职。

就在《华尔街日报》发表了有关 Theranos 的第一篇批评文章之后不久，《财富》编辑珍妮弗·莱因戈尔德（Jennifer Reingold）声称它的董事会缺乏专业知识。[39] 她想知道，这样一个对生物科技的核心领域缺乏整体经验的团队如何能够有效地监督公司运作。"当然，能够有一两位退休的政府官员来指导与提供领导艺术是件好事，但他们却有 6 个，而且都没有医药或者科技方面的经历……人们不禁要想，他们是怎样与 Theranos 的日常活动契合的。"莱因戈尔德认为，有不同背景的人在一起会更好一些。

她是对的。为了理解她为什么正确，我们必须转到其他行业中去。高级公务员、军中老将、退休医生，这样的董事背景曾经让

Theranos 走上了不归路，但我们必须知道，为什么成员具有同样背景的董事会能够帮助几百家小银行挺过经济危机的冰刀霜剑。

下面是一份于 20 世纪 90 年代后期在美国成立的几家社区银行的名单。这只是我们选出的一个很小的样本，但它能够很好地表现其中的基本模式。你能看出是什么吗？

银行名	地点	董事会中的银行家百分比 (%)	是否倒闭？	倒闭年份
佛罗里达商业银行（Florida Business Bank）	墨尔本，佛罗里达州	36	否	
肯塔基周边银行（Kentucky Neighborhood Bank）	伊丽莎白镇，肯塔基州	20	否	
密歇根遗产银行（Michigan Heritage Bank）	法明顿山，密歇根州	56	是	2009
新世纪银行（New Century Bank）	芝加哥，伊利诺伊斯州	60	是	2010
典范商业银行（Paragon Commercial Bank）	罗利，北卡罗来纳州	33	否	
皮尔斯商业银行（Pierce Commercial Bank）	塔科马，华盛顿州	63	是	2010

你或许注意到了，所有银行的倒闭都发生在 2009 年和 2010 年。这一点合乎情理。经济大衰退对小银行是严酷的。

但在名单中还有一点，这一点更为奇特。你或许已经看出，所有倒闭了的银行的董事会中，银行家的百分比都大于幸存的银行。如果你注意到了这一点，你确实意识到了某种重要的东西。最近的一份研究追踪了全美国近 20 年来的 1 300 多家社区银行，揭示了一个类似的规律。[40] 与董事会成员中银行家较多的银行相比，董事会成员的背景更广阔的银行更不容易倒闭。这些董事会的成员不但包括银行家，还有非营利组织人员、律师、医生、政府公务员、军官以及其他人。尽管其中许多人的背景与银行业毫无关系，但这种专业经验的多元性拯救了银行。

这种效果对于处于变化无常的复杂市场的银行来说是最强的。这并不是说，具有更高风险的银行会指定更多的银行家担任董事。也不是说银行家占优势的董事会为了取得更高的利润会甘冒更大的风险。这份研究否定了这些解释。为了找出发生了些什么，这一研究的主要作者，西班牙 IESE 商学院教授约翰·阿尔曼多斯（John Almandoz）采访了几十位董事会成员、银行 CEO 和银行创办人。[41] 他发现了三件事。[42]

第一件事是具有银行背景的董事经常过分依赖于他们的经验。接受采访的人反反复复地使用"条条框框"这个词来形容银行家带入董事会的东西。正如一位董事解释的那样："银行家不占多数的益处是，由于没有条条框框，人们就不会说出'在某某某银行，这种情况下我们是这样干的'这种话了。"[43]

第二件事是过分自信。"如果董事会中有很多银行家，他们往往就会伸手多借贷一点，因为他们相信，他们的背景和经验要强一些，"一位董事会成员解释道，"而那些不是银行家的董事往往会更谨慎一些。"[44]

第三件事是缺乏建设性的争执。当没有银行专业背景的董事在董事会中处于少数地位时，他们很难挑战专家的意见。一位 CEO 告诉研究人员，在一个有许多银行家的董事会中，"人人都不愿意损伤别人的脸面，而一直到会议结束，谁也没有真正不留情面地批评别人"。但在一个有着更多非银行家的董事会中，"当我们看到不喜欢的事，大家谁都不怕提出来"。[45]

专家不占统治地位的董事会的表现就像种族多元化的团队。董事们相互争论，相互质疑对方的决定。他们认为没有什么理所当然的事情。银行家和医生、律师说的不是同一种语言，因此即使"一目了然的"事情也得拿出来讲清楚，辩论一番。董事会里有摩擦，有相互冲突，办事不容易。然而，这些董事会拥有银行世界和非银行世界中的精华。与 Theranos 不同，他们中间有几位真正的专家，他们是拥有丰富行业经验的银行家。但是，多亏了那些银行界的外行，银行家的专业知识优势并没有让辩论和异见哑火。阿尔曼多斯告诉我们："业余人士天真无邪，能够就专家认为理所当然的事情提出问题。"[46]

这是一个我们熟悉的结论。还记得萨莉·克劳切克关于多元化是怎么说的吗？多元化能起作用，因为它让我们质疑大家的共识。"这是什么鬼东西？我们为什么要这么做？你能给我再讲一遍吗？"

表层的多元化和专业知识的多元化以令人吃惊的类似方式发挥着作用。多元化在这两种情况下都能带来好处，究其原因，很大一方面都不是因为少数族裔人士或者外行能够把新颖独特的观点带进会议，而是因为，多元化让整个团队变得更加多疑。这保证了一个团队无法太顺利地在一起工作、不会太容易地取得一致。而这一点在复杂的、紧密耦合的系统中很重要，因为在复杂系统中人们很容易错失重大威胁的线索，造成让局势螺旋式恶化至不可收拾的错误。

多元化就像一个减速器。这东西很讨厌，但它能让我们走出安乐窝，让我们很难不假思索地快速做出决定。它把我们从自己手上解救了出来。

第 9 章

异乡异客

"莫非他们是魔法师还是什么不成？"

I

丹·帕切尔克（Dan Pacholke）死盯着电话机，深吸了一口气。[1] 他必须打电话给维罗妮卡·麦地那 – 冈萨雷斯（Veronica Medina-Gonzalez），跟她谈谈她的儿子凯撒（Ceasar）的事。帕切尔克过去是一位惩教官员，现在是华盛顿州惩教部（the Department of Corrections，简称 DOC）主任，掌管着 8.5 亿美元的预算，8 000 名员工和将近 17 000 名囚犯。通常不需要他打电话给受害者的家庭，但通常惩教部也不杀人。

7 个月前，2015 年 5 月的一个多云的晚上，凯撒·麦地那和几个朋友在文身店里待了几个小时，然后出去吃比萨，喝啤酒。这时

有两名枪手从比萨店后门闯了进来。一个身上有文身、穿着飞人乔
丹牌气垫鞋和浅灰色连帽衫的男子闯入前厅，手中拿着打开了保险
的手枪。他强迫麦地那躺在紧靠着柜台的地板上，用枪顶着他的后
脑勺。突然那个枪手跳了起来，举起枪来开火。麦地那从地板上爬
起来就跑。那个枪手再次开枪，这次打中了麦地那。

枪手们的抢劫未能成功，他们逃跑了。麦地那的朋友半抱半拖
着麦地那，把他放到车后座上送进医院。但他当场就死了。

警探们立即开始工作。监控摄像头拍下了现场，警察发出了带
有杀人凶手照片的示警通告。华盛顿州惩教部的一位官员看到了这
份通告并认出了枪手：这人名叫耶利米·史密斯（Jeremiah Smith）。

这位官员认识史密斯，因为在两周前的 5 月 14 日，在因抢劫与
人身袭击服刑期满后，华盛顿州当局刚好将他从监狱中放出来。按
照 DOC 囚犯管理系统的说法，那是史密斯刑期的最后一天。但系
统有误。当史密斯离开监狱时，他的刑期还有三个月才结束。当他
射杀凯撒时，他应该还待在监狱的铁窗后面。

史密斯的提早释放是由一个代码错误造成的，这是 DOC 囚犯
管理系统软件的一个漏洞。[2] 到 2015 年年底，丹·帕切尔克才发现
了这个问题。但在 DOC 工作的有些人几年前就知道这件事了。马
修·米兰特（Matthew Mirante）是一位持刀凶杀案受害者的父亲，
他在 2012 年联系了 DOC 的受害者服务中心。米兰特是波音公司的
卡车驾驶员，他怀疑 DOC 错误计算了杀害他儿子的凶手的释放日
期。使用钢笔和纸，他只用 5 分钟便计算出了判决刑期，证实了他

的怀疑：凶手的释放日期提早了45天。开始时，惩教人员以为米兰特算错了。但后来他们让华盛顿州司法部长办公室的一位律师检查了他的计算。他的计算无误。

米兰特的发现只不过是冰山一角。囚犯管理系统是一款极为复杂的定制软件。在10多年时间里，由于它的错误，数千名恶棍提前出狱。正如一位管理者恰如其分的描述，整个系统是一个"相互关联的复杂事物"的混乱大杂烩。³ 这种复杂性一方面造成了判决刑期的错误，另一方面让DOC官员难以发现这一错误。在米兰特的计算以前，DOC中谁也不知道有这么一个错误。对于系统的信任造成了紧密耦合。谁也没有去核对一下它的计算，计算机说该怎么做就怎么做，这台计算机没准会自动打开监狱大门。

怎么会这样？惩教部的囚犯判决系统存在的这个问题，多年来被程序员、律师和部里的官员漏掉了，怎么会由一位卡车司机找到了线索？答案并不在米兰特本人身上，也不是因为他的职业。在DOC工作的许多人都可以进行同样的简单计算。米兰特能够看到错误，完全是因为他不在这个部里工作。他是个圈外人，与组织的规则、假定或者政策毫无关系。

管理者意识到米兰特是对的之后，便要求程序员修改软件。他们以为这次修改只需要3个月，但却被推迟了12次以上。在此期间，没有任何人明白，米兰特的发现具有何等惊人的含义。

在米兰特提出问题的3年之后，程序员最后做出了改正，并开始测试他们的修改结果，看它会如何影响当前的囚犯刑期。过去改正刑期问题时，他们通常只发现几个问题，囚犯的释放时间会出现几天的偏差，这样的例子在很少的情况下会发生。但当他们改正米兰特提出的问题时，出现了 3 000 次释放日期的更改，平均误差两个月。正如 DOC 的首席信息官说的那样，这是一个"让人骂娘"的时刻。[4]

州参议员迈克·帕登（Mike Padden）是州参议院法律与司法委员会主席，当我们与他谈到这一问题时，他对于官员们在这么长的时间内无视了这一问题大为愤慨。他告诉我们，与此对比，当一位囚犯逃跑时，他们会全力以赴把人抓回来！[5]但这一次，他们让数千名囚犯提前出狱。

在给麦地那的母亲打电话时，帕切尔克向她表示安慰，并为这一错误道歉。几周之后他辞职了。麦地那的母亲提出法律诉讼，向 DOC 索赔 500 万美元。[6]她认为，尽管扣动扳机射杀凯撒·麦地那的是耶利米·史密斯，但 DOC 应该承担责任。他们在 3 年间漠视了来自圈外人的一个极有价值的贡献，她的儿子因此而死。

II

如果格奥尔格·齐美尔（Georg Simmel）活在今天，他会是公共知识分子中的一位超级明星，会有无数推特粉丝，有传播极广的 TED 演讲，还会是《纽约时报》评选的畅销书作者。或者说，这至少是他在 19 世纪后期的柏林应该享有的地位。作为一位比较爱出风头，卓越的社会学理论家，齐美尔能让听众目眩神迷，而且他的演讲让大学生和大学外的人听得如醉如痴。[7] 他也是一位多产作者，他的文章不仅发表在学术期刊上，也发表在报纸和杂志上。他的写作涵盖了许多令人神往的话题，从城市生活和金钱哲学，到男欢女爱和高等时尚。

尽管如此，齐美尔却是德国学术系统的圈外人。在他很大一部分职业生涯中，他是一位不领报酬的讲师，而且一次又一次错失机会，无法晋升教授。1901 年，他最终接受了特任教授的头衔，但按照他的一位传记作家所说的，那只是"一个纯粹的荣誉头衔，仍旧没有允许他参与学术界的事务，因此也没有洗去他身上圈外人的标签"。[8]

其中一个障碍是齐美尔的犹太人身份。另一个是他对公众的吸引力，这让许多学术界人士厌烦。"不管怎么说，他是一个顽固不化的犹太人，无论是他的外貌、举止，还是思维方式。"当海德堡大学考虑给齐美尔一个教授职位时，一位著名的历史学家在一份对他的评价信中这样写道。[9] "他用聪明的格言装点言辞。而他招来的听众也不过是些华而不实之徒，其中女士占很大一部分"，还有些听众是"那些不断从东方国家一个学期又一个学期涌来的"。他的判决是："齐美尔代表的世界观和人生哲学明显地与我们日耳曼基督徒的经典教育格格不入。"

齐美尔没有得到教授工作。但是，在同一年，他发表了一篇短小的著作，后来成了他最有影响的贡献之一。这是一篇散文，它如今出现在全世界大学的教学大纲内，而且仍然不断启发着社会科学家。它的标题是"陌生人"（The Stranger）。[10]

一个陌生人在一个团体中，却不属于这个团体。齐美尔的陌生人原型就是中世纪欧洲城镇中的犹太商人，是生活在社团之中，但与社团内部人士不一样的人。他是一个与团体足够接近因此能够理解它的人；但与此同时，他由于和团体脱离得足够远，因此具有旁观者的眼界。

齐美尔认为，陌生人的力量在于他的客观性[11]：

（这个陌生人）并没有从根上与这个团体的某些特定成员与派别绑在一起……（而且）他没有与他们缠绕在一起的纽带，因此不会产生对资料的观点、理解和评价的偏见……他以比较少的偏见检查形势；他根据更为普遍、更为客观的标准评价它们；而且他的行为不受习俗、虔诚或者先例的限制。

而且由于这些原因，陌生人可以帮助人们发现真理。齐美尔认为，一个经典的例子是中世纪的"意大利城市从城外招募法官之举，因为没有哪个当地人不受家庭利益纠结的影响"[12]。这就是所谓政官制度，是从另一座城市招来的首席地方法官，以充当公正的仲裁者。这些官员通常任期很短，这就保证他们不会被本地同化，不会与当地发生牵连。博洛尼亚编年史学家莱昂德罗·阿尔贝蒂（Leandro Alberti）认为："那些市民看到，他们自己人中间经常会发生争吵与纠纷，因此便创造了一种制度，让某个生于外地的人做他们的首席地方法官，给他各种权力、权威，对整个城市的司法管辖权，以及对刑事与民事案件的管辖权。"[13] 一切权力归陌生人！

我们已经在这本书中看到了陌生人的力量。马修·米兰特的计算暴露了华盛顿州惩教部的问题。黑客克里斯·瓦拉塞克和查理·米勒不是克莱斯勒的工程师，然而他们发现了吉普车上的安全大漏洞。在密歇根的弗林特，李安妮·沃尔特斯让人们注意到了公共卫生官员刻意遗漏的铅危机。而在 2001 年，记者贝塔尼·麦克莱恩和卖空者吉姆·查诺斯是两位圈外人，他们刚好拥有足够的知识，能够问出正确的问题，因此揭发了安然的欺诈。

并不是说圈外人有对于世界的完美、无偏见的观点。而是像齐美尔所说的那样，他们的地位让他们看到了与内部人士不同的事情。事实上，同时作为圈外人和圈内人，同一个人可能会对事物有不同的看法。有些我们在内部看上去很自然的事情，在外面看上去可能很奇怪或者可怕。我们不妨以丹尼·焦亚（Denny Gioia）为例，他是 1970 年代初福特汽车公司的车辆召回协调员。[14] 当时有越来越多的证据说明，福特平托（the Ford Pinto）这种很多人喜爱的车型存在问题。当平托从后面受到别的车冲撞时，它的油箱可能破裂并突然起火，即使当时的车速相当低。但焦亚及其同事只能召回车辆。"很难表达这份工作令人手足无措的复杂性和节奏，因为它需要持续跟踪这么多已有的或者潜在的召回要求，"[15] 焦亚写道。他现在是一位管理学教授，"我把自己视为消防队员，一个完美地符合我同事描述的消防队员：'在这间办公室里，每件事都是一个危机。你的时间必须都用来扑灭大火，朝小火吐几口唾沫。'按照这些标准，平托的问题显然是小火。"

但焦亚作为内部人士与圈外人对于这次召回的观点有所不同。正如他说的那样："在我去福特工作以前，我会强烈认为，福特有道义上的责任召回车辆。在我离开福特后，我也认为福特有道义上的责任召回车辆，在教学中也这样说。但是，当我在那里工作时，我没有感到召回车辆的道义责任。"[16]

即使圈外人提供了有用的观点，仍然有一个隐藏的难题：内部人士经常漠视甚至反抗他们的观点。在DOC，管理者认为米兰特的发现微不足道。在克莱斯勒汽车厂，高管悄悄地发表了一份手册，修正瓦拉塞克和米勒发现的问题，最后还是《连线》披露了这一故事，迫使克莱斯勒发出召回令。在弗林特，州政府官员说李安妮·沃尔特斯是骗子，直到她想办法找到了一位强硬的大学教授站在自己这边，并证明问题已经扩散到了何种地步。而在安然最后垮台之前，它的高管们一直在竭尽全力地诽谤查诺斯和麦克莱恩。

我们的系统变得越复杂、耦合得越紧密，圈内人就越容易遗漏一些事情。但多亏了齐美尔描述的圈外人的客观性，他们能够告诉我们，我们的系统可能会崩盘。

III

鲍勃·卢茨（Bob Lutz）被难住了。[17] 作为通用汽车公司的副总裁，卢茨监督这个汽车公司的生产进展。卢茨多年在汽车产业担任高管，他着迷于汽车设计，帮助通用汽车创建了新产品：电动汽车雪佛兰 Volt。但在他的关注下，通用汽车的工程师在开发无污染型柴油发动机这种环保型科技上进展甚微。

卢茨知道柴油车是有前途的。它们在欧洲广泛应用，使用的是比传统汽油的能量密度更大的燃油，效率差不多高出 30%。"我和其他人一直在论证，支持生产柴油车，"卢茨说，"我的意思是，我们达到了欧洲的排放标准。我们是世界上最大的柴油发动机生产厂家之一，为什么我们不可以为美国提供柴油车呢？"[18]

但柴油发动机是一种复杂的科技。汽油供能的发动机在运行时接近"理想"油气比，在这种比率下，燃料尽可能地完全燃烧，产生的有害副产品最低。但柴油发动机则不同。它们在运转时远远没有达到理想的油气比率，因此得用其他方法控制有害副产品。生产厂家使用了许多方法：用其他化学品分解副产品，俘获有害粒子，或者简单地使用更多的燃料。但这会让柴油车更昂贵，也会降低功率和效率。

柴油发动机在欧洲可行，因为那里的燃料价格更昂贵，于是柴油的效率便意味着顾客能省钱。而欧洲的排放标准更加强调燃料效率，降低有害副产品则次之，因此生产厂家不需要在表现与花销方面考虑太多，污染稍微重点没关系。

但要让美国的汽车制造商造出达到严格排放标准的柴油车殊为不易，在加州则更不容易，因为需要同时保证效率与价格的竞争性。只有一个例外，那就是大众汽车（Volkswagen）。大众汽车公司是世界上最大的汽车制造商，在坐上这一宝座的艰难征途中，清洁的柴油科技具有核心地位。卢茨激励他的工程师，要他们紧追大众的步伐："伙计们，难道说你们做不到的吗？大众都可以做到。莫非他们是魔法师还是什么不成？"[19]

通用汽车的工程师继续深究这个问题。他们使用的是一台测功机，从本质上来说，这是一台用于汽车的跑步机。他们测试了几辆大众柴油车，全都通过了美国的所有排放标准。但他们告诉卢茨："我们根本不知道大众是如何做到的。他们用的是和我们一样的硬件，来自同样的供应商……发动机非常相像。我们完全弄不明白，为什么他们的能通过，而我们的却不行。"[20]

通用汽车确实在雪佛兰科鲁兹车上装了柴油发动机。这是一款在2008年开始出产的小型汽车。但需要许多昂贵的减排科技，科鲁兹才能达到加州的标准。按照卢茨的说法："等到你把一切都做好了，这种车只能在大亏本的情况下销售……你在金钱、性能甚至耗油量方面做了这么多牺牲，最后你会问自己：这么做值吗？"[21]

大众的工程师知道哪些卢茨的团队不知道的东西吗？

丹·卡德尔（Dan Carder）发现了答案的第一部分。[22]他是西弗吉尼亚大学的替代燃料、发动机与排放研究中心主任，一个彻头彻尾的发动机人。他在读大学本科时就帮助这个中心建立了最早的几个发动机测试实验室。他的硕士论文以柴油机的微粒排放为题，而且他很快便开始开发新的排放测试。

20 世纪 90 年代后期，美国政府发现重型柴油发动机的生产厂家在排放测试中有欺诈行为。他们在发动机的软件中做了手脚，于是发动机在实验室里和在长途行驶中的表现不同。生产厂家缴纳了大笔罚金，并同意在路上而不仅仅在实验室里测试他们的发动机。

卡德尔的工作方向也就在这时有所转移。他和他的团队设计了便携式装备，他们可以把它装上卡车，在实际工作状态下测试排放量。卡德尔的设备是一套复杂的传感器，它们可以测量排气管里的气体和微粒。在取得了一位卡车主的同意之后，他们花了几个小时把设备放上了卡车，然后卡德尔便前往一家发运站。第二天天不亮，他就与几位驾驶员会面，并和他们待了一整天以便一起测试，调试他的检测设备。如果他无法得到所需的数据，他就必须回去，一切又要从头开始。

国际清洁交通委员会是一个环保研究团体，在它公布了路上测试载客汽车的想法之后，卡德尔和他的团队便抓住了这个机会。这些研究人员前往南加州，他们早就在那里拥有一座移动实验室。这让项目上的研究生可以躲开西弗吉尼亚州的冬天。他们在洛杉矶拿到了三辆柴油车：一辆大众捷达，一辆大众帕萨特，还有一辆宝马。他们做的第一件事就是运行环境保护局的标准测试程序，确定他们手头上的是普通的汽车，没有经过原所有者的改造。实验室测试显示一切正常。然后就到测试汽车在路上行驶时排放的气体和微粒了。

如果你认为，这台测试装置是一个公文包，里面有一台精致的计算机屏幕，那就大错特错了。要在汽车运行时分析尾气，研究者需要在汽车里塞进许多仪器，以至于它们快要从后备厢里溢出来了，而且接口都要连在排气管上。研究者必须另外安装发电机，以避免加重汽车本身的电子系统负担。有一次一位警察让他们停到了路边，因为他很怀疑那一堆露在车尾外的仪器是些什么东西。

"这完全是实验性的。"[23]卡德尔告诉我们。金属连线和管道会损坏，发电机会失灵，因为它们的设计指标没有考虑汽车的颠簸。"你必须修理它们，你必须改装它们，你必须补窟窿，你必须找出变通方法。"

数据显示这些汽车开动时的效率和造成的污染，如排放的二氧化氮等。各种氮氧化物（NOx）会导致烟雾和酸雨，损害肺部组织，造成呼吸道病症。

那辆宝马的排放符合研究者的预期值，但大众车则不同。在实验室测试中，大众车跑起来很清洁。但在路上，它们排放的 NOx 是许可量的 5 倍到 35 倍。[24]

那是相当多的 NOx，但现代发动机是不透明的系统，监管部门有时允许制造商超过排放标准以防止发动机损伤。就卡德尔所知，他们检测的这两辆车或者有技术问题，或者大众得到了许可，可以在某些条件下超过标准。他试图就此与大众接触，但没有取得进展。在这一天结束时，尽管他想知道是什么引起了这种奇特的结果，但他还必须继续做其他的测试。"我们的资金来源全靠我们的研究计划,"[25] 他告诉我们,"无论这件事是否有趣,也无论我们想多做或者想少做测试,最后我们都得付账。因此我们得接着做其他的测试。"

对于卡德尔的团队来说,过高的 NOx 排放很有趣,但并不是什么惊天动地的大事。这个团队才刚刚测试了三辆车,他们不想过早地做出结论。[26] 他们在报告上写下了这样一条干巴巴的笔记:

> 我们在此提请注意:作为这次测量工作的一部分,我们迄今只测试了三辆车,每辆车都有不同的柴油发动机后处理技术,或者不同的生产厂家;在此处根据数据得出的结论所能代表的仅限于这三辆车。由于数据有限,它们并不一定能让我们得出对于某种特定车辆或者后处理技术的普遍化结论。

尽管这些结论非常低调,但它们揭示了企业史上最大的丑闻之一。

加州空气资源委员会(California Air Resources Board,简称 CARB)是一个强有力的环境监管机构,阿尔贝托·阿亚拉(Alberto Ayala)掌管其中一个部门。[27] 他是第一批理解这一发现的含义的人之一。排放测试界是一个紧密耦合的系统,而当西弗吉尼亚的研究人员开始测试时,阿亚拉允许他们动用 CARB 的测试手段,这让他们得以在实验室中测量汽车的性能。他密切关注他们的研究进展,他们现在清楚地发现,这两辆大众车在路上的排放量远远多于在实验室里的排放量。于是他决定，他的团队需要介入调查。

作为一名监管者，阿亚拉有一项重大优势。他和他的团队可以在他们的实验室里做一大堆测试，然后让大众的工程师解释结果。他们也知道大众是否具有能够解释偏差的减排许可证。

在正规的实验室测试中，车辆静止不动，停在一台跑步机上，只有车轮在转动。当驾驶员转动方向盘时，测试者通常不会去看发生了什么。但 CARB 的工程师确实在看，而且他们发现了非常奇怪的事情：转动方向盘能让排放大幅度增加。摇晃车身也会造成同样的结果，让排放增加。在正常的测试条件下，发动机运转、车轮转动，而汽车本身不动，排放就符合规则。但当条件与实际驾驶状况相仿时，汽车的软件便改换了模式：尽管发动机的性能更好，但排放却急剧飙升。

逐步地、系统地，阿亚拉和他的团队排除了其他解释。"这又花了我们一年半的时间……我们不只进行了路上测试，还做了许多调查，正是这些调查，让我们能够把发生的情况真正弄得水落石出，知道这种情况为什么发生，以及是怎样发生的。"[28]

阿亚拉的团队迫使大众汽车的高管承认了事实：他们在自己的汽车上安装了一种"失效装置"。这是监管机构的术语，指能够绕过排放控制的方法。这是整个拼图的最后一块，也是通用汽车的工程师无法找到的性能改进措施。在路上和在跑步机上，大众汽车是以不同方式运行的。卢茨一直在寻找的"魔法"并不是工程学上的进步。大众汽车选择了欺骗，它的柴油发动机效率更高，但也排放了更多的有害副产品。大众汽车没有在车上安装限制这些副产品的技术装置，这让公司降低了成本——每辆车节省 300 欧元。[29]

"装置"这个词会让我们想到安装到发动机上的一个机械零件，但当你打开大众汽车的发动机盖时，并不存在你能看到或者摸到的失效装置。这完全是软件。而这个软件和它复杂的源代码是藏起来见不到的。大众汽车也知道，监管机构依赖于实验室测试，这是对路上评估的间接观察而不是直接观察。这个系统具有复杂性的一切成分：这是一个具有复杂的内部运作的黑箱，只能间接检测发生的情况。

与几年前的安然非常相似，大众也利用复杂性行骗。如果不是那些搅局的圈外人，他们这次也不会被绳之以法。

大众汽车是丑闻常客。[30] 1993 年，大众汽车的铁腕 CEO 费迪南·皮耶希（Ferdinand Piëch）便从通用汽车挖走了明星高管何塞·洛佩斯（Jose Lopez）。通过减少花销，洛佩斯曾为通用汽车省下几十亿美元。皮耶希相信，洛佩斯也能在大众汽车做到这一点。但当洛佩斯与其他三名高管一起离开通用汽车时，GM 谴责他偷走了 70 箱机密文件。由此发生的法庭诉讼拖延多年，而大众汽车正式抵制报章报道。最终，大众以 1 亿美元的代价结束了这起民事案件，并同意从通用汽车那里购买将近 10 亿美元的零件。皮耶希则因为自己参与其中而成为争议人物。

21 世纪头十年中期，丑闻又一次困扰了大众汽车。[31] 英国《卫报》（The Guardian）上的一条大标题写道："贿赂、妓院、免费伟哥：大众汽车的审判震惊了德国"。故事就像一个企业渎职的滑稽作品：大众汽车的管理者用"公司的一项'不明用途'资金为高档妓女付费、资助工会干部的情妇，以及日常访问妓院、为他们的妻子提供现金礼品，甚至免费提供伟哥等"。而且，大众还给它很有权力的劳资协会首脑支付了 200 万欧元的非法奖金。[32]

《金融时报》记者理查德·米尔恩（Richard Milne）曾在 21 世纪头十年中期长期采访大众，这次他返回德国沃尔夫斯堡，采访了大众汽车的排放欺骗丑闻。[33]"鉴于大众汽车的文化和权力结构，公司内部人士一直认为还会发生丑闻，"米尔恩告诉我们，"但我觉得，没人想到会是与技术有关的事情。这让许多人感到意外，因为大众汽车在工程方面素负盛名。我想，大部分人都认为会发生贿赂丑闻。"

但他们看到的是排放欺骗。事情是如何发生的呢？对此通用汽车的鲍勃·卢茨有一个想法。在某个仪式上他刚好紧挨着皮耶希就座，当时大众刚刚推出一款新型高尔夫。卢茨十分赞赏高尔夫汽车组件的紧密度容限，例如门和车身之间狭窄的缝隙。他对皮耶希表达了自己的赞美：

卢茨：我希望我能在克莱斯勒（的这些容限上）接近这一点。

皮耶希：我可以给你秘方。我把所有车体工程师、冲压工程师、生产工程师和高管叫到了我的会议室。接着我说："我无法再忍受所有这些乱七八糟的车体吻合。我给你们 6 个星期，你们给我达到世界级的车体吻合度。你们的名字我全都知道。如果6个星期后吻合度还不行，你们的职位我就另请高明。谢谢你们今天费心前来开会。"

卢茨：你就是这么干的？

皮耶希：没错，而且成功了。[34]

大众汽车不仅因为专制文化付出了代价。正如一位企业管理专家指出的那样："大众汽车的董事会以管理差与结构不当而闻名，'他们与世隔绝、内向、内乱频繁'。"[35]在公司监事会的20个席位中，10个席位是为大众工人预留的，其他席位由高级经理和公司最大的持股人担任。皮耶希和他过去担任幼儿园教师的妻子都在董事会中。这个监事会没有圈外人。[36]

这种偏狭的状况不仅局限于董事会。正如米尔恩所说的那样："大众汽车在文化上的排外声名狼藉。它的领导层都是土生土长的。"[37]而且这个领导层是在一个奇怪的地方成长的。沃尔夫斯堡是大众的总部所在地。说到底，那里是一座公司城镇。米尔恩认为："这是一个不可思议的独特地点，它在80年前根本不存在。它坐落于汉诺威和柏林之间的一片荒凉平原上。由于大众汽车，它变成了德国最富裕的城镇。大众汽车渗透了整个城镇。他们有自己的肉店，有自己的主题公园，你在那里逃不出大众的影响。而且每个人的成功都来自这个系统。"

即使在我们与丹·卡德尔面谈之后几个月，这次谈话的某些情景还不断在我们的脑海中浮现。当我们问他当时是否想要进一步探讨大众汽车的排放问题时，他回答说："我的想法并不算数。"这是因为卡德尔的实验室长期经费不足。事实证明，大众汽车的路上测试极为复杂，耗资巨万，而卡德尔最终不得不从其他资金来源中调拨了数万美元来支持这一项目。[38] 他的团队不会从大众汽车为解决这一事件赔付的几十亿美元中得到一分钱。2016 年，卡德尔被《时代》周刊选为 100 名最富影响力的人士之一，但他仍然挣扎着为自己的研究、设备和人员筹集资金。

这实在是一种讽刺，因为像卡德尔这类人物所想、所要的应该是很重要的。他们帮助我们理解了复杂的系统，因为他们注意到了圈内人无法或者不想看到的事实。而且他们能够提出不合时宜的问题，他们会让我们的系统保持安全与诚实。正如查尔斯·培洛所说的："社会不应该把组织封闭起来。"[39] 反之，我们应该打开我们的系统，让圈外人进来，倾听他们的话。

IV

1986 年 1 月，一个寒冷的上午，"挑战者号"航天飞机发射后不久，在升空时爆炸。[40] 这次事故广为人知。由于严寒，帮助航天飞机进入轨道的固体火箭推进器上密封接缝的密封圈未能正常工作。工程师知道低温会影响密封圈，但在发射前一天晚上召开的紧张会议上，他们仍然决定发射。

按照传统的解释，出于期限和生产压力，NASA 管理者催促发射。但社会学家黛安·沃恩（Diane Vaughan）研究了挑战者号事故，并发现了一个更为微妙的解释，她称这种解释为异常正常化（normalization of deviance）。[41] 多年来 NASA 与航天飞机计划的复杂性搏斗的过程中，哪种风险是可以接受的，这个定义悄悄地、逐步地发生了变化。随着一次又一次的发射，过去不曾预计到的问题越来越能够预计了，最终变得可以接受了。管理人员和工程师经常把系统的某个部分定义为有风险的，固体火箭推进器的接缝就是其中之一，但接着他们免除了接缝的风险地位，于是航天飞机可以在这个问题未经解决的情况下发射。

"每一次，人们一开始会把某些证据解释为偏离预期表现的象征，但在成功发射后它们都会被重新解释，认为是在可接受的风险范围之内。"[42] 沃恩这样说。这种转变让工程师和管理人员"可以继续工作，就好像没有任何问题一样，尽管仍然有证据表明存在某种问题"[43]。过去认为偏离正轨的结果变成了正轨。

设计并构建了固体火箭助推器的是莫顿聚硫橡胶航天公司（Morton Thiokol）。在挑战者号发射事故的 9 年前，该公司的工程师们建议重新设计接缝。接缝是必需的，因为竖立起来之后，14 层楼高的助推器实在太长，无法整体运往发射场地。但重新设计进展缓慢而且预算有限，因此工程师们在此期间使用了各种修补措施，并自我安慰地认为，每个接缝都由初级与次级密封圈保护，应该没有问题。

灾难发生前 9 个月，密封圈腐蚀问题影响了挑战者号的另一次发射。在飞行过程中，用于一个类似的助推器接缝的初级与次级密封圈都有严重损坏。莫顿聚硫橡胶的工程师罗杰·布瓦若利（Roger Boisjoly）给他的上司写了一份备忘录，强调了这个问题。"人们错误地接受了接缝问题的状况，认为继续飞行而不必担心失败，也没有进行一系列设计评估，"[44] 他这样写道，"这一状况现在有了重大改变。如果再次发生同样的状况……其结果将是最惨痛的灾难。"

除了莫顿聚硫橡胶的工程师们在担心，NASA 内部也有人表示忧虑。一位名叫理查德·库克（Richard Cook）的员工在灾难前一年写了一份备忘录，他在其中指出了密封圈问题。"有一个小问题，"库克写道，"过去曾经存在，现在也仍然存在着密封失灵，对飞行安全具有潜在的危险，而且人们也知道在发射过程中的失败无疑将是灾难性的。"[45] 尽管他在 NASA 工作，但库克的观点是圈外人的观点。他加入这个组织才几个月，而且不是一位工程师，他只是个预算分析员。因此，当他和 NASA 的工程师谈话时，他们向他袒露了自己的担心和结论，而且没有防御心理，也没有质疑他的想法。他更像工程师们的知己，而不是他们的对手。正如齐美尔在他著名的文章中说的那样，一位圈外人"经常能令人吃惊地让人们向他推心置腹，这种信任有时具有向神父忏悔的性质，会说出通常对关系更密切的人都会小心隐瞒的话"[46]。

库克把这些忏悔性语言写进了他的备忘录中。但结果和布瓦若利以及其他莫顿聚硫橡胶工程师的担心一样，他的警告也被人当作耳旁风。

1986 年 1 月 28 日，挑战者号点火升空。密封右火箭助推器底部接缝的密封圈几乎立即破裂。火焰喷了出来，最终引爆了航天飞机的外燃料箱。氧和氢开始泄露。起飞之后仅仅 73 秒钟，外燃料箱爆炸，挑战者号在地球上空大约 10 英里处爆炸，变成了一团火球。

在挑战者号事故的 17 年后，历史重演。发射后不过瞬息，"哥伦比亚号"航天飞机燃料箱上的泡沫绝缘层脱落，击中飞机左机翼，撞破了航天飞机的绝热瓦。除此之外，发射一切正常。但当哥伦比亚号重新进入地球大气层时，火热的气体穿透了机翼，整个航天器崩溃为成千上万块碎片。[47]

尽管两次事故的工程细节有所不同，但它们背后的组织因素十分怪异地相似。早在哥伦比亚号事故发生前，NASA 就知道泡沫绝缘层可能脱落。事实上，在过去许多年里，泡沫绝缘层的碎片曾多次击中航天飞机，因此每次发射前都必须更换。但 NASA 管理人员认为这不过是日常的维修问题，因此对这样的风险不屑一顾。对异常的正常化再次造成了灾难。[48]

在哥伦比亚号出事之后，NASA 知道必须做出某种改变。而且有一点很清楚，仅仅治标而不治本，即仅仅处理泡沫脱落问题是不够的。许多问题是组织上的。正如事故调查委员会的主席说的那样："我们非常确信，这些组织问题和泡沫同等重要。"[49]

NASA 指定它的各个研究中心找出对付异常正常化的方法。作为对这一要求的回答，NASA 最主要的无人空间探测团队，喷气推进实验室（Jet Propulsion Laboratory，简称 JPL）寻求利用圈外人士的观点。[50] 如同引进法官的中世纪意大利城市一样，JPL 试图减少偏见和复杂性。但管理人员并没有通过引入圈外的顾问或者审计人员去这样做，而是试图在组织内部学习圈外人的观点。

JPL 做的是世界上最复杂的工程学工作。它的宗旨是"敢为天下先"，或者不那么正式地说，"我们只对不可能的事情有兴趣"。

多年来，JPL 也有它自己的失败记录。[51] 例如，1999 年，他们失去了两台飞向火星的飞行器，一次是因为在火星极地登陆者号（Mars Polar Lander）上装载的软件故障，另一次是因为计算中英制和公制单位不统一造成的混乱。

经过这些失败之后，JPL 的管理人员开始寻求圈外人来帮助他们管理任务风险。他们建立了一些风险评述委员会，成员包括在 JPL、NASA 或者承包商那里工作的科学家和工程师，但这些人不参与他们评述的任务，同时也不卷入参与任务的圈内人的假定。

但 JPL 的领导人想要再进一步。JPL 执行的每一项任务都有一位项目经理，他负责探讨具有突破性意义的科学进展，但必须在紧缩的预算之内完成雄心勃勃的计划。项目经理是在走钢丝。处于压力下，他们或许会受到诱惑，在设计与测试关键成分时走捷径。针对这种情况，高层领导人创建了工程技术权威组（Engineering Technical Authority，简称 ETA），是由 JPL 内部的圈外人组成的团队。他们为每一个项目指定了一位 ETA 工程师，他要确保项目经理不会做出让任务出现风险的决定。

如果 ETA 工程师与项目经理有不同意见，他们便把这个问题提交给管理 ETA 计划的管理者巴拉特·楚达萨马（Bharat Chudasama）。在接到问题时，楚达萨马便试图以中间人的身份提出技术解决方案。他也可以尝试为项目经理争取更多的资金、时间或者人力。而如果他无法解决这个问题，他会把问题提交给他的上司，JPL 的总工程师。这些步骤设置保证 ETA 的工程师有一个清晰明确的通道，能在传统的管理机构外增加他们的关注。

ETA 工程师体现了齐美尔的圈外人原则。他们有足够的专业知识，能够理解技术问题，与团队足够接近因此能够理解他们，但又距离他们足够远，能够向他们提出不同的见解。他们身处组织之内，但他们有自己的上报途径，这一事实意味着，项目经理不能不去考虑他们的意见，也无法无视他们的存在。

这种方法不是火箭科学。事实上，组织内部的圈外人，这一创造具有悠久的历史。多少个世纪以来，当罗马天主教教会考虑是否宣布某人是圣人时[52]，俗称"魔鬼代言人"的故意唱反调者的工作就是要罗织候选人的罪名，阻止任何不成熟的匆忙决定。魔鬼代言人在拿出反对意见之前不参与决策过程，因此他是一个圈外人，不会像候选人的支持者那样具有偏见。

这种方法在现代的例子就是以色列的军方情报机构，阿曼的魔鬼代言人办公室（Devil's Advocate Office at Aman）[53]。这个特别单位是由受人尊重的军官组成的，他们的工作是批评其他部门，考虑完全不同的假定。他们喜欢考虑最糟糕的情况发生的可能性，并质疑防务部门的观点。他们的备忘录直接发给所有重要的决策人，不通过军队行政部门的指挥链。描述军方情报分析时，人们往往不会首先想到"创造性"这个词，但正如一位前部队部门领导人所说的那样："魔鬼代言人办公室保证了阿曼的情报评价工作具有创造性，不会落入团体迷思的窠臼。"

体育专栏作家比尔·西蒙斯（Bill Simmons）向运动队提出了类似的建议。"我越来越肯定地相信，每一个专业运动队都需要雇用一个常识副总裁，"[54]西蒙斯写道，"请注意，常识副总裁不参加会议，不考察前景，不看任何电影，也不听取任何内部信息或者意见，他过的只是一个普通拥趸的生活。只要在准备做出重大决定的时刻请他出场，把一切信息放在他的面前，等待倾听他不带偏见的意见。"

所有这些方法都有一个共同的基本原则[55]：我们让一些人处于决策过程之外，这能让他们对决策抱有圈外人的观点，并找到一些圈内人会漏掉的问题。而且，即使不大的组织也能使用这种方法。

现在可以考虑多伦多的一位叫萨莎·罗布森（Sasha Robson）的青年会计的情况。[56]几年前，她想要购买一处小公寓，这将成为她的第一所房屋。经过几个星期的强化搜寻，在一个闷热的夏日里，萨莎终于觉得，她在一座俯瞰安大略湖（Lake Ontario）的高层公寓楼中找到了一处理想房产。满怀着憧憬，她慢悠悠地沿着一条水边小径走向这座建筑物，一边享受着冰咖啡和湖上吹来的习习凉风带来的惬意。这处公寓房环境优雅，装饰有贝壳、海滩照片和一个绝妙的高档冲浪板。"房间里散发出海滩房屋的芬芳，如同海水和椰蓉冰激凌，有一种非常悠闲的气氛。"萨莎告诉我们。房间里还有一个栽种着葱郁的柠檬树的大阳台和一个满是新鲜药草的育种盆。在观看了这个单元之后，萨莎和她的房地产中介一起参观了建筑物中的其他地方，检查了共用区域和一个室外大游泳池。她注意到一位青年女子正坐在游泳池边的一张躺椅上读书，她全身都沐浴在下午的阳光中。"就是那一刻，我认定这就是我想要的公寓房，是我想要的生活。"而刚巧这时萨莎也对寻找房屋感到了厌倦，并对陪着她一个周末又一个周末地看房的中介有些内疚。

但在她做出最后决定之前，她用电邮把这处公寓房的介绍发给了她的朋友克里斯蒂娜（Kristina），她在多伦多生活了10年，刚刚去了欧洲。为了避免让克里斯蒂娜带有先入之见，萨莎的电邮中不但有这处湖边公寓的说明，也包括了其他四座同样价格段的房产，但她没有透露她中意的是哪一套。

克里斯蒂娜在几个小时内就发来了回信，而她的反应让萨莎大吃一惊。在所有5处房产中，萨莎的梦幻公寓排位第四。"那座室外游泳池看上去确实不错，但不要忘了这是多伦多，"克里斯蒂娜写道，"你在7月里能做的事情并不代表你在大半年时间里都能做。"她同样感到，对于这样一个价格，这处公寓房面积太小，而且她还担心这座建筑物周围很快会有其他建筑，它们将阻挡视线，让你无法眺望湖边的风光。

克里斯蒂娜的首选不是湖边公寓，而是一处面积更大、布局更合理的市区公寓。萨莎曾在一周前看过那处房产，但当时有两个大学生在里面租住，房间很乱，她无法想象自己怎么可能在那种地方居住。但克里斯蒂娜的电邮让她意识到，长远地说，这是一个更好的选择。她最后买了这处房产，而且到现在还住在里面。

"当时，阅读克里斯蒂娜的电邮让我心痛，但这是很好的建议，它把我从对海滨的幻想带回地面，"萨莎告诉我们，"克里斯蒂娜没有和我一起去看房，她不知道我当时对所有这一切已经多么疲劳，她也没有看到水边公寓房的美丽布景。她实际上身在几千英里外，因此她能够以一种非常冷静、非常理性的圈外人的观点看待事物，这是我做不到的。"

第 10 章

意　外

"你认为是走廊的地方变成了墙。"

I

史蒂夫·乔布斯怒不可遏。他踱着步，怒火中烧。他想要行动，坐上为他、前苹果 CEO 迈克·马库拉（Mike Markkula）和一些计算机设备箱子包租的小派珀尔箭头飞机，离开这座位于尘土飞扬的卡梅尔山谷的机场。而且他习惯于自行其是。

箭头飞机的驾驶员是 20 岁的布莱恩·希夫（Brian Schiff），他估算了一下两位乘客加上那些他们想随身带着的设备的重量。他们的设备很多，但箭头飞机能带的重量不多。从这时起，麻烦就开始了。[1]

还不仅如此。这是一个炎热的夏日下午。或许你还记得中学物理中说的，空气变热的同时会变得稀薄，这就是为什么热气球能够升空、蒸汽会从慢慢沸腾的水上升起。热天里，这种情况会让小飞机的升力减少，对它们的飞行不利，因为流过它们机翼上方的空气变少了。而且较为稀薄的空气中含有的氧气较少，飞机发动机的效率会降低，无法燃烧平时那么多的燃料。更糟的是，卡梅尔山谷机场的跑道比较短，三面都是不断增高的地形，飞机起飞后需要迅速爬高。布莱恩的直觉告诉他，一切都对他们不利。

　　布莱恩没有忙着把货物装上飞机，然后一切听天由命，而是决定把他们将要带着起飞的所有重量加起来，计算飞机的性能。飞行员的训练都要求他们这样做，但并不是每一位飞行员飞行前都做计算。

　　"我必须好好算一下，"布莱恩告诉乔布斯和马库拉，"我不清楚我们能不能安全地飞行。"

　　这时候乔布斯发火了。布莱恩直到今天还记得当时的情景：

　　　　我还在回想箭头飞机使用手册里说的那些事情，对重量和机翼平衡进行计算。当然，当时很热，大太阳底下我不停出汗，这也增加了压力。而且史蒂夫·乔布斯在我身后看着，就像他看得懂我正在干什么似的，好像要问到底行还是不行。而且他还一直刺激我，说："好吧，你怎么想？你怎么想？我们能走吗？我们能走吗？"

　　　　我当时是个年轻的小瘦猴，看上去像个孩子，而乔布斯

是个……很有威胁性的存在，对吧？他确实是。而我实在是
有点……我很紧张，如果我说我的手没发抖，那可能是在
撒谎。

布莱恩的计算证实了他的直觉。他们或许能飞，但距离危险区
太近，他无法感到安心。他在训练中得到的教导是要留下很大的安
全空间，而那天他们没有安全空间。

他告诉乔布斯和马库拉他们不能飞。乔布斯勃然大怒。他坚持
认为他们可以安全飞行："我们上星期刚刚飞过！"

但布莱恩不肯让步。"你知道，上星期的飞行员不是我，"他告
诉乔布斯，"我不知道当时你们带了多少设备，而且我也不知道当时
的温度和风向风速，我根本不知道上个月的细节。我能告诉你的是，
今天不能飞。"

他这样说话真的很勇敢。马库拉是布莱恩的上司。整个包租飞
行公司都是他的。而且乔布斯是硅谷的巨头人物。说声没问题，然
后往飞机上装东西之后起飞，这样做要容易些。布莱恩这样对抗，
可能会丢掉工作。但他知道，他赌上去的东西比一份工作更重要。
"我宁可活着丢掉工作，也不愿意为了保住工作而让我自己或者任何
人受伤或丧生。"

布莱恩提出了一项建议：他可以飞到附近的蒙特雷机场，那里
的跑道长、温度低、顶头风、没障碍。那里样样事情都对他们有利。
两位乘客只要开车 25 分钟就可以在那里与他会合。

乔布斯大为光火，但在马库拉的劝说下同意了。他们三个人在蒙特雷机场凑到了一起，虽说略有紧张，但还是无惊无险地飞到了圣何塞。全程没有人说话。

刚一着陆，乔布斯便冲出了飞机。当布莱恩往下卸仪器的时候，一位服务人员走到他跟前说："布莱恩，马库拉让你去他的办公室见他。"

"这就来了，我的工作算完了，"布莱恩想，"但我不在乎。我知道我是对的。"在走向马库拉的办公室的路上，他做好了接受最坏结果的准备。

这次会见的情况如下：

马库拉：坐吧，布莱恩……飞这架箭头飞机，我们给你多少工资？

布莱恩：一天 50 美元。

马库拉：很好，任何愿意为安全挺身反抗乔布斯的人，都是我们这里需要的。我们现在给你的工资加倍。没有几个人有这样的勇气和决心，能让乔布斯安分守己，不乱说乱动。我为你骄傲。

当我们与布莱恩说到他那天的经历时，他带着欣喜之情。"整个事件让我大为震惊。我想，如果那天马库拉真的把我开除了并且朝我大喊大叫，或许我今天不会成为航空公司的飞行员。这是我生活之路的分岔口。因为做了正确的事情而受到奖励，这巩固了我坚持这样做的决心。

"当你面对乔布斯时，你很容易就会说好吧，你说啥我就做啥，我们走吧。而且确实有这种情况。时常有这种情况。结果可能就会出事。"

但布莱恩停了下来。他花时间去修改计划。在一个复杂的系统中，这往往正是人们需要做的。停下来，这会给你机会去理解现在的情况，并决定如何改变方针。但我们往往在可以停下时没有停下。即使我们原来的计划不合情理，我们也还是坚持执行。

飞行员称这种做法为照做不误。正式的名称是计划持续偏见，是航空事故中常见的因素。[2] 我们越是接近目的地，这种偏见就越严重。飞行员或许注意到了一些迹象，知道他们应该放弃计划，改飞另一座机场，比如天气变坏或者剩下的燃油不多了，但如果只要再飞 15 分钟就能到达目的地机场，人们很难停下来。

照做不误的想法会影响我们全体，不仅仅是飞行员。我们已经对到达目的地念念不忘，无论"目的地"是一座机场，还是一个大项目的终点。我们没办法停下来，哪怕情况已经发生改变。丹尼尔·特伦布莱（Daniel Tremblay）是加拿大一位年轻的 IT 顾问[3]，他曾有一个项目是开发商用新软件，并在这个项目上经历了"照做不误"偏见。"我们应该知道，不管不顾地向前推进，并不是什么好主意，因为到了项目半程时，我们的反应已经很弱，连不温不火都算不上，"他告诉我们，"就连愿意吃甜头的顾客都告诉我们，这不是什么好主意。"

尽管收到了警示信号，但团队仍然没有停止。"我们觉得已经走得这么近了，"特伦布莱回忆道，"情况就有点像：好了，再坚持两三周，再开几个夜车，我们就完成了。为什么现在停止？"但项目所需的时间多得多，而等结束的时候根本没人想买他们的最终产品。特伦布莱因此丢了工作。"这个项目是一次失败，而我现在也不知道我们当时是怎么想的，"他告诉我们，"就好像我们不能停下，因为我们已经能看到隧道前面的曙光了的那种味道。但为什么我们开始要在隧道里面走这么远呢？"

是否可以避免计划持续偏见？布莱恩·希夫的父亲是一位屡建功勋的飞行员，也是一位航空安全方面的多产作家，布莱恩从很小的时候就知道抗拒照做不误偏见的重要性。但我们怎样才能在一个组织中灌输这样一课呢？

个人经历的反馈当然有帮助。马库拉出其不意的反应成了布莱恩职业生涯中的关键时刻。但如果对他的赞扬是公开进行的，比如向组织中的每个人发出这样的信息，效果会更好。组织研究者凯瑟琳·廷斯利（Catherine Tinsley）、罗宾·迪伦（Robin Dillon）和彼得·马德森（Peter Madsen）分享过这样一个故事[4]：

　　一艘航空母舰上进行了一次作战演习，一位应征入伍的水兵发现，他在甲板上丢失了一件工具。他知道，如果一件遗失的工具被一台喷气式飞机的发动机吸入会造成灾难，他也知道，承认这项错误会让演习停止，他很可能会遭到处罚……但他还是报告了这个错误。演习停下了，所有在空中的飞机转飞陆地上的基地，这造成了相当大的损失。但这个水兵不但没有受到惩处，反而因为勇于报告这件事情而受到指挥官在正式仪式上的赞扬。

一次正式仪式！这真是不可思议。表扬一个犯了愚蠢错误的家伙，这个错误让整个演习泡了汤，还害得大家搜索甲板上的每一寸地方，只为了寻找一件丢失的工具！这会发生在你的组织中吗？你会因为某个人不小心的错误让你停下所有的事情、放弃你的计划而赞扬他吗？

像这样的象征性仪式可以传递一个强有力的信息：如果你看到了继续进行会带来问题，那就停下来，或者告诉你的上司和同事停下来。在一个复杂的、紧密耦合的系统中，停下来可以防止灾难，让我们注意到未曾预料到的威胁，在情况脱离掌控之前找出应对之法。

但在有些情况下，停止不是一个选项。我们所对付的系统的耦合程度可能如此紧密，以至于如果贸然停止，整个系统将会立即分崩离析。但是有些情况下，比如一次关键性的手术中间，试图控制失控的核反应堆或失速的飞机时，我们无法停止。那我们又该怎么办呢？

Ⅱ

一个有既往哮喘病史的小男孩被送进了中西部一家儿童医院的急诊室[5]。他呼吸困难，情况越来越严重。到达医院后几分钟，他的呼吸就完全停止了。在创伤手术台上，一位医生把一个袋装面罩覆盖在这个男孩的脸上，并开始挤压袋子，迫使空气进入他的肺部。但是男孩的脉搏也突然停止了。急救团队的 3 名医生和 5 名护士开始做心肺复苏术，但一分半钟后仍然没有脉搏，而袋装面罩似乎也不起作用。男孩的胸部就是没有起伏。急救团队十分困惑。这孩子是怎么了？

他们把管子插进了男孩的身体，沿着他的喉咙插了一根呼吸管道。那位插入管道的医生能够看到，它完美地通过了声带。管道处于正确的位置，没有任何东西堵塞男孩的气管。但几分钟过去了，孩子的胸部还是没有起伏。"什么也没发生。"一位护士说。

急救团体拔出了管道，又开始使用袋装面罩。但即使他们挤压面罩，孩子的胸部还是不动。不起不伏。时钟在嘀嗒作响，急救团队束手无策。他们最后决定使用心脏电击器。但男孩还是没有脉搏，胸部动也不动。"我们无能为力。"其中的一位医生说。就这样又过了三分钟。

最后，一位护士想起了一个帮助记忆的符号，其中举出了所有供氧失败的原因：DOPE。D 代表管道位移或者错位（displacement），但管道的位置正确；O 代表障碍（obstruction），即有东西妨碍了管道，但看上去也不是这种情况；P代表气胸（pneumothorax），即肺部萎陷，但团队已经排除了这一点。那就只剩下一种可能性了。"E，设备（equipment）！"那位护士喊出了声，"我们的设备出了问题！"

她是对的。那个袋装面罩（医护人员的简称是"口袋"）坏了。尽管看上去没问题，但它却不能提供氧气。然而团队搞清楚是怎么回事并更换口袋时，男孩已经处于没有氧气的状态超过十分钟了。如果是在现实生活中，他已经死了。幸运的是，这只是一次模拟，是医院为了训练急诊室团队搞的模拟计划的一部分。病人不是一个真人男孩，而是一个与一台庞大的计算机连接的医学人体模型，那台计算机模拟了真正的病人的生理反应。

所有的团队都以相同的情况开始：人们把一个有哮喘病既往病史的男孩送进了医院，最后他停止了呼吸。而所有的团队都遇到了同样的意外：袋装面罩坏了。但只有部分团队足够迅速地解决了问题。

这一模拟涉及大量紧密耦合状况与复杂性。时间不等人，而且因为病人失去了知觉，急救团队必须依赖他们能够看到、听到与感觉到的东西来找出问题所在。而所有的团队都面临着同样的意外事件，这一模拟提供了一个数据宝库，反映了不同的团队在压力下是如何处理复杂危机的。

那么，成功的团队如何找到了设备问题并挽救了男孩的生命呢？他们与失败的团队之间有什么差别？马里斯·克里斯蒂安松（Marlys Christianson）是在多伦多大学工作的一位管理学学者，医师转行。

为了找出答案，她仔细分析了这些团队的表现。

有几个团队非常迅速地找到了答案，例如有一个团队的成员刚好一下子就注意到那只口袋，他说无论声音或者感觉都不对劲。"这些团队很幸运，因为它们刚好在正确的时间、正确的地点有正确的成员，"克里斯蒂安松告诉我们，"最快的那个团队中的一位护士在口袋上挤压了两次之后说：'口袋坏了！'于是他一把将口袋朝脑后一丢——它像一只气球一样飞了出去，掉在地板上——然后抓起了一个新口袋。"

但大部分团队未能立即找出答案。他们错失了一些线索，并沿着错误的路径走了下去，这是我们在危急时刻常有的表现。而且，最终这些团队中大约只有一半能够反思他们错误的开端。其他的团队从未发现口袋是破的。

是什么造成了这样的差别？克里斯蒂安松是这样说的：

> 看上去很重要的是，一个团队是否能够在照顾病人和合理分析工作状况之间找到平衡点。显然，各个团队需要连续不停地执行他们的抢救任务，如复苏和给药，因此，不时停下来考虑形势不是个好主意。但是，仅仅关注抢救本身而不去分析状况也同样不好。有些团队真的只专注于一项或者另一项。

与此相反，最好的团队找到了平衡点。[6] "他们不仅仅专注抢救任务，也会做一些反思：'我们能不能退回去一下子？你不觉得什么地方有点问题吗？让我们核对一下我们做到什么地步了吧！'"克里斯蒂安松这样告诉我们，"这些团队最令人吃惊的是他们具有这样一种模式，即从抢救任务到监控到诊断，然后又回到抢救任务，这样循环。"

克里斯蒂安松描述的这种循环经常以抢救任务开始，如为病人插管子。下一步是监控：检查执行的抢救任务是否起到了预期的效果。如果没有，你将进入下一个步骤，得出一个可能的新诊断。接着你又回去执行抢救任务，你需要做些什么，例如给药或者更换口袋，以此检验你的新理论。

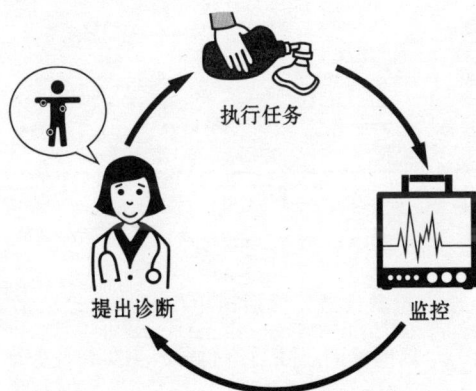

"如果你检查那些效率高的团队，就会发现他们全都有这种循环，而且经常迅速地在不同的诊断之间移动，多次循环，"克里斯蒂

安松告诉我们，"这是快速的循环，你在所有这些步骤上快速运动，于是你能够在短期内检测多种诊断。"

如果团队成员能够在执行每个步骤时叙述他们的想法和所做的事情，则迅速的循环会运行得更加出色。"在一些最好的团队身上，"克里斯蒂安松指出，"人们会发声：'嘿，如果这人有这种问题，我们就会看到这种变化，例如在血压和氧饱和度上看出来。'"这种鲜活的叙述让人人都清楚其他人是怎么想的，这能帮助团队迅速地走向下一个步骤。

在解决了问题的团队中，有一种类似下图的典型谈话次序，其中实心圆点代表关于抢救任务、监控或者诊断的谈话：

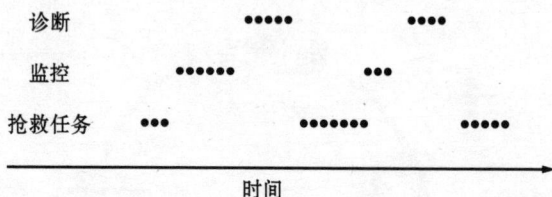

诊断	●●●●●	●●●●
监控	●●●●●●	●●●
抢救任务	●●● ●●●●●●●	●●●●●

时间

这些团队谈论抢救任务，然后讨论他们从监控结果中看到了什么，然后拿出一个新的诊断。随后他们再回头执行任务。

但许多团队未能完成这种循环。"那些做得不好的团队经常用相当长的时间谈论抢救任务，"克里斯蒂安松说，"或者他们根本没有走到诊断这一步，他们只是在执行抢救任务、监控，然后回去接着执行抢救任务。所以他们从来没有弄清楚是怎么回事。"

在上述医院模拟中,时间以秒计、以分计。但克里斯蒂安松的发现,甚至对那些时间以周计、以月计的状况也有某些指导意义。如果你曾参与某个紧张的大项目,你就会知道,人们会怎样被大量任务压倒。我们总会面临紧急情况和紧张的截止期限。一旦你完成了一项任务,下一个截止期限又压了过来。你永远没有时间停下来,这很容易让你看不到全局,只能一直埋头干活,集中精力做任务,并且往前赶。

还记得塔吉特加拿大吗?正像商业记者乔伊·卡斯塔尔多所说的那样:"人人都知道,一旦商店开业惨败,公司应该停止再开新店,这样它才能解决自己的经营问题,但没有谁真的说出这句话。"[7]他们只专注于手头上的任务并继续前进,这与从来没有发现口袋破损的急诊团队是一样的。

但也有一个更好的办法。让我们考虑一下那些进入中国的外国公司。据专家估计,将近一半的外国公司在进入中国的两年内退出了。这是一个惨淡的统计数字,但这掩盖了一项重要事实。"长远地说,这些公司中有些并没有失败,"[8]专攻中国问题的管理学教授克里斯·马奎斯(Chris Marquis)指出,"包括大的跨国公司在内,许多公司早期犯了错误,蒙受了重大损失,甚至可能被迫退出,但其中有些公司却能够重整旗鼓,调整他们的方式。"

以美国玩具制造商美泰公司(Mattel)为例,他们曾于2009年在上海开办了一家一流的芭比娃娃商店。这个千万美元级的芭比之家是一座六层楼的艳粉色建筑物,驻扎了世界上最大的芭比娃娃大军。但商店举步维艰，两年后惨淡收场。马奎斯和他的合著者杨一婧（Zoe Yang）是这样说的：

> 这家公司带着融入当地市场的一切美好愿望落户上海，他们开发了一款具有亚洲特色的娃娃，取名"玲"（Ling）。然而，公司的市场研究人员未能预料到，与外貌更像她们自己的娃娃相比，中国女孩更喜欢金发白肤的芭比娃娃。[9]

这是一个令人不愉快的意外。就像急诊室中的袋装面罩一样，人们本来以为，以芭比娃娃"玲"为中心的战略应该能够奏效。

但美泰并没有坚持在错误的道路上走下去。高管们使用了一种方法，类似于克里斯蒂安松在医院模拟中注意到的所谓"循环"。他们对形势进行了监控，当清楚地发现自己对情况估计有误时，他们对市场做了新的评估，这就相当于新的诊断。然后他们再次进入中国，测试这一诊断。这一次美泰降低了娃娃的价格，并引入了一个"小提琴独奏家"芭比，是一款带着小提琴、琴弓和活页乐谱登场的金发白肤的芭比娃娃。

新的价格让更多家长能够接受，带着小提琴的芭比也同样如此。"美泰开始明白，中国家长想要他们的孩子得到良好的教育和精心的照料，"[10]中国消费趋势专家王海伦（Helen Wang）注意到，"'小提琴独奏家'芭比当然融入了这种心态。虎妈们更喜欢买这样的娃娃，希望她们的女儿像这个娃娃一样。"

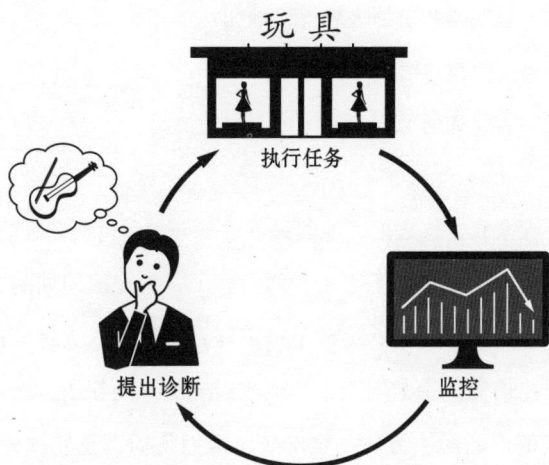

玩 具

执行任务

监控

提出诊断

　　尽管其他大公司在最初的挫败之后离开了中国，但美泰并没有放弃，也没有坚持自己最初的诊断。正如医院里那些最好的团队一样，一直在按照循环中的步骤走下去。

　　这种过程也有助于现代家庭生活。"4个孩子和8只宠物的家庭，生活一片混乱。"戴维·斯塔尔和埃莉诺·斯塔尔（David and Eleanor Starrs）发表了一篇题为"家庭的活泼实践：孩子与家长的迭代实验"的古怪文章[11]，他们在其中这样写道。斯塔尔夫妇多年来便在孩子、外套、宠物和午饭盒子的旋涡中挣扎。例如，想让孩子们做好上学的准备，却往往变成一场噩梦。但他们没有甘于现状，而是决定稍退一步。他们开始在每个星期日晚上举行家庭会议。而这改变了一切。

　　每次会议都由三个问题开始：

1. 这个星期哪些事情进展得很顺利？

2. 下周需要改进哪些事情？

3. 我们需要如何努力才能改进下周的情况？

在引入家庭会议之前，他们只不过是努力应付摆在眼前的任务。但现在他们可以做更多的事了，他们有了一种完成周期的方式。他们观察哪些事情干得好，哪些干得不好，哪些可以改进。每个星期他们都监控局势，诊断问题，尝试他们想出来的新招。而且他们并没有假定他们的解决方法一定奏效，他们每周都重复这样的循环。为此他们尝试了许多解决方法，从早上的检查清单到奖励良好表现的功劳点，而且还不断改善他们的系统。斯塔尔夫妇找出的解决方式可能看上去理所当然，我们中许多人自己也曾尝试使用过这些方法。但成败在于细节。通过使用这种循环，斯塔尔夫妇能够驾驭这些细节。

在斯塔尔夫妇开始他们的实验之后几年，《纽约时报》专栏作家布鲁斯·菲乐尔（Bruce Feiler）访问了这个家庭。他看到了许多家长羡慕不已的场景：埃莉诺坐在一张躺椅上，边喝咖啡边和孩子们闲聊，孩子们井井有条地做早上上学前的准备。他们自己准备早饭，喂宠物，干自己的活，准备好上学该带的东西，然后出门搭公共汽车。菲乐尔情不自禁地惊叹："这是我见到的最令人吃惊的家庭运作之一。" [12]

就像急诊团队与公司一样，现代家庭并不知道一切事情的答案。

但它们确实拥有一种能力，可以解决问题，从中观察哪些做法奏效并进一步评价。这是同样的迭代过程，但我们并不是在评估生命迹象或者销售数字，而是在检查我们自己生活中的事情。[13]

Ⅲ

特警小分队花了大量时间准备这次行动。[14]首先，警官们尽量弄清他们能够找到的有关这处疑为毒品窝的所有情况。他们研究了所有能够得到的照片、视频和房屋的楼层平面图。他们记住了每间房子、每个转弯。然后他们对如何进入建筑物，进入后每个人应该如何行动做了周密计划。他们反复预演，改进了计划，直到所有细节都一清二楚。行动当天，他们已经做好了准备。但当他们撞开门时，他们发现还是漏掉了什么。里面看上去跟楼层平面图不一样。嫌犯们改变了布局，所以房间与他们想象中的不一样。这真是令人厌恶的意外。一位警官后来回忆道："你认为是走廊的地方变成了墙。"

在一部独立恐怖影片中有这样一段：演员们做好了准备，要拍摄一个震撼人心的杀人场面。在一处大豪宅的顶层，一位受害者将在掉进一个热水浴缸时被电死。但他们忘记了一个关键细节。他们把浴缸装满了水。于是，当演员掉进去时，里面的水漫出来流在地板上，然后顺着玻璃大吊灯像瀑布一般在豪宅的入口通道上倾泻而下。一位制片助理对着他的步话机大喊大叫："我在一楼，有水落在我的头上！"然后整座豪宅一片漆黑。整个建筑物的电源都被水弄短路了。

　　特警队与电影摄制组总是在处理意外。而当出乎意料的事情发生时，他们不会停止。如果一座房子的格局不同于预料，特警队的警官们仍能向前推进。断了电时，电影摄制组可以考虑如何尽快地重新开拍。在这些领域内，意外是工作的正常部分，而这些人是处理意外的个中高手。他们是怎样做的呢？

　　为了回答这个问题，管理学学者贝丝·贝希奇（Beth Bechky）和赫拉尔多·奥克霍伊森（Gerardo Okhuysen）仔细挖掘了特警队和几个电影摄制组的习惯。奥克霍伊森前去与特警队警官面谈，并在要领简介和训练时在一旁观察。而贝希奇则像一位制片助理那样悄然行动，她会在影片的布景中间走动，将她观察到的一切记下来。

　　当比较他们各自的笔记时，这两位研究人员发现了一个共同的线索。在这两种情况下，人们痛痛快快地转换角色，处理意外。让我们考虑一下特警小分队会怎样处理上述的意外吧：他们闯入一所房子，但却发现了未曾预料的状况。下面是研究人员的描述[15]：

　　　　（特警队警官）格伦（Glenn）描述了当小分队在冲击路径上意外出现一个长沙发的情形。通常，进袭小分队的带头警官会冲向前去，以得到最大的掩护。在这种情况下，长沙发是一个危险的障碍，因为正如格伦说的那样："有人可能会在沙发的另一边伏击我们。"接着他描述了团队是怎样通过角色转换处理这种意外的。他们并没有像原来计划的那样冲向右方，而是由格伦冲向左方，并占据能够用火力"压制"长沙发的有利地形。彼得是冲击的第二波，他本来的角色是向左冲，但他立即改变方向，在格伦的掩护下冲向右方包抄沙发，执行了原来由格伦担负的任务。

换言之，团队立即改变了计划。而这一快速的角色转换并不需要任何语言交流。彼得清楚地知道格伦原来的任务是什么。就像格伦说的那样："我们知道每个人应该做什么。"

角色转换在电影摄制组中也是普遍现象。由于意外，有时摄制组无法在当天拍摄他们计划拍摄的场景，还有一些时候，由于关键成员因病或者紧急情况缺席，这时摄制组会转换拍摄不同的场景，这需要人们灵活地变换工作。拍摄过程中的每一天都代价高昂，而且拍摄计划编排得如此紧张，所以他们的拍摄不能停下。

下面是一个发人深省的故事，是贝希奇从两位摄制组成员那里听来的，他们上个周末在一个水库拍摄了一段商业广告[16]：

　　（两位成员之一）受聘担任布景制作助理，但最后也干上了后勤服务的活，而另一位受聘担任助理制片办公室协调员，但他也当上了驾驶员（这通常是分配给卡车驾驶员的工作）。第三位摄制组成员完成了整个美术部门的任务，另外还给布景部门临时补缺。其中一人是这样描述的："有一天下午，他们就是那么看了他一眼，接着说：'我们需要你现在就去弄点池塘上的绿藻。'"

不管你的工作头衔是什么，你现在就去弄点池塘绿藻来！

在另一个摄制组中，一位航空摄影操作员没来上班。[17] 摄制工作不得不停顿了下来，但也没停下来多久。"你们谁能用这台摄影机？"摄影师问大家。这时有个摄制组成员说他能，结果他就成了航空摄影操作员。当然，这就意味着他原来的工作没人做了。但马上另一个人接上去补了他的位置，于是拍摄就开始了。

不过，角色转换说起来容易做起来难。很显然，这需要一个团队里有好几个人知道如何做某个特定任务。但这也意味着，每个人都需要明白，不同的任务是怎样与更大的整体工作契合的。

在制片行业中，这种知识经常来自人们在自己职业生涯中的自然进步。许多职场新秀从制片助理开始做，承担过跨越不同部门的任务，从服装到照明到音响，在短短几个月里经历许多项目的不同部门。正如一位制片协调人所说的："如果我想搞制片，我就要走这条路。如果不搞制片，而是想成为助理导演（AD），那我也得走这条路。作为制片协调人，好多活都会找到你，所以你得能干好多事。"[18]

特警队能够通过类似的交叉训练完成任务，他们对此做出了特殊的解释。例如，新警官需要学习如何使用狙击步枪和瞄准具，即使他们并不打算成为狙击手。他们不需要成为射击专家，但他们需要明白，狙击手的眼睛会看到什么，以及他们是如何工作的。就像一位特警队教练说的那样："人们期待你知道其他所有人干的活。"[19]

知道其他所有人干的活？我们通常可不是这么做事的。事实上刚好与此相反。蒂姆·布朗（Tim Brown）是著名的设计顾问公司 IDEO 的 CEO，下面是他的一个简洁的诊断[20]：

> 大部分公司都有掌握了不同技巧的大批员工……问题是，当你为解决一个问题把人聚到一起工作时，如果他们只有各自拥有的那些技巧，则让他们合作十分不易。往往会出现的情况是，每个部门代表它自己的观点。结果这通常会成为桌面上的一种谈判，看哪一个部门的观点获胜，而这时你就会得到灰色的妥协。在这里，你能得到的最佳结果是所有观点的最小公约数，即最低标准的共同点。这些结果永远都算不上好，最多只能是平均数。

最多只能是平均数，听起来不是灾难。而在正常情况下，这可能不会是灾难。但当缺乏交叉训练的各个团队面临一个复杂系统时，则可能出现灾难性结果。这就是纳斯达克股票市场在脸谱网首次公开募股（IPO）后学到的东西。[21] 看看下面的大字标题吧：

- 脸谱网 IPO：到底出了什么怪事？
- 纳斯达克因脸谱网 IPO 而尴尬
- 纳斯达克的混乱分分钟吞噬了脸谱网的 IPO

- 纳斯达克："傲慢"促成了脸谱网 IPO 惨败

在首发上市前几周，银行家便在国内四处路演，吹捧脸谱网股票。脸谱网最后定价超过 1 000 亿美元。作为脸谱网的主要上市交易所，纳斯达克花费了几周时间测试他们的系统，以保证能够应付 IPO 史上最繁忙的一天。

2012 年 5 月 18 日上午 11 时 5 分整，这是纳斯达克计划执行脸谱网股票第一次交易的时间。它将利用一个被称为开盘集合竞价（opening cross）的过程。这种竞价有点像拍卖，买家与卖家输入订单，纳斯达克计算出一个尽可能让更多股票易手的价格。

就在距离交易开始越来越近的时候，数十万订单如同潮水般涌入，就像在一次赛马比赛前的赌徒大军，他们试图在发令枪声响起之前下注。但当 11：05 到来之际，什么事情都没有发生，谁也不知道什么原因。

就在这数十亿美金悬空静置等待花落谁家、人们的焦点全都聚焦于此的时候，纳斯达克的经理乱作一团，正在全力诊断这一问题。他们紧急召集应急电话会议寻求解决办法。但他们并不真正懂得其中的科技是如何运作的，这时的纳斯达克显然面临技术崩溃。几分钟后，一组并没有参加电话会议的程序员大大缩小了搜索范围，聚焦在一个叫作"有效性核查"的问题上。

许多年前，程序员写下这一交易系统的程序时，在其中加入了一个有效性核查。这是一个安全措施，它可以独立计算开放式集合竞价过程中有多少股票参与交易。5 月 18 日，交易程序和有效性核查之间无法匹配，因此交易无法开始。

工程师的上司是管理交易科技团队的高级副总裁（SVP），他们向他通报了这一发现。在此之前，这位高级副总裁连听都没听说过有效性核查这回事。但他把有关这一问题的描述传达给了其他管理者。参加电话会议的地位最高的纳斯达克高管让他核实，这些程序员是否能够让这次开盘集合竞价运行。

下面是美国证券交易委员会对随后发生的事件的描述[22]：

> 首先，纳斯达克试图改变在它的 IPO 集合竞价系统中的指令，用以推翻这一有效性核查。这一尝试未能成功。接着，工程师们向（那位 SVP）提出报告，认为如果……（他们）删掉几行有效性核查功能的代码，纳斯达克就能顺利完成集合竞价。

这是一个相当极端的解决方法。尽管任何经理都不明白为什么有效性核查会让集合竞价无法进行，但他们想要程序员在匆忙间改变这一系统，避开核查。

5 分钟后，程序员删掉了核查，交易开始了。但纳斯达克的系统复杂得难以想象，而这一权宜之计造成了一系列未曾预料到的故障。事实证明，有效性核查是正确的：软件中有一个漏洞，它让开盘集合竞价在 20 多分钟的时间里没有理会订单。20 多分钟，在华尔街，这就是永恒。在交易开始时，人们买进了价值 30 亿美元的脸谱网股票。但在好多个小时里，纳斯达克甚至无法确定每个投资者购买了多少股。交易者为数亿美元的损失责备纳斯达克。尽管法律禁止纳斯达克本身买卖股票，但它却在无意间卖出了价值 1.25 亿美元的脸谱网股票。这一失误让纳斯达克遭受法律诉讼、罚款和嘲笑。

特警队警官接受过狙击枪方面的训练，这让他们明白狙击手会看到什么。而且他们的教练告诉他们，他们必须了解所有其他人的工作。纳斯达克的管理者也需要这种训练。他们不需要成为程序员，他们也不需要能够为有效性核查编写计算机代码。但他们确实需要明白它是什么东西，以及为什么不应该绕过它。

特警队：你认为是走廊的地方变成了墙。

纳斯达克：你想要交易的时候出现了有效性核查。

特警队找出了如何绕过墙的方法。纳斯达克管理者试图穿墙而过。

结语　大崩溃的黄金时代

"走向不可避免的灾难。"

在第一次世界大战的余波中，W. B. 叶芝（W. B. Yeats）写下了他著名的末日天启式诗篇[1]，"第二次圣临"（The Second Coming）。近年来，报纸和社交媒体越来越喜欢引用这首诗，而这首诗第一节特别受人青睐：

在不断扩展的循环中旋转、旋转
猎鹰已听不到驯鹰者的呼唤；
万物都已解体，中心难再维系；
世界一片混沌，
血染的潮流横溢，到处
都有纯洁的礼仪被淹没；
好人都缺乏信念，而坏人
却狂热到极点

人们在提到恐怖袭击、经济危机、政治动乱、气候变化和瘟疫蔓延时引用这些诗行。就像《华尔街日报》说的,这首诗给我们一种"高雅的表达方式,用来传达一种'世界正在走向不可避免的灾难'的意思"。[2]

这个世界看上去当然有那种意思,尤其是当你阅读本书的时候!但真实的情况更为微妙。正如史蒂芬·平克(Steven Pinker)和安德鲁·麦克(Andrew Mack)指出的那样:"新闻讲述的是发生了的事情,而不是没有发生的事情。"[3]没出事的航班或者平静的钻井平台不会成为新闻大标题。"人的头脑是通过它们能够轻松回忆的例子来估计可能性的,"平克和麦克解释道,"因此,阅读新闻的人总是觉得,他们生活在一个危险的世界中。"

这并不是说今天的情况变糟了,其实只是情况不同了。在过去半个世纪中,人类已经扩展了他们的科技疆界。我们已经驾驭了核动力,深入地壳寻找更多的石油,并开发了全球金融系统。这些系统让我们获得了庞大的能力。但它们也把我们带入了危险区,而一旦系统崩溃,它们会让人死亡,摧毁环境[4],让经济动荡[5]。这并不是说我们正处于一种日常的不安全中,而是说我们在出乎意料的系统崩溃面前更加脆弱。

不妨以医院为例。还记得几乎让巴勃罗·加西亚丧生的那次过量配药吗?这是处方计算机化、药房机器人和床边条形码扫描仪造成的。那个系统排除了潦草的手书和精力不集中的护士造成的错误。但它也打开了通往可怕意外的大门。

或者想一想无人驾驶汽车。它们几乎肯定会比人类驾驶员更安全。它们会排除疲倦、精神不集中和酒驾造成的事故。而且，如果它们运行良好，它们也不会犯人类会犯的愚蠢错误，比如在另一辆车处于我们的盲点时改换车道。但与此同时，黑客行为或者工程师未曾预料到的系统内部相互作用，会让它们发生故障。

正如我们已经在本书中看到的那样，我们有解决的办法。我们可以设计更安全的系统，做出更好的决策，注意警示信号，从多元化和异见者的建议中学习。这些解决方法有些非常明显：当你面临艰难决策时使用结构化决策工具；从较小的失败中吸取教训，避免大的失败；建立多元化的团队，倾听怀疑者的声音；还有要建立透明的系统，让其中带有大量松动空间。没啥惊人之处，对吧？

然而，这些解决办法很少用于实际工作，甚至面对巨大的挑战，我们也依然忽视它们。我们在恶劣环境下依然相信直觉。我们不理会别人的担心和意见，没有对有关气候变化、饥馑和即将到来的恐怖主义袭击的警示信号采取行动。[6] 单一化的团队管理着我们最重要的金融机构、政府机构和军事组织。[7] 我们的食物供应链比过去任何时候都更复杂，更不透明。[8] 甚至在最危险的系统内，比如我们如何管理和储存核武器，这些复杂性和紧密耦合也让出事的概率大为增加。[9]

说近一些，你的团队或者组织是否完全接受了我们在本书中的想法？如果是这样，那就太好了。但我们想，你的回答会是"没有"，或者"不完全"，而你也就失去了一个机会，因为本书的许多解决方法并不要求庞大的预算或者高精尖的科技。我们全都可以做事前检验，使用事先确定的标准，用 SPIES 法做出预测。我们全都可以用培洛的矩阵来找出我们的组织或者项目的哪一部分最有可能遭遇严重的意外，以及我们可以怎样对付它们。我们可以更注重倾听怀疑者的意见，并在感到情况不妙的时候说出自己的想法。你不必做CEO，也能让事情有所改进。而且这些方法甚至在我们的个人生活中也有用处，比如选择在哪里居住，选择哪份工作以及家庭如何有序运转。

我们应该在听取警示信号、鼓励异见和采取多元化方面加强学习，这一点或许很明显，但如何有效地做这一切就远没有如此明显了。将这些方法运用于实践可能非常艰难；它时常不符合我们的自然本能。我们往往特别重视直觉和自信，想听好消息，在与看上去和我们相似，思想也和我们相似的人在一起时感到舒服。但管理复杂的、内部成分相互耦合的系统需要的是其反面——仔细地、谨慎地做出决策，让大家都知道坏消息，强调怀疑、异见和多元化。

人们对抗这些想法的原因之一，是他们假定避免失败意味着承担较小的风险，他们假定防止崩溃需要牺牲创新和效率。这其中确有权衡。在系统中加上松动空间，或者为了减少复杂性而重新设计，都可能意味着更高的支出和较低的性能。但是在考虑花销、益处和风险时，清楚地谈论这些权衡，并用复杂性和耦合作为基本参数，这样的做法极有价值。

然而，有助于我们管理复杂系统的事物并不总涉及痛苦的权衡。事实上，现在有许多研究表明，我们在这本书中介绍的这些解决办法，有好多有助于加强而不是压制革新和生产率，如结构性决策工具、多元化团队、将鼓励健康的怀疑精神和异见作为标准等。[10] 采用这些方法能够做到双赢。

这就是我们决定写这本书的原因。我们想要人们意识到，防止崩溃是他们能把握的事情。

人类在中世纪面临过一次严重的威胁。[11]1347 年 10 月，一大队商船来到了西西里岛。船上大部分水手都死了，没死的人也不断咳嗽、吐血。还有些商船在进港之前在海上兜圈子，因为船上所有人都死了。这就是黑死病的开始。这是一种传染病，它将继续传播，杀死几千万人。这种疾病起源于亚洲，沿着丝绸之路，随着商人和蒙古铁骑向西传播。蒙古军队利用它作为武器，用弩炮把染病者的尸体越过他们围困的商业城市的城墙弹射进去。[12] 这种传染病很快便传播到了非洲和中东。

世界已经成熟到了足以让这种疾病四处传播的程度。[13] 新的贸易通道连接了城市，鼓励人类四处活动。人类居住的地区从来没有如此接近。而此后好多个世纪中，人类都没有发展出抗生素、流行病学、卫生设备或者疾病细菌理论。这就是一位历史学家口中的"细菌的黄金时代"[14]。面对流行病我们十分脆弱，而我们理解它们的能力远远落后，更遑论防止它们的能力了。

今天，我们处于系统性崩溃的黄金时代。我们的系统越来越多地进入了危险区，但我们管理它们的能力还没有跟上来，于是让事物四分五裂。

但时代在改变。我们现在知道如何让系统性崩溃的黄金时代走向末路。我们只需要有信念去尝试。

致 谢

一本书是一个复杂的系统。句子和段落形成了一个精密的网络。如果作者在错误的地方使用叙述，它的丝线很容易让结构散架。尽管与许多其他系统相比，书籍的撰写中含有更多的松动之处，但其中也存在着一些紧密耦合。很难发现不小心删除的采访文稿，这些错误在截止期限后很难追补回来。为了避免崩溃，作者无法孤军作战：他们需要依赖陌生人的反馈，从不同的观点中学习，倾听不同意见的声音。

幸运的是，我们有以安·戈道夫（Ann Godoff）和斯考特·莫耶斯（Scott Moyers）为首的企鹅出版社这样一个神奇的团队，他们帮助我们穿过了写作的复杂险滩。我们极不寻常的编辑艾米丽·坎宁安（Emily Cunningham）为我们提供了清晰的反馈、温馨的指点和坚定的支持。她教会了我们如何为广泛的受众书写，并对这本书的方向有着深刻的影响。詹妮弗·艾克（Jennifer Eck）、梅根·格里蒂（Megan Gerrity）、凯伦·迈耶（Karen Mayer）和克莱尔·瓦卡罗（Claire Vaccaro）以极大的关切、专业知识和职业精神引导着本书，直至出版。马特·博伊德（Matt Boyd）、莎拉·哈特森（Sarah Hutson）和格蕾丝·费希尔（Grace Fisher）是本书坚定的支持者，他们不知疲倦地向人们广泛宣传它的存在。再向北方多走几英里，企鹅加拿大的黛安·特巴德（Diane Turbide）是为我们提供灵感、鼓励和明悟的源泉，而她的同事弗朗西丝·贝德福德（Frances Bedford）和卡拉·卡恩多夫（Kara Carnduff）则像一个天衣无缝的团队一样，为推广这本书在加拿大工作。

怀利代理（Wylie Agency）的克里斯蒂娜·莫尔（Kristina Moore）和詹姆斯·普伦（James Pullen）对我们最初的想法给出了珍贵的反馈，并为给这本书找到优秀的出版商而不知疲倦地工作。我们要特别感谢詹姆斯，因为他很早就表达了对我们的工作的兴趣，并建议将书名定为《崩溃》（*Meltdown*）。

我们感谢《金融时报》和麦肯锡公司，它们的布莱肯·鲍尔奖（Bracken Bower Prize）给了我们写作的最初激励。我们也感谢竞赛的评判员文迪·班加（Vindi Banga）、琳达·格拉顿（Lynda Gratton）、乔玛·奥利拉（Jorma Ollila）和斯蒂芬·罗宾（Stephen Rubin），他们看到了我们的建议的价值。这一奖项让我们得以进入一个以前我们只能景仰的思想家社区。安德鲁·希尔（Andrew Hill）、多米尼克·巴顿（Dominic Barton）、莱昂内尔·巴贝尔（Lionel Barber）和安妮-玛丽·斯劳特（Anne-Marie Slaughter）是对我们的支持与鼓励的巨大源泉。马丁·福特（Martin Ford）和肖恩·希尔科夫（Sean Silcoff）阅读了最初的草稿，并不辞辛苦地写下了详细的评论，它们极大地改善了本书。在如何与出版界交流方面，迪克·塞勒（Dick Thaler）给了我们明智的建议。

多伦多大学罗特曼管理学院对我们的写作帮助良多。学院两位院长都是这本书的早期推荐人。罗杰·马丁（Roger Martin）是一位极其慷慨的良师益友，他写过 10 部著作，也只有他才能给予我们属于他自己的独特建议。蒂夫·麦克勒姆（Tiff Macklem）永不止歇地向我们提供鼓励和有见地的问题，而他在全球经济危机中汲取的教训启发了我们写下第 10 章。安德拉什在罗德曼学院的同事们创造了一个工作与思考的神奇社团，我们还从学习"组织的灾难性失败"这门课程的学生那里学到了大量东西，并分享了他们在课堂上的明悟。

说到对这本书的持续热情，很少有人能达到肯·麦古芬（Ken McGuffin）、史蒂夫·阿伦贝格（Steve Arenburg）和罗德·洛因（Rod Lohin）的程度。2015 年，正是肯鼓励我们申请布莱肯·鲍尔奖。一年后，史蒂夫组织了一次公开演讲，它给了我们一次机会，从分散的听众那里得到了重要的早期反馈。在第一次听到我们的想法时，罗德便看到了它的潜力，而在他的指导下，麦克尔·李－秦氏家族企业公民研究所（Michael Lee-Chin Family Institute for Corporate Citizenship）慷慨解囊，为我们的研究提供了资金。

许多人对我们的写作和草稿提出了极有见地的反馈。亚当·格兰特（Adam Grant）鼓励我们专注于解决办法并在我们的例子中增加日常灾难。安德烈亚·欧文斯（Andrea Ovans）对我们的想法在管理上的含义提出了非凡的见解。我们的朋友马修·克拉克（Matthew Clark）与乔纳森·沃斯（Jonathan Worth）一直为我们提供温和的鼓励与有用的问题，而马修给我们的建议提出了评论，也让这些建议发生了深刻的转变。他有一双锐利而又明断的眼睛，指引着我们沿着正确的方向前进，并帮助我们提高了对系统的专注程度。乔伊·拜德勒克(Joe Badaracco)、杰克·贝基克(Vjeko Begic)、亚历克斯·柏林（Alex Berlin）、尤尔亚·博马什（Illya Bomas）、汤姆·卡拉格（Tom Callaghan）、凯伦·克里斯忝森（Karen Christensen）、卡拉·菲茨西蒙斯（Kara Fitzsimmons）、安德里亚·弗洛莱斯（Andrea Flores）、理查德·弗罗里达(Richard Florida)、帕特里夏·弗(Patricia Foo)、杰克·加拉格尔（Jack Gallagher）、乔舒亚·甘斯（Joshua Gans）、安迪·格林伯格（Andy Greenberg）、亚历克斯·古斯（Alex Guth）、克雷·卡明斯基（Clay Kaminsky）、莎拉·卡普兰（Sarah Kaplan）、卡尔·凯（Carl Kay）、艾德·库贝克（Ed Koubek）、托尔·克雷夫（Tor Krever）、因娜·利维茨（Inna Livitz）、杰米·马尔顿(Jamie Malton)、西蒙娜·马尔顿(Simona Malton)、尼科尔·马丁（Nicole Martin）、保罗·马里兹（Paul Mariz）、克里斯·马奎斯（Chris Marquis）、戴维·迈耶（David Mayer）、杰西卡·莫菲特·罗斯(Jessica Moffett Rose)、帕特·欧布莱恩(Pat O'Brien)、伊欧根·欧多尼尔（Eoghan O'Donnell）、吉姆·珀内尔（Kim Pernell）、托姆·罗斯（Thom Rose）、希瑟·罗斯曼（Heather Rothman）、莫林·萨纳（Maureen Sarna）、茱莉亚·特瓦罗格（Julia Twarog）、吉姆·韦瑟罗尔（Jim Weatherall）、马特·韦恩斯多克（Matt Weinstock）和米歇尔·乌克（Michele Wucker）都曾提供了支持与有用的反馈。我们也愿借此机会向 NASA 喷气推进实验室的联合工程委员会的投入，和拨冗阅读并给予反馈的布莱恩·缪尔黑德（Brian Muirhead）、巴拉特·楚达萨马、克里斯·琼斯（Chris Jones）和霍华德·艾森（Howard Eisen）表示谢意。安东·娄克霍维茨（Anton Ioukhnovets）为本书创作了插图，克里斯托弗·金（Christopher King）设计了封面，我们向他们致以谢意。

　　我们向与我们分享了自己智慧的研究人员、事故调查者以及许多其他英雄致以深切的谢意。我们有幸向他们学习。我们在书中引用了或者在注释中提到了他们，但我们尤其希望对其中的三位表示特别的谢忱。查尔斯·培洛的研究具有非凡的意义，向他学习让我们感到自己的渺小，但这也是让我们强大的经历。在 2016 年 7 月的纽黑文，我们曾与奇克一起度过了一个周末，那是这本书起源的关键时刻，也是这个项目最有成效的部分之一。我们的朋友本·伯曼是罕见地结合了天才、善良与谦虚的思想家之一，在我们写作本书的过程中，他毫不吝啬地向我们提供了自己卓越的思想。我们必须向马里斯·克里斯蒂安松致以最深的谢意，她耐心地教会了我们她的研究方法，帮助我们寻找例子，并把我们介绍给她所在领域中的其他学者。

　　我们要把自己最深沉的谢意献给各自的家庭。我们的父母在我们年幼的时候便教会了我们热爱书本。克里斯从托瓦尔德（Torvald）

那里享受了无尽的喜悦，而即将诞生的索伦（Soren）帮助我们为本书设定最后期限。珀吕（Pelu）是安德拉什忠诚的写作伙伴。我们把最诚挚的谢意献给琳妮娅（Linnéa）和马文（Marvin），我们曾一遍又一遍复述自己的想法，而她们耐心地倾听，并提出了深刻的问题。她们帮助我们避免了崩溃，无论顺境或者逆境都坚定地与我们站在一起。没有她们，我们将无法完成这本书。

注　释

序言　普通的一天

1. 有关这次事故的细节选自 National Transportation Safety Board's Railroad Accident Report NTSB/ RAR-10/02，"Collision of Two Washington Metropolitan Area Transit Authority Metrorail Trains Near Fort Totten Station"，Washington，DC，June 22，2009，https://www.ntsb.gov / investigations/AccidentReports/Reports/RAR1002.pdf。有关惠雷夫妇与其他人的细节来自 Christian Davenport，"General and Wife，Victims of Metro Crash，Are Laid to Rest"，*Washington Post*，July 1，2009，http://www. wash ingtonpost.com/wp-dyn/content/article/2009/06/30/AR2009063002664. html? sid=ST2009063003813；Eli Saslow，"In a Terrifying Instant in Car 1079，Lives Became Forever Intertwined"，*Washington Post*，June 28，2009，http://www.washingtonpost.com/wp-dyn/content/article/2009/06/27/ AR2009062702417.htm；以及 Gale Curcio，"Surviving Against All Odds：Metro Crash Victim Tells Her Story"，*Alexandria Gazette Packet*，April 29，2010, http://connectionarchives .com/ PDF/2010/042810/Alexandria.pdf。

2. Davenport，"General and Wife"，亦可参阅 the National Commission on Terrorist Attacks upon the United States，*The 9/11 Commission Report：Final Report of the National Commission on Terrorist Attacks upon the United States*（Washington，DC：Government Printing Office，2011），44。

3. 在我们写作这部书的过程中，多个航空公司都发生了这类事。可见 Alice Ross，"BA Computer Crash：Passengers Face Third Day of Disruption at Heathrow"，*Guardian*，May 29，2017，https://www.theguardian.

com/business/2017/may/29/ba-computer-crash-passengers-face-third-day-of-disruption-at-heathrow；"United Airlines Systems Outage Causes Delays Globally"，*Chicago Tribune*，October 14，2016，http://www. chicagotribune.com/business/ct-united-airlines-systems-outage-20161014-story. html；以及 Chris Isidore，Jethro Mullen，and Joe Sutton，"Travel Nightmare for Fliers After Power Outage Grounds Delta"，CNN Money，August 8，2016，http://money.cnn.com/2016/08/08/news/companies/delta-system-outage-flights/index.html? iid= EL。

4. 作者于 2016 年 1 月 10 日与本·伯曼的面谈。

5. Air Transport Action Group，"Aviation Benefits Beyond Borders"，April 2014，https://aviationbenefits.org/ media/26786/ATAG__ AviationBenefits2014_ FULL_LowRes.pdf。

6. 对于瓦卢杰 592 号航班事故和对于事故调查的描述，基于我们于 2016 年 1 月 10 日与本·伯曼的面谈；the National Transportation Safety Board's Aircraft Accident Report NTSB/AAR-97/06，"In-Flight Fire and Impact with Terrain，ValuJet Airlines Flight 592 DC-9-32，N904VJ，Everglades，Near Miami，Florida，May 11，1996"，August 19，1997，https://www.ntsb.gov/ investigations/AccidentReports/Reports/AAR9706.pdf；和 William Langewiesche，"The Lessons of ValuJet 592"，*Atlantic*，March 1998，https://www.theatlantic. com/magazine/archive/1998/03/the-lessons-of-valujet-592/306534/。Langewiesche 的文章提供了有关事故整体的详尽描述，以及其内在原因的深刻讨论。

7. 这份货运单原件的一份复印件出现在 NTSB/AAR-97/06,176。为清晰起见，我们在这里放上的是一个简化版本。

8. Langewiesche，"The Lessons of ValueJet 592"。

9. Michel Martin，"When Things Collide"，National Public Radio，June 23，2009，http://www.npr.org/sections/tellmemore/2009/06/when_things_collide. html。

第 1 章　危险区

1.《中国综合症》由詹姆斯·布里奇斯（James Bridges）导演，剧本由麦克·格雷（Mike Gray）、T. S. 库克（T. S. Cook）和 詹姆斯·布里奇斯撰写，并由哥伦比亚电影公司在 1979 年出品。

2. David Burnham，"Nuclear Experts Debate 'The China Syndrome'," *New York Times*，March 18，1979，http://www.nytimes.com/1979/03/18/archives/nuclear-experts-debate-the-china-syndrome-but-does-it-satisfy-the.html.

3. Dick Pothier，"Parallels Between 'China Syndrome'and Harrisburg Incident Disturbing"，*Evening Independent*，7A，April 2，1979.

4. Ira D. Rosen，"Grace Under Pressure in Harrisburg"，Nation，April 21，1979.

5. Tom Kauffman，"Memories Come Back as NEI Staffer Returns to Three Mile Island"，Nuclear Energy Institute，March 2009，http://www.nei.org/News-Media/News/News-Archives/memories-come-back-as-nei-staffer-returns-to-three.

6. 有关三里岛事故详情的观点，我们感谢美国核能管理委员会（U.S. Nuclear Regulatory Commission，简称 NRC）的前委员维克多·吉林斯基和 NRC 历史学家托马斯·韦洛克（Thomas Wellock）。 我们有关事故的描述来自 Charles Perrow，*Normal Accidents：Living with High-Risk Technologies*（Princeton，NJ：Princeton University Press，1999）；J. Samuel Walker，*Three Mile Island：A Nuclear Crisis in Historical Perspective*（Berkeley and Los Angeles：The University of California Press，2004）；John G. Kemeny et al.，"The Need for Change：The Legacy of TMI"，Report of the President's Commission on the Accident at Three Mile Island（Washington，DC：Government Printing Office，1979）；U. S. Nuclear Regulatory Commission，"Backgrounder on the Three Mile Island Accident"，February 2013，https://www.nrc.gov/reading-rm/doc-collections/fact-sheets/3mile-isle.html；"Looking Back at the Three Mile Island Accident"，National Public Radio，March 15，2011，http://www.npr.org/2011/03/15/134571483/Three-Mile-Island-Accident-Different-From-Fukushima-Daiichi；Victor Gilinsky，"Behind the Scenes of Three Mile Island"，*Bulletin of the Atomic Scientists*，March 23，2009，http://the bulletin.org/behind-scenes-three-mile-island-0；以 及 Mark Stencel，"A Nuclear Nightmare in Pennsylvania"，*Washington*

Post，March 27，1999，http://www.washingtonpost.com/wp-srv/national/longterm/tmi/tmi.htm。

7. 在回答我们于 2017 年 5 月 17 日为核实事实的问题时，维克多·吉林斯基在一篇评论中提到了一些问题，其中做出了澄清，即核燃料的一半已经熔化这一事实是在几年后发现的，发生在压力容器打开之后。他写道："在事故发生当时的估计是，任何熔化现象都微不足道。在事故发生大约一年后的报告中几乎没有提到燃料熔化问题。"

8. 许多资料来源将三里岛事故描述为美国历史上最严重或者最重大的核事故。这一事故被评为国际核与放射性事件标度（International Nuclear and Radiological Event Scale）中的 5 级事故，说明它是一个"具有广泛后果的事故"。与此同时，正如托马斯·韦洛克在回答我们于 2017 年 5 月 16 日发出的一封核实事实的电邮中所说的那样："另外，在原子能委员会（Atomic Energy Commission）拥有的几台发展型反应堆内也发生了另外几起事故，造成了一些伤亡，其中一起造成三人遇难。"不管怎么说，三里岛事故是在美国商用核电站历史上最重大的事故。

9. Gilinsky，"Behind the Scenes of Three Mile Island"，在回答一封 2017 年 5 月 16 日发出的核对事实的电邮中，托马斯·韦洛克提供了以下说明："从来没有认真考虑过让人冒着生命危险进入现场打开阀门的问题，这不仅是因为此举将把人的生命置于险地，而且因为并无必要。打开放出内容物的阀门并不需要进入建筑物，而且考虑到它的高温高压，排空反应堆容器并非明智之举……我认为（总统科学助手）只不过误解了吉林斯基的简报内容，因此做出了一项没有必要而且危险的建议。因此，尽管这一情况对于理解（这位科学助手的）心态很有用，但这无助于人们清楚了解核电站内部的真正状况。"

10. 这是一次极为复杂的事故，而且我们略去了许多细节。例如，紧随主供水泵停转，按照设计，涡轮也停转了。就在这时，同样按照设计，辅助供水泵开始运转，但来自这些水泵的水流被两道阀门挡住。在两天前进行了维修工作之后，人们偶然忘记改变它们的关闭状态。后来，在事故中，当温度上升、冷却剂汽化时，强迫冷凝剂通过反应堆芯的水泵开始剧烈摇晃，因此操作员将它们关闭，这又加重冷却剂缺失的问题。水被加热时变为蒸汽，通过开路阀逃逸。有关对这一事故的更为详尽的描述，见 Walker，*Three Mile Island*。

11. B. Drummond Ayres Jr.，"Three Mile Island: Notes from a Nightmare"，*New York Times*，April 16，1979，http://www.nytimes.com/1979/04/16/archives/three-mile-island-notes-from-a- nightmare-three-mile-island-a.html。

12. Gilinsky，"Behind the Scenes of Three Mile Island".

13. 我们关于培洛的理论和他的想法的描述基于我们于 2016 年 7 月 23 —7 月 26 日的个人访谈，以及培洛的著作《正常事故》。

14. 这幅漫画出现在 *The Sociologist's Book of Cartoons*（New York：Cartoon Bank，2004）一书的封面上。

15. Kathleen Tierney，"Why We Are Vulnerable"，*American Prospect*，June 17，2007，http://prospect.org/article/why-we-are-vulnerable。

16. Dalton Conley，*The Next Catastrophe: Reducing Our Vulnerabilities to Natural, Industrial, and Terrorist Disasters*（Princeton，NJ：Princeton University Press，2007）；Dalton Conley 教授对查尔斯·培洛的推崇出现在普林斯顿大学出版社有关这本书的介绍页上（http:// press .princeton.edu/ quotes/ q9442.html）。

17. Charles Perrow，"An Almost Random Career"，in Arthur G. Bedeian，ed.，*Management Laureates：A Collection of Autobiographical Essays*，vol. 2（Greenwich，CT：JAI Press，1993），429–430.

18. Perrow，*Normal Accidents*，viii.

19. Laurence Zuckerman，"Is Complexity Interlinked with Disaster? Ask on Jan 1；A Theory of Risk and Technology Is Facing a Millennial Test"，*New York Times*，December 11，1999，http://www.nytimes.com/1999/12/11/books/complexity-interlinked-with-disaster-ask-jan-1-theory-risk-technology-facing.html.

20. 培洛对他自己的研究也极为无情，但他研究的一些组织却对他的目的抱有怀疑。"管理者有时会把我带去吃豪华午餐，喝了好几轮马提尼酒之后就开始发出种族主义评论，"他告诉我们，"他们想测试我的反应，看我是一位典型的左翼社会学家，还是他们可以信任的人。但我觉察了他们在做什么。于是我随声附和，取得了数据。"他咧嘴一笑，接着说，"而且他们想要看看我是不是受得了马提尼酒。事实证明我很喜欢这种酒。"2016 年 7 月 23 日与查尔斯·培洛的个人交谈。

21. Lee Clarke，*Mission Improbable*：*Using Fantasy Documents to Tame Disaster*（Chicago and London：The University of Chicago Press，1999），xi–xii.

22. Charles Perrow，"Normal Accident at Three Mile Island"，*Society* 18，no. 5（1981）：23.

23. 有关一项系统是如何塑造这个世界的重要观点，见 Donella Meadows，*Thinking in Systems*：*A Primer*（White River Junction，VT：Chelsea Green Publishing，2008）。

24. Edward N. Lorenz，"Deterministic Nonperiodic Flow"，*Journal of the Atmospheric Sciences*，20，no. 2（1963）：130–141；and Edward N. Lorenz，*The Essence of Chaos*（Seattle：University of Washington Press，1993），181–184.

25. 我们这里的培洛的复杂性与耦合矩阵是对他的草图的改动与简化版，原图见 Perrow，*Normal Accidents*，97，图 3-1。

26. Perrow，*Normal Accidents*，98.

27. Charles Perrow，"Getting to Catastrophe：Concentrations，Complexity and Coupling"，*Montréal Review*，December 2012，http://www. themontrealreview.com/2009/Normal-Accidents-Living-with-High-Risk-Technologies.php.

28. Perrow，*Normal Accidents*，5.

29. 我们关于星巴克的推特惨败故事选自 "Starbucks Twitter Campaign Hijacked by Tax Protests"，*Telegraph*，December 17，2012，http://www. telegraph.co.uk/technology/twitter/9750215/Starbucks-Twitter-campaign-hijacked-by-tax-protests.html; Felicity Morese，"StarbucksPR Fail at Natural History Museum After #SpreadTheCheer Tweets Hijacked"，*Huffington Post UK*，December 17，2012，http://www.huffingtonpost.co.uk/2012/12/17/ starbucks-pr-rage-natural-history-museum_n_2314892.html；和 "Starbucks' #SpreadTheCheer Hashtag Backfires as Twitter Users Attack Coffee Giant"，*Huffington Post*，December 17，2012，http://www.huffingtonpost. com/2012/12/17/starbucks-spread-the-cheer_n_2317544.html。

30. Emily Fleischaker，"Your 10 Funniest Thanksgiving Bloopers + the Most Common Disasters"，*Bon Appétit*，November 23，2010，http://www.bonappetit.com/entertaining-style/holidays/article/your-10-funniest-thanksgiving-bloopers-the-most-common-disasters.

31. Ibid.

32. Ben Esch，"We Asked a Star Chef to Rescue You from a Horrible Thanksgiving"，*Uproxx*，November 21，2016，http://uproxx.com/life/5-ways-screwing-up-thanksgiving-dinner。杰森·奎恩并不是唯一愿意以这种方式简化这一系统的专家。例如，萨姆·西夫顿（Sam Sifton）是《纽约时报》食品编辑，并著有 *How to Cook It Well*（New York：Random House，2012），他也曾介绍了一种类似的方法以应对时间与烤箱容积有限的问题（见 Sam Sifton，"Fastest Roast Turkey"，*NYT Cooking*，https://cooking.nytimes.com/recipes/1016948-fastest-roast-turkey）。类似地，*The Food Lab：Better Home Cooking Through Science*（New York：W. W. Norton，2015）一书的作者 J. 建治·洛佩兹－奥特（J. Kenji López-Alt）解释了如何分开烤制火鸡，以此降低复杂性，并保证不同的部位都能烤到合适的温度（见 J. Kenji López- Alt，"Roast Turkey in Parts Recipe"，*Serious Eats*，November 2010，http://www.seriouseats.com/recipes/2010/11/turkey-in-parts-white-dark-recipe.html）。

第 2 章 深水，新地平线

1. 我们对耶鲁大学争议事件的叙述基于 Conor Friedersdorf，"The Perils of Writing a Provocative Email at Yale"，*Atlantic*，May 26，2016，https://www.theatlantic.com/politics/archive/2016/05/the-peril-of-writing-a-provocative-email-at-yale/484418。在整个这个部分中，我们提到艾丽卡和尼古拉斯时都称他们为"共同院长"，这是一个正式术语。实际上，作为社会学家兼医师的尼古拉斯是学院的院长；艾丽卡是儿童早期教育的讲师。自从这些事件发生以来，这个职位的称号从"院长"变成了"学院督导"。

2. 在这次谈话中包括了耶鲁大学。见 Justin Wm. Moyer，"Confederate Controversy Heads North to Yale and John C. Calhoun"，*Washington*

Post，July 6，2015，https://www.washingtonpost.com/news/morning-mix/ wp/2015/07/06/confederate-controversy-heads-north-to-yale-and-john-c- calhoun。2017 年，卡尔霍恩学院（Calhoun College）更名为格雷斯·霍珀 学院（Grace Hopper College）。

3. 我们有关这次对抗的描述来自 Conor Friedersdorf，"The Perils of Writing a Provocative Email at Yale"，*Atlantic*，May 26，2016，https://www. theatlantic.com/politics/archive/2016/05/the-peril-of-writing-a-provocative- email-at-yale/484418。YouTube 上 的 一 段 手 机 视 频 也 记 录 了 这 次 对 抗。对尼古拉斯的引文是根据音频整理的。"Yale Halloween Costume Controversy"，YouTube 播 放 列 表， 由 TheFIREorg 上 传，https://www. youtube.com/playlist?list=PLvIqJIL2kOMefn77xg6-6yrvek5kbNf3Z。

4. "Yale University Statement on Nicholas Christakis"，May 25，2016，https:// news.yale.edu/2016/05/25/yale-university-statement-nicholas-christakis- may-2016.

5. Blake Neff，"Meet the Privileged Yale Student Who Shrieked at Her Professor"，*Daily Caller*，November 11，2015，http://dailycaller. com/2015/11/09/meet-the-privileged-yale-student-who-shrieked-at-her- professor.

6. Patrick J. Regan，"Dams as Systems：A Holistic Approach to Dam Safety"， conference paper，30th U. S. Society on Dams conference，Sacramento， 2010.

7. 当然，有些大坝的操作确实使用视频，但并非所有的操作都这样，而且 这并不是不会出错的。

8. Ibid.，6。见里根有关 Nimbus Dam 事件的描述，"Dams as Systems".

9. 当然，即使在近几十年的发展之前，全球金融系统出事也绝非罕见。可 见 Liaquat Ahamed，*Lords of Finance：The Bankers Who Broke the World* （New York：Random House，2009）；以及 Ben S.Bernanke，"Nonmonetary Effects of the Financial Crisis in the Propagation of the Great Depression"， *American Economic Review* 73，no. 3（1983）：257–276。

10. 有关 1987 年长期资本管理公司崩盘和有关现代金融更广泛的深度叙述 （包括复杂性和紧密耦合的作用），见 Richard Bookstaber 的杰出著作 *A*

Demon of Our Own Design（Hoboken，NJ：Wiley，2007）。

11. 当然，另一位分析了这次经济危机的著名作者是迈克尔·刘易斯（Michael Lewis）。可以参阅 "Wall Street on the Tundra"，*Vanity Fair*，April 2009，http://www.vanityfair.com/culture/2009/04/iceland200904；和 *The Big Short*：*Inside the Doomsday Machine*（New York：W. W. Norton，2011）。

12. 这段培洛的引语来自 2010 年的一次访谈，是由蒂姆·哈福德（Tim Harford）做的，发表在其极富洞察力的著作中，*Adapt*：*Why Success Always Starts with Failure*（New York：Farrar，Straus，and Giroux，2011）。

13. 我们关于骑士资本崩溃的叙述基于我们在 2016 年 1 月 21 日对骑士资本的 CEO 汤姆·乔伊斯的访谈；2016 年 1 月 14 日对化名 "John Mueller" 的人士的访谈；以及对其他交易员的访谈。我们也从 SEC 有关骑士资本交易错误的报告中取得了资料。见 "In the Matter of Knight Capital LLC"，Administrative Proceeding File No. 3-15570，October 16，2013。重要的是要注意到，与美国国家运输安全委员会（National Transportation Safety Board）的报告（他们是要弄清楚事故的原因）不同，SEC 的报告为针对骑士资本的强制行动奠定了基础。我们也从当时的报道那里取得了资料，包括彭博电视台 "市场期票出票人" 节目于 2012 年 8 月 2 日对汤姆·乔伊斯的采访；Nathaniel Popper，"Knight Capital Says Trading Glitch Cost It \$440 Million"，*New York Times*，August 2，2012，https://dealbook.nytimes.com/2012/08/02/knight-capital-says-trading-mishap-cost-it-440-million/；以及 David Faber and Kate Kelly with Reuters，"Knight Capital Reaches \$400 Million Deal to Save Firm"，CNBC，August 6，2012，http://www.cnbc.com/id/48516238。

14. 上午 10 点，骑士很可能赔了将近 2 亿美元（汤姆·乔伊斯，私人通信，2017 年 5 月 16 日）。但因为整个华尔街的交易员都知道骑士需要卖出错误买入的股票，因此骑士的损失进一步扩大。在这一整天里，骑士的交易员都在努力缩小整个投资组合，直到下午晚些时候与高盛投资公司做出了大宗交易，才最终卖出了所剩的余额。

15. 尽管有许多说明 "高频率" 或者算法交易缺点的例子，但它也有益处。由于银行和经纪人处理交易有很高的固定费用，更多的交易以及引入科技应用能够降低交易的边际成本。而且，自动化交易的存在缩小了股票买卖价格之间的差别，这降低了给消费者的价格。见 Terrence Hendershott, Charles M. Jones, and Albert J. Menkveld, "Does Algorithmic Trading Improve Liquidity？" *Journal of Finance* 66, no. 1（2011）: 1–33。算法交易也支持如指数基金等低成本工具，许多投资者持有这类工具，作为交易所交易基金（ETFs）或者退休账户中的互惠基金。尽管人们对于高频交易是否比按老式的交易员交易更好有激烈的争论，但它肯定降低了进入成本。

16. Chris Clearfield and James Owen Weatherall, "Why the Flash Crash Really Matters," *Nautilus*, April 23, 2015, http://nautil.us/issue/23 /dominoes/ why-the-flash-crash-really-matters.

17. 我们有关深水地平线事故的描述来自几个来源: National Commission on the BP Deepwater Horizon Oil Spill and Offshore Drilling, *Deep Water : The Gulf Oil Disaster and the Future of Offshore Drilling*, Report to the President（Washington, DC : Government Publishing Office, 2011）; David Barstow, David Rohde, and Stephanie Saul, "Deepwater Horizon's Final Hours", *New York Times*, December 25, 2010, http://www.nytimes . com/2010/12/26/us/26spill.html ; Earl Boebert and James M. Blossom, *Deepwater Horizon : A Systems Analysis of the Macondo Disaster*（Cambridge, MA : Harvard University Press, 2016）; Peter Elkind, David Whitford, and Doris Burke, "BP : 'An Accident Waiting to Happen'", *Fortune*, January 24, 2011, http://fortune.com/2011/01/24 /bp-an-accident-waiting-to-happen ; 和 BP's "Deepwater Horizon Accident Investigation Report", September 8, 2010, http://www.bp.com/content/dam/bp/pdf/sustainability/ issue-reports/Deepwater_Horizon_Accident_Investigation_Report.pdf。

18. "Understanding the Initial Deepwater Horizon Fire", *Hazmat Management*, May 10, 2010, http://www.hazmatmag.com/environment /understanding-the-initial-deepwater-horizon-fire/1000370689.

19. National Commission on the BP Deepwater Horizon Oil Spill and Offshore Drilling, *Deep Water*, 105–109.

20. Ibid.，3–4.

21. David Barstow，Rob Harris，and Haeyoun Park，"Escape from the Deepwater Horizon"，*New York Times* video，6 : 34，December 26，2010，https://www.nytimes.com/video/us/1248069488217/escape-from-the-deepwater-horizon.html.

22. Ibid.

23. Andrew B. Wilson，"BP's Disaster : No Surprise to Folks in the Know"，CBS News，June 22，2010，http://www.cbsnews.com/news/bps-disaster-no-surprise-to-folks-in-the-know.

24. Elkind，Whitford，and Burke，"BP".

25. Proxy Statement Pursuant to Section 14（a），由越洋公司于 2011 年 4 月 1 日提交 U.S. Securities and Exchange Commission，https://www.sec.gov/Archives/edgar/data/1451505/000104746911003066/a2202839zdef14a.htm。

26. 在这一关于英国邮局和它的地平线系统的部分中，许多材料来自 2014 年 12 月 17 日英国下院休会辩论中议员的陈述（*Parliamentary Debates*，Commons，6th ser.，vol. 589 [2014]，http://hansard.parlia ment.uk/Commons/2014-12-17/debates/14121741000002/PostOfficeMediation Scheme），尤其是由议员 James Arbuthnot，Andrew Bridgen，Katy Clark，Jonathan Djanogly，Sir Oliver Heald，Huw Irranca-Davies，Kevan Jones，Ian Murray，Albert Owen，Gisela Stuart，and Mike Wood 所做的陈述。我们也从下列文件中取得了资料：Second Sight，"Interim Report into Alleged Problems with the Horizon System"，July 8，2013，和 Second Sight，"Initial Complaint Review and Mediation Scheme : Briefing Report—Part Two"，April 9，2015，http://www.jfsa.org.uk/uploads/5/4/3/1 /54312921/report_9th_april_2015.pdf。

2017 年，高等法院女王法官席（Queen's Bench Division of the High Court）主席批准了一份针对邮局的集团诉讼命令，邮局在这一诉讼案中为自己辩护。见 Freeths，"Group Litigation Order against Post Office Limited Is Approved"，March 28，2017，http://www.freeths.co.uk/news /group-litigation-order-against-post-office-limited-is-approved，和 HM Courts & Tribunals Service，"The Post Office Group Litigation"，March 21，2017， https://www.gov.uk/guidance/group-litigation-orders#the-post-office-group-litigation。

27. The Post Office, "Post Office Automation Project Complete", PR Newswire, June 21, 2001, http://www.prnewswire.co.uk/news -releases/post-office-automation-project-complete-153845715.html.

28. Neil Tweedie, "Decent Lives Destroyed by the Post Office : The Monstrous Injustice of Scores of Sub-Postmasters Driven to Ruin or Suicide When Computers Were Really to Blame", *Daily Mail*, April 24, 2015, http://www.dailymail.co.uk/news/article-3054706/Decent-lives-destroyed-Post-Office-monstrous-injustice-scores-sub-postmasters-driven-ruin-sui cide-computers-really-blame.html.

29. Tim Ross, "Post Office Under Fire Over IT System", *Telegraph*, August 2, 2015, http://www.telegraph.co.uk/news /uknews/royal-mail/11778288/Post-Office-under-fire-over-IT-system.html.

30. Rebecca Ratcliffe, "Subpostmasters Fight to Clear Names in Theft and False Accounting Case", *Guardian*, April 9, 2017, https://www.theguardian.com/business/2017/apr/09/subpostmasters -unite-to-clear-names-theft-case-post-office.

31. *Parliamentary Debates*, Commons, 6th ser., vol. 589（2014）, http://hansard.parliament.uk/Commons/2014-12-17/debates/14121741000002/PostOfficeMediationScheme。议员詹姆斯·阿巴斯诺特（James Arbuthnot）在辩论中指出："2000 年，邮局引入了地平线系统。此后不久便开始出现了一连串的担忧。全国的邮局分支代理人的账户上出现了偏差，他们每天工作结束时都要结算这些账户。而这些账户有些超出实际，有些低于实际。有些邮局分支代理人发现，他们星期六关闭邮局时的余额，到星期一打开邮局时已经完全不同。"阿巴斯诺特也描述了在辩论中的如下情况："（我的选区选民乔·汉密尔顿）开始时发现的偏差我想是 2 000 英镑。她打电话给客服，对方告诉她按某些按钮，但偏差立即加倍，变成了 4 000 英镑。偏差不断增加，最终达到了 30 000 英镑。邮局对此根本没有进行适当的调查。"在这场辩论中，议员阿尔伯特·欧文（Albert Owen）做出了如下陈述："人们一直认为地平线系统有问题。

许多分局出于种种原因关闭了，这些邮局分支代理人有些已经退休。他们向我指出，在 2001—2002 年财年初，在乡村地区有一些令人担忧的问题，但那时这个系统在下线之后重新上线了。因此我认为，邮局声称系统没有任何问题的说法很难为人接受。"与此类似，议员伊恩·默里（Ian Murray）说："我一直听说，全国各地的邮局分支代理人遭遇了巨大的麻烦。"而议员休·依兰卡 - 戴维斯（Huw Irranca-Davies）说："由于类似我们今天听到的账户偏差，邮局有限公司在 2008 年要求我的一位选民归还 5 000 英镑。他声称这是地平线计算机系统的问题，但也是缺乏训练、支持和出现困难时缺乏后续行动的问题。"同样可参阅 Second Sight, "Initial Complaint Review and Mediation Scheme", Freeths, "Group Litigation Order against Post Office Limited is Approved", HM Courts & Tribunals Service, "The Post Office Group Litigation", Gill Plimmer, "MPs Accuse Post Office over 'Fraud'Ordeal of Sub-Postmasters", *Financial Times*, December 9, 2014, https://www.ft.com/content/89e1bdf6-7fb1-11e4-adff-00144feabdc0；Michael Pooler, "Sub-Postmasters Fight Back over Post Office Accusations of Fraud", *Financial Times*, January 31, 2017, https://www.ft.com/content/6b6e4afc-e7af-11e6-893c-082c54a7f539；和 Gill Plimmer and Andrew Bounds, "Dream Turns to Nightmare for Post Office Couple in Fraud Ordeal", *Financial Times*, December 12, 2014, https://www.ft.com/content/91080df0-814c-11e4-b956 -00144feabdc0。

32. Second Sight, "Initial Complaint Review and Mediation Scheme：Briefing Report—Part Two", April 9, 2015, http://www.jfsa.org.uk/uploads/5/4/3/1/54312921/report_9th_april_2015.pdf。伊恩·亨德森（Ian Henderson）的证词见 "Post Office Mediation", HC 935, Business, Innovation and Skills Committee, February 3, 2015, http://data.parliament.uk/writtenevidence/committeeevidence.svc/evidencedocument/business-innovation-and-skills-committee /post-office-mediation/oral/17926.html；和 Tweedie, "Decent Lives Destroyed by the Post Office"。

33. Plimmer and Bounds, "Dream Turns to Nightmare" and Second Sight, "Initial Complaint Review and Mediation Scheme", 这些结论与在 2014 年 12 月 17 日的下院休会辩论中几位议员所做的陈述一致

（*Parliamentary Debates*，Commons，6th ser.，vol. 589［2014］）。例如，我们可以考虑议员休·依兰卡－戴维斯的发言，他在其中强调了"地平线和既有方案之间的界面的问题"，以及"支持与训练的缺乏"。也可以考虑议员麦克·伍德（Mike Wood）所做的陈述，他在其中指出了"任何短缺或者不足按照合同落在邮局分支代理人身上的责任"。

34. 在一次下院休会辩论中，议员凯冯·琼斯（Kevan Jones）讨论了汤姆·布朗的经历（*Parliamentary Debates*，Commons，6th ser.，vol. 589［2014］）。亦可参阅在同次辩论中，议员詹姆斯·阿巴斯诺特、凯蒂·克拉克（Katy Clark），以及休·依兰卡－戴维斯有关与地平线系统组合的支持系统的相关发言。例如，凯蒂·克拉克声称："人们得到的一般观点是，由邮局提供的支持系统是不恰当的。试图处理这种局面的客服系统经常发出错误的建议与帮助。"在同一辩论中，议员休·依兰卡－戴维斯说："我在一个很小的选区中有三个实例。它们的性质各异，但都叙述了同样的事情。他们都在地平线与既有方案之间的界面上发生了问题。这些都是在地平线引进之时的系统停机期间发生的问题，这些问题扰乱了他们的计算。当这种情况发生时，我们很惊讶邮局缺乏支持与训练。他们全都说，当情况发生之后，缺乏支持与训练的状况令人吃惊。他们都像邮局分支代理人必须做的那样，不得不自掏腰包，摆平状况。"亦可参阅 Second Sight，"Initial Complaint Review and Mediation Scheme"，25。

35. 在卡尔·弗林德斯（Karl Flinders）的如下文章中援引的邮局声明："Post Office Faces Legal Action Over Alleged Accounting System Failures"，*Computer Weekly*，February 8，2011，http://www.computerweekly.com/news/1280095088 /Post-Office_faces-legal-action-over-alleged-accounting-system-failures。在对 2017 年 8 月 11 日的一封核实事实的电邮做出的回答中，一位邮局的代表写道："如同任何其他 IT 系统一样，地平线并不完美，但却健康、可靠"。

36. 这一声明来自一位邮局的通信团队代表在 2017 年 8 月 11 日的一封电邮。我们认为，很明显的是，地平线成功地为数千名邮局分支代理人处理了数百万的业务工作，而我们对于地平线的结论并不带有整个系统失败了的含义。即使一个复杂的、紧密耦合的系统在绝大多数情况下运转正常，它也会导致意外的、代价昂贵的错误；像瓦卢杰 592 号航班事故这样的空难事件可以是系统崩溃造成的，但这并不带有现代航空系统的整体是一个失败的意思。

37. *Parliamentary Debates*，Commons，6th ser.，vol. 589（2014）。见国会议员詹姆斯·阿巴斯诺特和阿尔伯特·欧文的陈述亦可参阅 Freeths，"Group Litigation Order against Post Office Limited is Approved"，HM Courts & Tribunals Service，"The Post Office Group Litigation"；和 Pooler，"Sub-Postmasters Fight Back"。

38. *Parliamentary Debates*，Commons，6th ser.，vol. 589（2014）。见国议员詹姆斯·阿巴斯诺特、休·依兰卡﹣戴维斯、凯冯·琼斯和阿尔伯特·欧文的陈述。亦可参阅 Freeths，"Group Litigation Order against Post Office Limited is Approved"；HM Courts & Tribunals Service，"The Post Office Group Litigation"；Pooler，"Sub-Postmasters Fight Back"；和 Ratcliffe，"Subpostmasters Fight to Clear Names"。

39. 在下院的一次辩论中，议员詹姆斯·阿巴斯诺特深入讨论了乔·汉密尔顿的事例（*Parliamentary Debates*，Commons，6th ser.，vol. 589［2014]）。乔·汉密尔顿的引言来自 Matt Prodger，"MPs Attack Post Office Sub-Postmaster Mediation Scheme"；*BBC News*，December 9，2014，http://www.bbc.com/news/business-30387973，以及伴随新闻的音频文件。

40. *Parliamentary Debates*，Commons，6th ser.，vol. 589（2014）。尤见议员詹姆斯·阿巴斯诺特的陈述。

41. Henderson，"Post Office Mediation"。亦可参阅 Second Sight，"Initial Complaint Review and Mediation Scheme" 和 Charlotte Jee，"Post Office Obstructing Horizon Probe，Investigator Claims"，*Computerworld* UK，February 3，2015，http://www.computerworlduk.com/infrastructure /post-office-obstructing-horizon-probe-investigator-claims-3596589。

42. Second Sight，"Initial Complaint Review and Mediation Scheme"，14–19.

43. Ibid.

44. *Parliamentary Debates*，Commons，6th ser.，vol. 589（2014）。例如，议员詹姆斯·阿巴斯诺特指出："我最担心的是，造成其中一些问题的软件缺陷经常是无法发现的。"在同次辩论中，负责商业、创新与技能的政务次官（Parliamentary Under-Secretary of State for Business, Innovation and Skills）乔·斯文森（Jo Swinson）说："许多状况复杂得不可思议，这是可以理解的，因为它们与系统和许多经济事务有关。"而且，正如《金融时报》报道的那样，IT专家认为寻找这种计算机失误是极为困难的，特别是当系统复杂，而又是事后调查的情况下。"（Plimmer, "MPs Accuse Post Office"）。亦可参阅 Second Sight, "Initial Complaint Review and Mediation Scheme" and Plimmer and Bounds, "Dream Turns to Nightmare"。

45. *Parliamentary Debates*, Commons, 6th ser., vol. 589（2014），尤见议员詹姆斯·阿巴斯诺特、安德鲁·布里金（Andrew Bridgen）、奥利弗·希尔德（Oliver Heald）、凯冯·琼斯以及伊恩·默里有关在他们的选区内的邮局分支代理人的经历的陈述。亦可参阅 Pooler, "Sub-Postmasters Fight Back"；和 Plimmer and Bounds, "Dream Turns to Nightmare"。

46. *Parliamentary Debates*, Commons, 6th ser., vol. 589（2014）；Second Sight, "Initial Complaint Review and Mediation Scheme"；and Plimmer, "MPs Accuse Post Office".

47. Alexander J. Martin, "Subpostmasters Prepare to Fight Post Office Over Wrongful Theft and False Accounting Accusations", *The Register*, April 10, 2017, https://www.theregister.co.uk/2017/04/10/subpostmasters_prepare_to_fight_post_office_over_wrongful_theft_and_false_a ccounting_accusations；and "The UK's Post Office Responds to Horizon Report", Post & Parcel, April 20, 2015, http://postandparcel.info/64576/news/the-uks-post -office-responds-to-horizon-report.

48. "Post Office IT System Criticised in Report", *BBC News*, September 9, 2014, http://www.bbc.com/news/uk-29130897。亦可参阅 Karl Flinders, "Post Office IT Support Email Reveals Known Horizon Flaw", *Computer Weekly*, November 18, 2015, http://www.computerweekly.com/news/4500 257572/Post-Office-IT-support-email-reveals-known-Horizon-flaw。

49. HM Courts & Tribunals Service, "The Post Office Group Litigation" 和 Michael Pooler, "Post Office Faces Class Action Over 'Faulty' IT System", *Financial Times*, August 2, 2017, https://www.ft.com/content /f420f2f8-75fa-

11e7-a3e8-60495fe6ca71.

50. Pooler, "Post Office Faces Class Action Over 'Faulty' IT System".

51. 议员凯冯·琼斯的陈述。*Parliamentary Debates*，Commons，6th ser.，vol. 589（2014）。亦可参阅议员詹姆斯·阿巴斯诺特、安德鲁·布里金、凯蒂·克拉克、乔纳森·嘉诺格里（Jonathan Djanogly）、奥利弗·希尔德、休·依兰卡－戴维斯、伊恩·默里、阿尔伯特·欧文、吉塞拉·斯图尔特（Gisela Stuart）和麦克·伍德在同次辩论中的陈述，以及 Plimmer and Bounds，"Dream Turns to Nightmare"。

52. 这段引言来自建立了为邮局分支代理人讨还正义的团体的艾伦·贝茨（Alan Bates），由斯蒂夫·怀特（Steve White）援引于 "Post Office Wrongly Accused Sub-Postmaster of Stealing 85,000 in Five Years of 'Torture'"，*Mirror*，August 16，2013，http://www.mirror.co.uk/news/uknews/post-office-wrongly-accused-sub-postmaster-2176052。

第 3 章　黑客行为、欺诈以及不便刊载的新闻

1. 杰克题为 "Jackpotting：Automated Teller Machines" 的演示受到了广泛的宣传，网上有他的演讲和幻灯片的视频，见 https://www.youtube.com/watch?v=4StcW9OPpPc，由 DEFCONconference 于 2013 年 11 月 8 日上传。

2. 主要新闻机构广泛报道了这一事件，但布莱恩·克雷布斯（Brian Krebs）首先披露了这一侵害行为。见他的文章（"Sources：Target Investigating Data Breach"，*Krebs on Security*，December 18，2013，https://krebsonsecurity.com/2013/12/sources-target-investigating-data-breach/）。然后他又发表了有关这次侵犯行为本身的几篇深度分析文章。

3. 这个部分是根据我们在 2016 年 8 月 12 日对奥迪·格林伯格的访谈，以及他的几篇文章撰写的，他的文章包括 "Hackers Remotely Kill a Jeep on the Highway—With Me in It" *Wired*，July 21，2015，https://www.wired.com/2015/07/hackers-remotely-kill-jeep-highway；"After Jeep Hack，Chrysler Recalls 1.4M Vehicles for Bug Fix"，*Wired*，July 24，2015，https://www.wired.com/2015/07/ jeep-hack-chrysler-recalls-1-4m-vehicles-bug-fix；以及 "Hackers Reveal Nasty New Car Attacks—With Me Behind

the Wheel（Video）", *Forbes*, August 12, 2013, https://www.forbes.com/sites/andygreenberg/2013/07/24/hackers-reveal-nasty-new-car-attacks-with-me-behind-the-wheel-video/#60fde1d9228c。

4. Greenberg, "After Jeep Hack, Chrysler Recalls 1.4M Vehicles for Bug Fix"。菲亚特克莱斯勒（Fiat Chrysler）也与手机网络供应商斯普林特公司（Sprint）合作，提前防止黑客侵入吉普车计算机。

5. 2016 年 8 月 12 日对安迪·格林伯格的个人采访。

6. Stilgherrian, "Lethal Medical Device Hack Taken to Next Level", *CSO Online*, October 21, 2011, https://www.cso.com.au/article/404909/lethal_medical_device_hack_taken_next_level；David C. Klonoff, "Cybersecurity for Connected Diabetes Devices", *Journal of Diabetes Science and Technology* 9, no. 5 (2015): 1143– 1147；and Jim Finkle, "U.S. Government Probes Medical Devices for Possible Cyber Flaws", Reuters, October 22, 2014, http://www.reuters.com/article/us-cybersecurity-medicaldevices-insight-idUSKCN0IB0DQ20141022.

7. Darren Pauli, "Hacked Terminals Capable of Causing Pacemaker Deaths", *IT News*, October 17, 2012, https://www.itnews.com.au/news/hacked-terminals-capable-of-causing-pacemaker-deaths-319508。有趣的是，杰克的研究和成果被另一位名叫贾斯汀·博恩（Justine Bone）的新西兰人接了过去，他是医疗设备安全公司 MedSec 的 CEO。博恩的公司声称，他们已经发现了由医疗仪器制造商圣裘德医疗公司（St. Jude Medical）制造的植入式心脏除颤器的安全隐患。圣裘德医疗否认他们的产品有问题，并入禀法庭，诉 MedSec 声明失实，见 Michelle Cortez, Erik Schatzker, and Jordan Robertson, "Carson Block Takes on St. Jude Medical Claiming Hack Risk", *Bloomberg*, August 25, 2016, https://www.bloomberg .com/news/articles/2016-08-25/carson-block-takes-on-st-jude-medical-with-claim-of-hack-risk；和 *St. Jude Medical Inc v. Muddy Waters Consulting LLC et al.*, Federal Civil Lawsuit, Minnesota District Court, Case No. 0 : 16-cv-03002。

8. Barnaby Jack, "'Broken Hearts': How Plausible Was the Homeland Pacemaker Hack ? ", IOActive Labs Research, February 25, 2013, http://blog.ioactive.com/2013/02/broken-hearts-how-plausible-was.html.

9. 有关越来越复杂的现代系统和危害性极大的意外恐袭可能性之间的关系的探讨，见 Thomas Homer-Dixon，"The Rise of Complex Terrorism"，*Foreign Policy* 128，no. 1（2002）：52–62。

10. 对于部分由于查尔斯·培洛的研究启发而得到的对组织内不法行为的理论的严谨介绍，见 Donald Palmer，*Normal Organizational Wrongdoing*（New York：Oxford University Press，2013）。

11. 我们关于安然的这一部分选自 Bethany McLean 和 Peter Elkind 的深度报道，见 *The Smartest Guys in the Room*：*The Amazing Rise and Scandalous Fall of Enron*（New York：Portfolio，2003）；这是 2005 年的杰出纪录片，改编自 *Enron*：*The Smartest Guys in the Room* 一书（由 Alex Gibney 执导）；Bethany McLean 的文章 "Is Enron Overpriced？"，*Fortune*，March 5，2001，http://money.cnn.com/2006/01/13/news/companies/enronoriginal_fortune；和 Kurt Eichenwald's *Conspiracy of Fools*：*A True Story*（New York：Broadway Books，2005）。我们也从该公司破产后的破产程序文件中选取了资料，其中包括法庭指定的专职检查员 Neal Batson 于 2003 年 11 月 4 日为美国纽约西南地区破产法庭撰写的广泛报告 *In re*：*Enron Corp*，及其附件。

12. Bethany McLean，"Why Enron Went Bust"，*Fortune*，December 24，2001，http://archive.fortune.com/magazines/fortune/fortune_archive/2001/12/24/315319/index.htm。

13. 两份法律备忘录描述了安然的策略：Christian Yoder and Stephen Hall，"re：Traders' Strategies in the California Wholesale Power Markets/ISO Sanctions"，Stoel Rives（firm），December 8，2000；和 Gary Fergus and Jean Frizell，"Status Report on Further Investigation and Analysis of EPMI Trading Strategies"，Brobeck（firm）（undated）。

14. 见 *Enron*：*The Smartest Guys in the Room*（Gibney 执导的纪录片），七张包括来自安然交易员的电话的录音带。

15. Christopher Weare，*The California Electricity Crisis*：*Causes and Policy Options*（San Francisco：Public Policy Institute of California，2003）。

16. Rebecca Mark 引用自 V. Kasturi Rangan，Krishna G. Palepu，Ahu Bhasin，Mihir A. Desai，and Sarayu Srinivasan，"Enron Development Corporation：

The Dabhol Power Project in Maharashtra, India（A）", Harvard Business School Case 596–099, May 1996（Revised July 1998）。

17. 按市值计价的会计方法如何对投资组织获得长远认识的能力产生不利影响？为取得对此的重要认识，见 Donald Guloien and Roger Martin, "Mark-to-Market Accounting：A Volatility Villain", *Globe and Mail*, February 13, 2013, https://www.theglobeandmail.com/globe-investor/mark-to-market-accounting-a-volatility-villain/article8637443。

18. 有关这些交易的详情，见 Appendix D of the Batson report。

19. Peter Elkind, "The Confessions of Andy Fastow", *Fortune*, July 1, 2013, http://fortune.com/2013/07/01/the-confessions-of-andy-fastow.

20. 这段引文来自 Credit Suisse First Boston 的常务董事 Carmen Marino 的一封电邮，详见 Appendix F of the Batson report。

21. Julie Creswell, "J. P. Morgan Chase to Pay Enron Investors $2.2 Billion", *New York Times*, June 15, 2005, http://www.nytimes.com/2005/06/15/business/jp-morgan-chase-to-pay-enron-investors-22-billion.html.

22. Owen D. Young, "Dedication Address" *Harvard Business Review* 5, no. 4（July 1927）, https://iiif.lib.harvard.edu/manifests/view/drs:8982551$1i。感谢 Malcolm Salter, "Lawful but Corrupt：Gaming and the Problem of Institutional Corruption in the Private Sector"（unpublished research paper, Harvard Business School, 2010）, 其中引用了 Young 的演讲。

23. Elkind, "The Confessions of Andy Fastow".

24. Sean Farrell, "The World's Biggest Accounting Scandals", *Guardian*, July 21, 2015, https://www.theguardian.com/business/2015 /jul/21/the-worlds-biggest-accounting-scandals-toshiba-enron-olympus；"India's Enron", *Economist*, January 8, 2009, http://www.economist.com/node/12898777；"Europe's Enron", *Economist*, February 27, 2003, http://www.economist.com/node/1610552；"The Enron Down Under", *Economist*, May 23, 2002, http://www.economist.com/node/1147274.

25. 原来的文章现在附加了更正文字，现在仍然可以在《纽约时报》网页上查到。见 Jayson Blair, "Retracing a Trail：The Investigation；U. S. Sniper Case Seen as a Barrier to a Confession", *New York Times*, October 30, 2002,

http://www.nytimes.com/2002/10/30/us/retracing-trail-investigatious-sniper-case-seen-barrier-confession.html；Jayson Blair，"A Nation at War：Military Families；Relatives of Missing Soldiers Dread Hearing Worse News"，*New York Times*，March 27，2003，http://www.nytimes.com/2003/03/27/us/nation-war-military-families-relatives-missing-soldiers-dread -hearing-worse.html；和 Jayson Blair，"A Nation at War：Veterans；In Military Wards，Questions and Fears from the Wounded"，*New York Times*，April 19，2003，http://www.nytimes.com/2003/04/19/us/a-nation-at-war-veterans-in-military-wards-questions-and-fears-from-the-wounded.html。

26. 这个部分的研究选自报纸的报道：Dan Barry，David Barstow，Jonathan D. Glater，Adam Liptak，and Jacques Steinberg，"Correcting the Record；Times Reporter Who Resigned Leaves Long Trail of Deception"，*New York Times*，May 11，2003，http://www.nytimes.com/2003/05/11/us/correcting-the-record-times-reporter-who-resigned-leaves-long-trail-of-deception.html；Seth Mnookin，"Scandal of Record"，*Vanity Fair*，December 2004，http://www.vanityfair.com/style/2004/12/nytimes200412；和 the Siegal Committee，"Report of the Committee on Safeguarding the Integrity of Our Journalism"，July 28，2003，http://www.nytco.com/wp-content/uploads/Siegal-Committe-Report.pdf。

27. 来自对杰森·布莱尔的采访：Katie Couric，"A Question of Trust"，*Dateline NBC*，NBC，March 17，2004，http://www.nbcnews.com/id/4457860/ns/dateline_ nbc/t/question-trust/#.WZHenRIrKu6。

28. Barry et al.，"Correcting the Record"．

29. Mnookin，"Scandal of Record"．

30. Ibid.

31. William Woo，"Journalism's 'Normal Accidents'"，*Nieman Reports*，September 15，2003，http://niemanreports.org/articles/journalisms-normal-accidents.

32. Dominic Lasorsa and Jia Da，"Newsroom's Normal Accident? An Exploratory Study of 10 Cases of Journalistic Deception"，*Journalism Practice* 1，no. 2（2007）：159–174.

33.《纽约时报》新设立了一个公众编辑的职务，给读者一个独立于正常阶梯状官僚机构的通道来表达自己的关切，作为对杰森·布莱尔丑闻的反应。见 Margaret Sullivan, "Repairing the Credibility Cracks", *New York Times*, May 4, 2013, http://www.nytimes.com/2013/05/05/public- editor/repairing-the-credibility-cracks-after-jayson-blair.html。《纽约时报》于2017年取消了这一职位。

第4章 走出危险区

1. 有关奥斯卡颁奖仪式，我们选取的文章有 Jim Donnelly, "Moonlight Wins Best Picture After 2017 Oscars Envelope Mishap", March 3, 2017, http://oscar.go.com/news/winners/after-oscars-2017-mishap-moonlight-wins-best-picture；Yohana Desta, "Both Oscar Accountants 'Froze'During Best Picture Mess", *Vanity Fair*, March 2, 2017, http://www.vanityfair.com/hollywood/2017/03/pwc-accountants-froze-backstage；Jackson McHenry, "Everything We Know About That Oscars Best Picture Mix-up", *Vulture*, February 27, 2017, http://www.vulture.com/2017/02/oscars-best-picture-mixup-everything-we-know.html；以及第89届奥斯卡颁奖仪式的电视直播本身。

2. Brian Cullinan and Martha Ruiz, "These Accountants Are the Only People Who Know the Oscar Results", *Huffington Post*, January 31, 2017, http://www.huffingtonpost.com/entry/oscar-results-balloting-pwc_us_5890f00ee4b02772c4e9cf63.

3. Valli Herman, "Was Oscar's Best Picture Disaster Simply the Result of Poor Envelope Design?" *Los Angeles Times*, February 27, 2017, http://www.latimes.com/entertainment/envelope/la-et-envelope-design20170227-story.html.

4. Michael Schulman, "Scenes from the Oscar- Night Implosion", *New Yorker*, February 27, 2017, http://www.newyorker.com/culture/culture-desk/scenes-from-the-oscar-night-implosion.

5. 前几年的颁奖仪式设计者是马克·弗里兰德（Marc Friedland），他花了很大力气避免信封出现混乱。"我没法说我们的信封能阻止这种事情发生，但我们采取了措施，尽量让它万无一失，比如清晰易读，字也印得非常大。"他告诉《洛杉矶时报》（*Los Angeles Times*）。见 Herman，"Oscar's Best Picture Disaster"。在过去那些年里，信封上的分类名称通常是印在奶油色底上的黑字，即使在后台，反差也很大，清晰易读。

6. Charles Perrow，"Organizing to Reduce the Vulnerabilities of Complexity"，*Journal of Contingencies and Crisis Management* 7，no. 3（1999）: 152.

7. Barbara J. Drew，Patricia Harris，Jessica K. Zègre-Hemsey，Tina Mammone，Daniel Schindler，Rebeca Salas-Boni，Yong Bai，Adelita Tinoco，Quan Ding，and Xiao Hu，"Insights into the Problem of Alarm Fatigue with Physiologic Monitor Devices : A Comprehensive Observational Study of Consecutive Intensive Care Unit Patients"，*PLOS ONE* 9，no. 10（2014）: e110274，https://doi.org/10.1371/journal.pone.0110274.

8. 关于安全系统以及它培养的安全意识会如何导致失败，有一篇深度分析的文章，见 Greg Ip，*Foolproof : Why Safety Can Be Dangerous and How Danger Makes Us Safe*（New York : Little，Brown and Company，2015）。

9. Robert Wachter，*The Digital Doctor : Hope，Hype and Harm at the Dawn of Medicine's Computer Age*（New York : McGraw- Hill Education，2015）.

10. Ibid.，130.

11. Bob Wachter，"How to Make Hospital Tech Much，Much Safer"，*Wired*，April 3，2015，https://www.wired.com/2015/04/how-to-make-hospital-tech-much-much-safer.

12. 2017 年 2 月 9 日对"加里·米勒"（化名）的个人访谈。

13. 当然，理想的是，我们能够以某种准确程度预测未来的崩溃。有关预测的更多的迷人题材见 Philip E. Tetlock and Dan Gardner，*Superforecasting : The Art and Science of Prediction*（New York : Random House，2016）。

14. Thijs Jongsma，"That's Why I Love Flying the Airbus 330"，*Meanwhile at KLM*，July 1，2015，https://blog.klm.com/thats-why-i-love-flying-the-airbus-330.

15. 2017 年 3 月 9 日对本·伯曼的个人访谈。

16. 有关这次事故的详细分析，见 Charles Duhigg，*Smarter*，*Faster*，*Better*
（New York: Random House，2016）的第 3 章；和 William Langewiesche，
"The Human Factor"，October 2014，http://www.vanityfair.com/news/
business/2014/10/air-france-flight-447-crash。

17. Federal Aviation Administration，*The Pilot's Handbook of Aeronautical
Knowledge*（Washington，DC：Federal Aviation Administration，2016）。
从技术上说，失速可以在任何高度上发生，但这两次空难的原因都是飞
行员把机首抬得过高。

18. 2017 年 3 月 9 日对本·伯曼的私人访谈。

19. Peter Valdes-Dapena and Chloe Melas，"Fix Ready for Jeep Gear Shift
Problem That Killed Anton Yelchin"，CNN Money，June 22，2016，
http://money.cnn.com/2016/06/22/autos/jeep-chrysler-shifter-recall-fix/index.
html.

20. Ibid。在叶尔钦死的时候，厂家正在对该款吉普车发出自愿召回。

21. 有关后勤以及与此相关的问题会如何在攀登珠峰时导致复杂的相互
关联，有一篇有见地的文章，见 Michael A. Roberto，"Lessons from
Everest：The Interaction of Cognitive Bias，Psychological Safety，and
System Complexity"，*California Management Review* 45，no. 1（2002）：
136–158。

22. Alpine Ascents International，"Why Climb with Us" Logistics and
Planning：Base Camp，accessed August 29，2017，https://www.
alpineascents.com/climbs/mount-everest/why-climb-with-us.

23. 我们有关航空业多层次警报系统的讨论基于 Robert Wachter，*The Digital
Doctor*。我们感谢本·伯曼在我们书写这一部分的技术细节时对我们提
供帮助。当然，我们对任何可能存在的问题负全责。

24. Wachter，"How to Make Hospital Tech Much，Much Safer"。

25. 2017 年 2 月 9 日对"加里·米勒"（化名）的个人采访。

第 5 章 复杂的系统，简单的工具

1. Danny Lewis, "These Century-Old Stone 'Tsunami Stones' Dot Japan's Coastline", *Smithsonian Magazine*, August 31, 2015, http://www. smithsonianmag.com/smart-news/century-old-warnings-against-tsunamis-dot-japans-coastline-180956448。我们感谢茱莉亚·特沃洛格（Julia Twarog）细致入微的翻译。

2. Martin Fackler, "Tsunami Warnings, Written in Stone", *New York Times*, April 20, 2011, http://www.nytimes.com/2011/04/21/world/asia/21stones. html.

3. 有关福岛第一核电站核灾难的详细叙述，见 International Atomic Energy Agency, "The Fukushima Daiichi Accident—Report by the Director General", 2015, http://www-pub.iaea .org/MTCD/Publications/PDF/Pub1710-ReportByTheDG-Web.pdf。

4. Risa Maeda, "Japanese Nuclear Plant Survived Tsunami, Offers Clues", October 19, 2011, http://www.reuters.com/article/us-japan-nuclear-tsunami-idUSTRE79J0B420111020.

5. Phillip Y. Lipscy, Kenji E. Kushida, and Trevor Incerti, "The Fukushima Disaster and Japan's Nuclear Plant Vulnerability in Comparative Perspective", *Environmental Science & Technology* 47, no. 12（2013）: 6082–6088.

6. Ibid., 6083.

7. 我们往往对自然灾害和其他灾难性风险准备不足，对此有广泛的探讨，见 Robert Meyer and Howard Kunreuther, *The Ostrich Paradox*: *Why We Underprepare for Disaster*s（Philadelphia: Wharton Digital Press, 2017）。

8. Don Moore and Uriel Haran, "A Simple Tool for Making Better Forecasts", May 19, 2014, https://hbr.org/2014/ 05/a-simple-tool-for-making-better-forecasts。有关过分自信的更多资料，见 Don A. Moore and Paul J. Healy, "The Trouble with Overconfidence", *Psychological Review* 115, no. 2（2008）: 502–517.

9. Don A. Moore, Uriel Haran, and Carey K. Morewedge, "A Simple Remedy for Overprecision in Judgment", *Judgment and Decision Making* 5,

no. 7（2010）: 467–476.

10. Moore and Haran, "A Simple Tool for Making Better Forecasts".

11. Akira Kawano, "Lessons Learned from the Fukushima Accident and Challenge for Nuclear Reform", November 26, 2012, http://nas-sites.org/fukushima/files/2012/10/TEPCO.pdf。亦可参阅 Dennis Normile, "Lack of Humility and Fear of Public Misunderstandings Led to Fukushima Accident", *Science*, November 26, 2012, http://www.sciencemag.org/news/2012/11/lack-humility-and-fear-public-misunderstandings-led-fukushima-accident。

12. 对于这一部分，我们从下列文章中获益匪浅: Daniel Kahneman and Gary Klein, "Conditions for Intuitive Expertise : A Failure to Disagree", *American Psychologist* 64, no. 6（2009）: 515–526；他们的讨论 "Strategic Decisions : When Can You Trust Your Gut ?", *McKinsey Quarterly* 13（2010）: 1–10；以 及 Gary Klein, "Developing Expertise in Decision Making", *Thinking & Reasoning* 3, no. 4（1997）: 337–352；Paul E. Meehl, *Clinical Versus Statistical Prediction : A Theoretical Analysis and a Review of the Evidence*（Minneapolis : University of Minnesota Press, 1954）；James Shanteau, "Competence in Experts : The Role of Task Characteristics", *Organizational Behavior and Human Decision Processes* 53（1992）: 252–266；和 Robin M. Hogarth, Tomás Lejarraga, and Emre Soyer, "The Two Settings of Kind and Wicked Learning Environments", *Current Directions in Psychological Science* 24, no. 5（2015）: 379—85；以 及 Robin M. Hogarth, *Educating Intuition*（Chicago : University of Chicago Press, 2001）。

13. 尽管这个故事出现在《眨眼间》中，但它最早出现在 Gary Klein, *Sources of Power*（Cambridge, MA : MIT Press, 1998）, 32。

14. *Decisive : How to Make Better Choices in Life and Work*（New York : Crown Business, 2013）。对直觉经验存在条件的研究的深度讨论，见 Kahneman and Klein, "Conditions for Intuitive Expertise"。常识在日常环境中很有用，但用于考虑复杂系统，如从市场到全球机构等问题时却很容易失灵，关于这方面原因的一种重要观点，见 Duncan J. Watts, *Everything Is Obvious（Once You Know the Answer）: How Common Sense*

Fails Us（New York：Crown Business m，2011）。

15. Shai Danziger, Jonathan Levav, and Liora Avnaim-Pesso, "Extraneous Factors in Judicial Decisions", *Proceedings of the National Academy of Sciences* 108, no. 17（2011）：6889–6892；David White, Richard I. Kemp, Rob Jenkins, Michael Matheson, and A. Mike Burton, "Passport Officers' Errors in Face Matching", *PLOS ONE* 9, no. 8（2014）：e103510, https://doi.org/10.1371/journal.pone.0103510；and Aldert Vrij and Samantha Mann, "Who Killed My Relative？ Police Officers' Ability to Detect Real-Life High-Stake Lies", *Psychology, Crime and Law* 7, no. 1–4（2001）：119–132.

16. 有关这一说法，我们受惠于 Mark Simon 和 Susan M. Houghton, "The Relationship Between Overconfidence and the Introduction of Risky Products：Evidence from a Field Study", *Academy of Management Journal* 46, no. 2（2003）：139–149。作为基础的气象学研究曾在两篇论文中有所涉及：Allan H. Murphy and Robert L. Winkler, "Reliability of Subjective Probability Forecasts of Precipitation and Temperature", *Journal of the Royal Statistical Society, Series C（Applied Statistics）* 26, no. 1（1977）：41–47；and Allan H. Murphy and Robert L. Winkler, "Subjective Probabilistic Tornado Forecasts：Some Experimental Results", *Monthly Weather Review* 110, no. 9（1982）：1288–1297。

17. Jerome P. Charba and William H. Klein, "Skill in Precipitation Forecasting in the National Weather Service", *Bulletin of the American Meteorological Society* 61, no. 12（1980）：1546–55.

18. 对我们能够在复杂环境下用于改善决定的各种工具的深层介绍，见 Atul Gawande, *The Checklist Manifesto：How to Get Things Right*（New York: Metropolitan Books, 2009）；Dan Ariely, *Predictably Irrational：The Hidden Forces That Shape Our Decisions*（New York：HarperCollins, 2009）；Richard H. Thaler and Cass R. Sunstein, *Nudge：Improving Decisions About Health, Wealth, and Happiness*（New Haven, CT：Yale University Press, 2008）；以及 Dilip Soman, *The Last Mile：Creating Social and Economic Value from Behavioral Insights*（Toronto：University of

Toronto Press，2015）。

19. P. Sujitkumar，J. M. Hadfield，and D. W. Yates，"Sprain or Fracture? An Analysis of 2000 Ankle Injuries"，*Emergency Medicine Journal* 3，no. 2（1986）：101–116.

20. Ian G. Stiell，Gary H. Greenberg，R. Douglas McKnight，Rama C. Nair，I. McDowell，and James R. Worthington，"A Study to Develop Clinical Decision Rules for the Use of Radiography in Acute Ankle Injuries"，*Annals of Emergency Medicine* 21，no. 4（1992）：384–90。我们简化了他们的诊断，这种诊断出现在他们论文的 108 页图 2 中。

21. 有关如何把医生变为专家的另一个有趣的讨论，见 Atul Gawande，*Complications*（New York：Picador 2002），他在其中讨论了多伦多郊外的苏第斯医院（Shouldice Hospital）中疝气修补术的成功率。在苏第斯医院，外科医生专做疝气修补，他们在一年中做的这类手术要比许多普外医师整个职业生涯中做的都多。

22. 2017 年 5 月 21 日对丽莎（化名）的个人采访。

23. 这种方法是由普林斯顿大学社会学家马修·沙加尼克（Matthew Salganik）及其团队开发的；他们的免费开源网站（www.allourideas. org）可以让任何人创造一个维基配对调查。有关这一方法的相关理论，见 Matthew J. Salganik and Karen E. C. Levy，"Wiki Surveys：Open and Quantifiable Social Data Collection"，*PLOS ONE* 10，no. 5（2015）：e0123483，https://doi.org/10.1371/journal.pone.0123483。

24. 我们有关塔吉特加拿大兴亡史的描述大量取材于乔·卡斯塔尔多的深层分析文章（"The Last Days of Target"，Canadian Business，January 2016。http://www.canadianbusiness.com/the-last-days-of-target-canada）和我们于 2016 年 10 月 12 日对卡斯塔尔多的私人采访。

25. Ian Austen and Hiroko Tabuchi，"Target's Red Ink Runs Out in Canada"，*New York Times*，January 15，2015，https://www.nytimes.com/2015/01/16/business/target-to-close-stores-in-canada.html.

26. 题为《共同的塔吉特》（*A Community Target*）的话剧剧本是罗伯特·莫顿（Robert Motum）撰写的，来自他对大约 50 位原塔吉特加拿大员工所做的采访。"90% 的文字是原话，我只为了表达更清晰而略加修改"，莫

顿答复我们于 2017 年 6 月 17 日的一封核实电邮时如此说，"这部剧的
前半部分探讨了塔吉特的某些问题……后半部分则展开描述，让我们思
索当前的加拿大零售业生态。总的来说，这是一个有关那些为塔吉特工
作的人的故事，还有关于他们共同存在的那个社团。"

27. 2016 年 1 月 29 日，乔·卡斯塔尔多在明尼苏达公共广播电台与新闻主
持人汤姆·韦伯（Tom Weber）做的访谈，标题为 The Downfall of Target
Canada，https://www.mprnews.org/story/2016/01/29/target-canada-failure。

28. Castaldo，"The Last Days of Target"。

29. 2016 年 10 月 12 日对乔·卡斯塔尔多的私人采访。

30. Castaldo，"The Last Days of Target"。

31. "Target 2010 Annual Report"，http://media.corporate-ir.net/media_files/
irol/65/65828/Target_AnnualReport_2010.pdf。

32. Gary Klein，"Performing a Project Premortem"，*Harvard Business Review*
85，no. 9（2007）：18–19。

33. Kahneman and Klein，"Strategic Decisions"。

34. Deborah J. Mitchell，J. Edward Russo，and Nancy Pennington，"Back to
the Future: Temporal Perspective in the Explanation of Events"，*Journal of
Behavioral Decision Making* 2，no. 1（1989）：25–38。

35. Ibid.，34–35。

36. Kahneman and Klein，"Strategic Decisions"。

37. 2017 年 5 月 29 日对"吉尔·布鲁姆"（化名）的私人采访。在进行一次
事前检验之前，布鲁姆和她的丈夫都听到本书作者之一克里斯在不同的
社会场合谈论过这一方法。

38. Kahneman and Klein，"Strategic Decisions"。

第6章　审视不祥之兆

1. 我们对弗林特水危机的报告从许多来源取得了信息，包括 Julia Laurie，
"Meet the Mom Who Helped Expose Flint's Toxic Water Nightmare"，*Mother
Jones*，January 21，2016，http://www.motherjones.com/politics/2016/01/
mother-exposed-flint-lead-contamination-water-crisis ；李安妮·沃尔特斯

于 2016 年 3 月 29 日对密歇根州弗林特自来水公共卫生紧急事件联合委员会所做的证词，见 ABC News，http://abcnews.go.com/US/flint-mother-emotional-testimony-water-crisis-affected-childrens/story?id=38008707；Lindsey Smith，"This Mom Helped Uncover What Was Really Going On with Flint's Water"，Michigan Radio，December 14，2015，http://michiganradio.org/post/mom-helped-uncover-what-was-really-going-flint-s-water；Lindsey Smith 做的优秀的广播纪录片，"Not Safe to Drink"，Michigan Radio，http://michiganradio.org/topic/not-safe-drink；Gary Ridley，"Flint Mother at Center of Lead Water Crisis Files Lawsuit"，*Mlive*，March 3，2016，http://www.mlive.com/news/flint/index.ssf/2016/03/flint_mother_at_center_of_lead.html；Ryan Felton，"Flint Residents Raise Concerns over Discolored Water"，*Detroit Metro Times*，August 13，2014，http://www.metrotimes.com/detroit/flint-residents-raise-concerns-over-discolored-water/Content?oid=2231724；Ron Fonger，"Flint Starting to Flush Out 'Discolored'Drinking Water with Hydrant Releases"，*Mlive*，July 30，2014，http://www.mlive.com/news/flint/index.ssf/2014/07/flint_starting_to_flush_out_di.html；Ron Fonger，"State Says Flint River Water Meets All Standards but More Than Twice the Hardness of Lake Water"，*Mlive*，May 23，2014，http://www.mlive.com/news/flint/ index.ssf/2014/05/state_says_flint_river_water_m.html；Ron Fonger，"Flint Water Problems：Switch Aimed to Save \$5 Million—But at What Cost？"，*Mlive*，January 23，2015，http://www.mlive.com/news/flint/index.ssf/2015/01/flints_dilemma_how_much_to_spe.html；Matthew M. Davis，Chris Kolb，Lawrence Reynolds，Eric Rothstein，and Ken Sikkema，"Flint Water Advisory Task Force Final Report"，Flint Water Advisory Task Force，2016，https://www.michigan.gov/documents/snyder/FWATF_FINAL_REPORT_21March2016_517805_7.pdf；Miguel A. Del Toral，"High Lead Levels in Flint，Michigan—Interim Report"，Environmental Protection Agency，June 24，2015，http://flintwaterstudy.org/wp-content/uploads/2015/11/Miguels-Memo.pdf；和一封来自 Miguel A. Del Toral 的内部电邮，"Re：Interim Report on High Lead Levels in Flint"，Environmental Protection Agency（见 Jim Lynch，"Whistle-Blower Del Toral

Grew Tired of EPA 'Cesspool'", *Detroit News*, March 28, 2016, (http://www.detroitnews.com/story/news/michigan/flint-water-crisis/2016/03/28/whistle-blower-del-toral-grew-tired-epa-cesspool/82365470/)。

2. Dominic Adams, "Closing the Valve on History : Flint Cuts Water Flow from Detroit After Nearly 50 Year", *Mlive*, April 25, 2014, http://www.mlive.com/news/flint/index.ssf/2014/04/closing_the_valve_on_history_f.html.

3. Ibid.

4. Merrit Kennedy, "Lead-Laced Water in Flint : A Step-by-Step Look at the Makings of a Crisis", National Public Radio, April 20, 2016, http://www.npr.org/sections/thetwo-way/2016/04/20/465545378/lead-laced-water-in-flint-a-step-by-step-look-at-the-makings-of-a-crisis.

5. Elisha Anderson, "'Legionnaires' — Associated Deaths Grow to 12 in Flint Area", *Detroit Free Press*, April 11, 2016, http://www.freep.com/story/news/local/michigan/flint-water-crisis/2016/04/11/legionnaires-deaths-flint-water/82897722.

6. Mike Colias, "How GM Saved Itself from Flint Water Crisis", *Automotive News*, January 31, 2016, http://www.autonews.com/article/20160131/OEM01/302019964/how-gm-saved-itself-from-flint-water-crisis.

7. 州政府官员设计了取样过程，许多当地自来水公司采用。见 Rebecca Williams, "State's Instructions for Sampling Drinking Water for Lead 'Not Best Practice'", Michigan Radio, November 17, 2015, http://michiganradio.org/post/states-instructions-sampling-drinking-water-lead-not-best-practice。

8. Julianne Mattera, "Missed Lead : Is Central Pa. 's Water Testing Misleading ? ", *Penn Live*, February 1, 2016, http://www.pennlive.com/news/2016/02/lead_in_water_flint_water_samp.html.

9. Mark Brush, "Expert Says Michigan Officials Changed a Flint Lead Report to Avoid Federal Action", Michigan Radio, November 5, 2015, http://michiganradio.org/post/expert-says-michigan-officials-changed-flint-lead-report-avoid-federal-action.

10. 李安妮·沃尔特斯对密歇根州弗林特自来水公共卫生紧急事件联合委员

会的证词。

11. 根据工程咨询公司 Rowe and LAN 准备的报告："Analysis of the Flint River as a Permanent Water Supply for the City of Flint"，July 2011，http://www.scribd.com/doc/64381765/Analysis-of-the-Flint-River-as-a-Permanent-Water-Supply-for-the-City-of-Flint-July-2011；尤见 "Opinion of Probable Cost" in Appendix 8，https://www.scribd.com/document/64382181/Analysis-of-the-Flint-River-as-a-Permanent-Water-Supply-for-the-City-of-Flint-July-2011-Appendices-1-to-8。尽管有些报章估计花销为每天 100 美元多一点，但我们无法找到支持这一数字的计算。

12. "Michigan Governor Signs Budget Tripling State Spending on Flint Water Emergency"，*Chicago Tribune*，June 29，2016，http://www.chicagotribune.com/news/nationworld/midwest/ct-flint-water-crisis-20160629-story.html.

13. 达内尔·厄利（Darnell Earley）的话，亚当斯（Adams）引用于 "Closing the Valve on History"，厄利是由密歇根州州长任命的紧急事务管理官员，负责监督弗林特市的自来水改用弗林特河水一事。他坚持说改变自来水水源的决定是由前任紧急事务管理官员和当地政治家在他就任之前做出的。见 Ron Fonger，"Ex-Emergency Manager Says He's Not to Blame for Flint River Water Switch"，*Mlive*，October 13，2015，http://www.mlive.com/news/flint/index.ssf/2015/10/ex_emergency_manager_earley_sa.html.

14. Perrow，*Normal Accidents*，214.

15. 华盛顿市地铁系统，尤其是这次事故的技术细节来自 NTSB/RAR-10/02。地铁 112 号列车事故发生时，运行是由现在的华盛顿都会区运输局下属的特区市区总部控制的。从那时起，这套控制装置便被改放在附近的郊区。

16. NTSB/ RAR-10/02，20–23。尽管地铁信号系统也在其他交通装置上有所应用，但它依赖于模拟信号，而模拟信号会受到噪音、传动功率和许多其他变数影响。

17. NTSB/RAR-10/02，44.

18. NTSB/RAR-10/02，40–41。这些工人告诉 NTSB，系统检测到了第一辆列车。但通过检查数据，人们发现，那天上午的铁轨线路没有见到任何列车。

19. NTSB/RAR-10/02，81。当铁轨回路无法检测时，列车接到了一个速度为每小时零英里的指令。所有在214号列车之前的列车都做到了缓缓通过有问题的路段并正常地通行。

20. "How Aviation Safety Has Improved"，Allianz Expert Risk Articles，http://www.agcs.allianz.com/insights/expert-risk-articles/how-aviation-safety-has-improved.

21. 比如见 Ian Savage，"Comparing the Fatality Risks in United States Transportation Across Modes and Over Time"，*Research in Transportation Economics* 43, no. 1（2013）：9–22。安联（Allianz）的报告"How Aviation Safety Has Improved"认为按里程数计的差别更大。

22. Federal Aviation Administration，*The Pilot's Handbook of Aeronautical Knowledge*。飞机也可以用全球定位系统坐标确定的空中航线飞行，或者直接飞向目的地。

23. 这一部分的资料取自美国全国交通安全委员会的飞机事故报告 NTSB-AAR-75-16，Trans World Airlines，Inc，Boeing 727-231N54328，Berryville，Virginia December 1，1974，http://libraryonline.erau.edu/online-full-text/ntsb/aircraft-accident-reports/AAR75-16.pdf。我们采用了这份报告中的数字，并做了一些简化。

24. 实际面板在报告 NTSB-AAR-75-16 第59页中有所显示。我们的侧视图没有包括漏掉了的接近点，而且我们也没有理会在我们的讨论中的最小接近高度。

25. 引文来自驾驶舱声频录音机。见 NTSB-AAR-75-16，4。

26. 例如，见 Karl E. Weick，"The Vulnerable System：An Analysis of the Tenerife Air Disaster"，*Journal of Management* 16，no. 3（1990）：571–593；and Karl E. Weick，Kathleen M. Sutcliffe，and David Obstfeld，"Organizing and the Process of Sensemaking"，*Organization Science* 16，no. 4（2005）：409-421。

27. NTSB-AAR-75-16，12.

28. NTSB-AAR-75-16，23.

29. NASA，"Automation Dependency"，*Callback*，September 2016，https://

asrs.arc.nasa.gov/publications/callback/cb_440.html.

30. NASA，"The Dangers of Complacency"，*Callback*，March 2017，https://asrs.arc.nasa.gov/publications/callback/cb_446.html.

31. Perrow，"Organizing to Reduce the Vulnerabilities of Complexity"，153.

32. 我们的这项实验基于 Robin L. Dillon and Catherine H. Tinsley，"How Near-Misses Influence Decision Making Under Risk: A Missed Opportunity for Learning"，*Management Science* 54，no. 8（2008）: 1425–1440。他们的实验使用了一项虚构的 NASA 空间任务作为决定的基础。我们感谢工程师杰克·贝基克，他帮助我们写下了用于我们实验的条件。

33. 更宽泛地说，"异常现象化"指的是注意到并弄清楚异常现象的过程，从而预测威胁与危机。异常现象指我们计划的情况与实际出现的情况之间的偏差。这一概念的严格介绍见 Michelle A. Barton，Kathleen M. Sutcliffe，Timothy J. Vogus，and Theodore DeWitt，"Performing Under Uncertainty: Contextualized Engagement in Wildland Firefighting"，*Journal of Contingencies and Crisis Management* 23，no. 2（2015）: 74–83。

34. 在理解组织如何从未遂事故和其他警示信号取得经验教训的过程中，我们受惠于 Catherine H. Tinsley，Robin L. Dillon，and Peter M. Madsen，"How to Avoid Catastrophe"，*Harvard Business Review* 89，no. 4（2011）: 90–97. 有关对如何从未遂事故中学习的详尽介绍，见 Scott D. Sagan，*The Limits of Safety*（Princeton，NJ: Princeton University Press，1995）。如果想更了解追求我们不知道的知识的重要性，见 Karlene H. Roberts and Robert Bea，"Must Accidents Happen? Lessons from High-Reliability Organizations"，*The Academy of Management Executive* 15，no. 3（2001）: 70–78。

35. Edward Doyle，"Building a Better Safety Net to Detect—and Prevent—Medication Errors"，*Today's Hospitalist*，September 2006，https://www.todayshospitalist.com/Building-a-better-safety-net-to-detect-and-prevent-medication-errors.

36. Ibid.

37. 想了解有关减少失败可以促进学习的更多情况，见 Amy C. Edmondson，

"Strategies for Learning from Failure", *Harvard Business Review* 89, no. 4（2011）: 48–55。

38. 2017 年 3 月 9 日对本·伯曼的个人采访。

39. Wachter, "How to Make Hospital Tech Much, Much Safer"。

40. 有关组织如何能够从模糊的警示信号学到东西的一个重要看法，见 Michael A. Roberto, Richard M. J. Bohmer, and Amy C. Edmondson, "Facing Ambiguous Threats", *Harvard Business Review* 84, no. 11（2006）: 106–113。

41. 2017 年 4 月 13 日对克劳斯·莱卢普的个人采访。

42. Claus Rerup, "Attentional Triangulation : Learning from Unexpected Rare Crises", *Organization Science* 20, no. 5（2009）: 876–893.

43. 一些单位促进者机构每三年进驻一次，其他的每年一次。但每个单位至少 6 年促进一次。见 Novo Nordisk, "The Novo Nordisk Way : The Essentials", http://www.novonordisk.com/about-novo-nordisk/novo-nordisk-way/the-essentials.html。

44. Novo Nordisk, 2014 Annual Report, http://www.novonordisk.com/content/dam/Denmark/HQ/Commons/documents/Novo-Nordisk-Annual-Report-2014.pdf, 12.

45. Vanessa M. Strike and Claus Rerup, "Mediated Sensemaking", *Academy of Management Journal* 59, no. 3（2016）: 885。亦可参阅 Vanessa M. Strike, "The Most Trusted Advisor and the Subtle Advice Process in Family Firms", *Family Business Review* 26, no. 3（2013）: 293–313.

第 7 章　解剖异端

1. 为了在本章中讲述依格纳茨·塞麦尔维斯的故事，我们大量使用了 Sherwin B. Nuland, *The Doctors' Plague : Germs, Childbed Fever, and the Strange Story of Ignác Semmelweis*（New York and London : W. W. Norton, 2003）。

2. Ibid., 84.

3. Ignaz（Ignác）Semmelweis, *The Etiology, Concept, and Prophylaxis of*

Childbed Fever, trans. and ed. K. Codell Carter（Madison : University of Wisconsin Press）, 88.

4. Nuland, *The Doctors' Plague*, 104.

5. Ibid.

6. Vasily Klucharev, Kaisa Hytönen, Mark Rijpkema, Ale Smidts, and Guillén Fernández, "Reinforcement Learning Signal Predicts Social Conformity", *Neuron* 61, no. 1（2009）: 140–151.

7. Elizabeth Landau, "Why So Many Minds Think Alike", January 15, 2009, http://www.cnn.com/2009/HEALTH/01/15/social.conformity.brain.

8. "Social Conformism Measured in the Brain for the First Time", Donders Institute for Brain, Cognition and Behaviour, January 15, 2009, http://www.ru.nl/donders/news/vm-news/more-news/.

9. Gregory S. Berns, Jonathan Chappelow, Caroline F. Zink, Giuseppe Pagnoni, Megan E. Martin-Skurski, and Jim Richards, "Neurobiological Correlates of Social Conformity and Independence During Mental Rotation", *Biological Psychiatry* 58, no. 3（2005）: 245–53.

10. Ibid. , 252.

11. Landau, "Why So Many Minds Think Alike".

12. Nuland, *The Doctors' Plague*, 120.

13. Ibid. , 121.

14. Jeremy P. Jamieson, Piercarlo Valdesolo, and Brett J. Peters, "Sympathy for the Devil？ The Physiological and Psychological Effects of Being an Agent（and Target）of Dissent During Intragroup Conflict", *Journal of Experimental Social Psychology* 55（2014）: 221–227.

15. 这份研究（Dan Ward and Dacher Keltner, "Power and the Consumption of Resources", unpublished manuscript, University of Wisconsin–Madison, 1998）总结在 Dacher Keltner, Deborah H. Gruenfeld, and Cameron Anderson, "Power, Approach, and Inhibition", *Psychological Review* 110, no. 2（2003）: 265–284 中。

16. "How Do Humans Gain Power？ By Sharing It", *PBS NewsHour*, June 9, 2016, http://www.pbs.org/newshour/bb/how-do-humans-gain-power-by-

sharing-i.

17. Keltner, Gruenfeld, and Anderson, "Power, Approach, and Inhibition", 277.

18. Dacher Keltner, "The Power Paradox", *Greater Good Magazine*, December 1, 2007, https://greatergood.berkeley.edu/article/item/power_paradox.

19. 如果要找一份帮助人说出真相的科学的精确介绍，见 Amy C. Edmondson, "Psychological Safety and Learning Behavior in Work Teams", *Administrative Science Quarterly* 44, no. 2（1999）: 350–383 ; Amy C. Edmondson, *Teaming : How Organizations Learn, Innovate, and Compete in the Knowledge Economy*（San Francisco : Jossey-Bass, 2012）; Amy C. Edmondson and Zhike Lei, "Psychological Safety : The History, Renaissance, and Future of an Interpersonal Construct," *Annual Review of Organizational Psychology and Organizational Behavior* 1（2014）: 23–43 ; Amy C. Edmondson, "Speaking Up in the Operating Room : How Team Leaders Promote Learning in Interdisciplinary Action Teams," *Journal of Management Studies* 40, no. 6（2003）: 1419–1452 ; 以及 James R. Detert and Amy C. Edmondson, "Implicit Voice Theories : Taken-for-Granted-Rules-of-Self-Censorship at Work", *Academy of Management Journal* 54, no. 3（2011）: 461–488。

20. 我们感谢吉姆·德特尔特帮助我们理解有关让人说话的研究（2016 年 10 月 17 日的私人采访）。

21. James R. Detert and Ethan R. Burris, "Can Your Employees Really Speak Freely ?" *Harvard Business Review* 94, no. 1（2016）: 84.

22. Ibid. ; 亦可参阅 James R. Detert and Ethan R. Burris, "Leadership Behavior and Employee Voice : Is the Door Really Open ?" *Academy of Management Journal* 50, no. 4（2007）: 869–884。

23. Detert and Burris, "Can Your Employees Really Speak Freely ?", 82.

24. 在说出问题时控制自己的情绪，这时候的塞麦尔维斯显然缺乏这种技巧。作为讨论这种技巧的重要性的一项研究，见 Adam M. Grant, "Rocking the Boat but Keeping It Steady : The Role of Emotion Regulation

in Employee Voice", *Academy of Management Journal* 56, no. 6 (2013): 1703–1723。

25. John Waller, *Leaps in the Dark: The Making of Scientific Reputations* (New York: Oxford University Press, 2004), 155.

26. "罗伯特"是一个化名。罗伯特的故事基于我们于 2016 年 5 月 5 日对理查德·斯皮尔斯和他的接待员唐娜的采访，后者要求只透露她的教名。

27. Weick, "The Vulnerable System", 588.

28. 即使在研究人员计入了机长可能会在危险的气候条件或其他危机状况下控制飞机的情况，这些结果依然成立。见 R. Key Dismukes, Benjamin A. Berman, and Loukia D. Loukopoulos, *The Limits of Expertise: Rethinking Pilot Error and the Causes of Airline Accidents* (Burlington, VT: Ashgate, 2007); 和 National Transportation Safety Board, *A Review of Flightcrew-Involved Major Accidents of US Air Carriers, 1978 Through 1990* (Washington, DC: National Transportation Safety Board, 1994)。

29. 有关机组资源管理的历史与有效性的更多资料，见 Robert L.Helmreich and John A. Wilhelm, "Outcomes of Crew Resource Management Training," *International Journal of Aviation Psychology* 1, no. 4 (1991): 287–300; Robert L. Helmreich, Ashleigh C.Merritt, and John A. Wilhelm, "The Evolution of Crew Resource Management Training in Commercial Aviation", *International Journal of Aviation Psychology* 9, no. 1 (1999): 19–32; 以及 Eduardo Salas, C. Shawn Burke, Clint A. Bowers, and Katherine A. Wilson, "Team Training in the Skies: Does Crew Resource Management (CRM) Training Work？" *Human Factors* 43, no. 4 (2001): 641–674。在理解过去几十年间航空业的变化和机组资源管理进化的过程中，本·伯曼对我们帮助极大。

30. Dismukes, Berman, and Loukopoulos, *The Limits of Expertise*, 283.

31. Richard D. Speers and Christopher A. McCulloch, "Optimizing Patient Safety: Can We Learn from the Airline Industry？", *Journal of the Canadian Dental Association* 80 (2014): e37.

32. Michelle A. Barton and Kathleen M. Sutcliffe, "Overcoming Dysfunctional Momentum: Organizational Safety as a Social Achievement",

Human Relations 62，no. 9（2009）: 1340.

33. 有关这一研究的更深入描述，见第 2 章。

34. James R. Detert, Ethan R. Burris, David A. Harrison, and Sean R. Martin, "Voice Flows to and Around Leaders : Understanding When Units Are Helped or Hurt by Employee Voice", *Administrative Science Quarterly* 58, no. 4（2013）: 624–668.

35. Helmreich, Merritt, and Wilhelm, "Evolution of Crew Resource Management", 21.

36. 在回答我们于 2017 年 5 月 16 日发出的一封核实事实的电邮时，伯曼强调，机组资源管理本身也随着时间进化；自从这个方案的早期时代开始，航空公司已经减少了心理学术语的使用，并让他们的训练练习更加直接针对机组。

37. Detert and Burris, "Can Your Employees Really Speak Freely？", 84.

38. 2017 年 3 月 9 日对本·伯曼的私人采访。

39. Melissa Korn, "Where I Work : Dean of BU's School of Management", *Wall Street Journal*, June 11, 2012, https://blogs.wsj.com/atwork/ 2012/06/11/where-i-work-dean-of-bus-school-of-management.

40. "A Look Back at the Collapse of Lehman Brothers", *PBS NewsHour*, September 14, 2009, http://www.pbs.org/newshour/bb/business-july-dec09- solmanlehman_09-14.

41. Matie L. Flowers, "A Laboratory Test of Some Implications of Janis's Groupthink Hypothesis", *Journal of Personality and Social Psychology* 35, no. 12（1977）: 888–96。为易于表达，我们重新安排了 Flowers 在各个不同层次上的结果。

42. Jane Nelsen, *Positive Discipline*（New York : Ballantine, 2006）, 220.

43. 2016 年 10 月 17 日对吉姆·德特尔特的私人采访。

第 8 章 减速效应

1. "How 'Lehman Siblings'Might Have Stemmed the Financial Crisis", *PBS NewsHour*, August 6, 2014, http://www.pbs.org/newshour/making-sense/how-lehman-siblings-might-have-stemmed-the-financial-crisis.

2. Sheen S. Levine, Evan P. Apfelbaum, Mark Bernard, Valerie L. Bartelt, Edward J. Zajac, and David Stark, "Ethnic Diversity Deflates Price Bubbles", *Proceedings of the National Academy of Sciences* 111, no. 52（2014）: 18524–18529。这些参与者买卖的股票具有可以计算的真实价值（即基础价值或内在价值）。这可以让研究人员测定市场价值偏离资产实际价值的程度。

3. 2016 年 11 月 4 日对埃文·阿普费尔鲍姆的私人采访。

4. Levine et al., "Ethnic Diversity Deflates Price Bubbles", 18528.

5. 2016 年 11 月 4 日对埃文·阿普费尔鲍姆的私人采访。

6. Sarah E. Gaither, Evan P. Apfelbaum, Hannah J. Birnbaum, Laura G. Babbitt, and Samuel R. Sommers, "Mere Membership in Racially Diverse Groups Reduces Conformity", *Social Psychological and Personality Science*（2017）: in press, https://doi.org/10.1177/1948550617708013.

7. 2016 年 11 月 4 日对埃文·阿普费尔鲍姆的私人采访。

8. Katherine W. Phillips, Gregory B. Northcraft, and Margaret A. Neale, "Surface-Level Diversity and Decision-Making in Groups: When Does Deep-Level Similarity Help？", *Group Processes & Intergroup Relations* 9, no. 4（2006）: 467–82.

9. Katherine W. Phillips, "How Diversity Makes Us Smarter", *Scientific American*, October 1, 2014, https://www.scientificamerican.com/article/how-diversity-makes-us-smarter.

10. Samuel R. Sommers, "On Racial Diversity and Group Decision Making: Identifying Multiple Effects of Racial Composition on Jury Deliberations", *Journal of Personality and Social Psychology* 90, no. 4（2006）: 597–612.

11. Lawrence J. Abbott, Susan Parker, and Theresa J. Presley, "Female

Board Presence and the Likelihood of Financial Restatement", *Accounting Horizons* 26, no. 4（2012）:613。亦可参阅 Anne-Marie Slaughter, "Why Family Is a Foreign-Policy Issue", *Foreign Policy*, November 26, 2012, http://foreignpolicy.com/2012/11/26/why-family-is-a-foreign-policy-issue。正如 Slaughter 所说的那样：“如果总统用一个全男性团队来塑造美国在世界上的地位，这件事是否重要？我敢肯定这很重要，而且这会从各方面妨碍这个国家应付这个 21 世纪的星球上复杂的新挑战的能力。”

12. Phillips, "How Diversity Makes Us Smarter"；亦可参阅 David Rock, Heidi Grant, and Jacqui Grey, "Diverse Teams Feel Less Comfortable—and That's Why They Perform Better", September 22, 2016, *Harvard Business Review*, https://hbr.org/2016/09/diverse-teams-feel-less-comfortable-and-thats-why-they-perform-better.

13. Lauren A. Rivera, Pedigree: How Elite Students Get Elite Jobs（Princeton, NJ: Princeton University Press, 2016）, 227。“亨利”和“威尔”都是化名。

14. 我们感谢罗伦·里维拉（Lauren Rivera），她同意我们选用她关于这次讨论的现场笔记中的内容。

15. Claudia Goldin and Cecilia Rouse, "Orchestrating Impartiality : The Impact of 'Blind' Auditions on Female Musicians", *American Economic Review* 90, no. 4（2000）: 715–741。近年来，在其他劳工市场上使用不直接面对候选人的各种手段也有所增加。然而，迄今为止，还很少有人对这种干预的有效性进行系统研究。

16. 我们有关多样化计划有效性的研究总结利用了 Frank Dobbin and Alexandra Kale, "Why Diversity Programs Fail", *Harvard Business Review* 94, no . 7（2016）: 52–60 中的很多内容。对于与此相关的基础研究，见 Frank Dobbin, Daniel Schrage, and Alexandra Kalev, "Rage Against the Iron Cage : The Varied Effects of Bureaucratic Personnel Reforms on Diversity", *American Sociological Review* 80, no. 5（2015）: 1014–1044 ; and Alexandra Kalev, Frank Dobbin, and Erin Kelly, "Best Practices or Best Guesses? Assessing the Efficacy of Corporate Affirmative Action and Diversity Policies", *American Sociological Review* 71, no. 4（2006）: 589–617。

17. Dobbin and Kalev, "Why Diversity Programs Fail", 54.

18. Ibid., 57.

19. Ibid.

20. 有关建立与管理多元化组织的困难和烦恼的其他文章，见 Emilio J. Castilla, "Gender, Race, and Meritocracy in Organizational Careers", *American Journal of Sociology* 113, no. 6（2008）: 1479–1526；Emilio J. Castilla and Stephen Benard, "The Paradox of Meritocracy in Organizations", *Administrative Science Quarterly* 55, no. 4（2010）: 543–676；Roberto M. Fernandez and Isabel Fernandez-Mateo, "Networks, Race, and Hiring", *American Sociological Review* 71, no. 1（2006）: 42–71；Roberto M. Fernandez and M. Lourdes Sosa, "Gendering the Job : Networks and Recruitment at a Call Center", *American Journal of Sociology* 111, no. 3（2005）: 859–904；Robin J. Ely and David A. Thomas, "Cultural Diversity at Work : The Effects of Diversity Perspectives on Work Group Processes and Outcomes", *Administrative Science Quarterly* 46, no. 2（2001）: 229–273；以及 Roxana Barbulescu and Matthew Bidwell, "Do Women Choose Different Jobs from Men？ Mechanisms of Application Segregation in the Market for Managerial Workers", *Organization Science* 24, no. 3（2013）: 737–756。

21. Laura Arrillaga-Andreessen, "Five Visionary Tech Entrepreneurs Who Are Changing the World", *New York Times*, October 12, 2015, http://www.nytimes.com/interactive/2015/10/12/t-magazine/elizabeth-holmes-tech-visionaries-brian-chesky.html?_r=0.

22. Inc., October 2015, https://www.inc.com/magazine/oct-2015.

23. Matthew Herper, "From \$4.5 Billion to Nothing : Forbes Revises Estimated Net Worth of Theranos Founder Elizabeth Holmes", *Forbes*, June 1, 2016, https://www.forbes.com/sites/matthewherper/2016/06/01/from-4-5-billion-to-nothing-forbes-revises-estimated-net-worth-of-theranos-founder-elizabeth-holmes/#689b50603633.

24. Henry Kissinger, "Elizabeth Holmes", *Time*, April 15, 2015, http://time.com/3822734/elizabeth-holmes-2015-time-100.

25. Arrillaga-Andreessen，"Five Visionary Tech Entrepreneurs"．

26. 查尔斯·奥恩斯坦（Charles Ornstein）在 ProPublica 上的一篇博客对约翰·卡雷鲁做了采访："How a Reporter Pierced the Hype Behind Theranos"，Pro Publica，February 16，2016，https://www.propublica.org/podcast/item/how-a-reporter-pierced-the-hype-behind-theranos。

27. John Carreyrou，"Hot Startup Theranos Has Struggled with Its Blood-Test Technology"，*Wall Street Journal*，October 15，2015，https://www.wsj.com/articles/theranos-has-struggled-with-blood-tests-1444881901.

28. Kia Kokalitcheva，"Walgreens Sues Theranos for \$140 Million for Breach of Contract"，*Fortune*，November 8，2016，http://fortune.com/2016/11/08/walgreens-theranos-lawsuit。2017 年 8 月，《金融时报》报道，Theranos 和沃尔格林达成秘密协议，就这项诉讼达成和解；沃尔格林说"问题已经在相互接受的条件下得到了解决"（Jessica Dye and David Crow，"Theranos Settles with Walgreens over Soured Partnership"，*Financial Times*，August 1，2017，https://www.ft.com/content/0d32febf-10f6-39cd-b520-c420c3d5391f。

29. Maya Kosoff，"More Fresh Hell for Theranos"，*Vanity Fair*，November 29，2016，http://www.vanityfair.com/news/2016/11/theranos-lawsuit-investors-fraud-allegations.

30. Jef Feeley and Caroline Chen，"Theranos Faces Growing Number of Lawsuits Over Blood Tests"，*Bloomberg*，October 14，2016，https://www.bloomberg.com/news/articles/2016-10-14/theranos-faces-growing-number-of-lawsuits-over-blood-tests.

31. "The World's 19 Most Disappointing Leaders"，*Fortune*，March 30，2016，http://fortune.com/2016/03/30/most-disappointing-leaders.

32. Herper，"From \$4.5 Billion to Nothing"．

33. Kevin Loria，"Scientists Are Skeptical About the Secret Blood Test That Has Made Elizabeth Holmes a Billionaire"，Business Insider，April 25，2015，http://www.businessinsider.com/science-of-elizabeth-holmes-theranos-2015-4.

34. Nick Bilton，"Exclusive：How Elizabeth Holmes's House of Cards Came

Tumbling Down", *Vanity Fair*, October 2016, http://www.vanityfair.com/news/2016/09/elizabeth-holmes-theranos-exclusive.

35. Ken Auletta, "Blood, Simpler", *New Yorker*, December 15, 2014, http://www.newyorker.com/magazine/2014/12/15/blood-simpler.

36. John Carreyrou, "At Theranos, Many Strategies and Snags", *Wall Street Journal*, December 27, 2015, http://www.wsj.com/articles/at-theranos-many-strategies-and-snags-1451259629.

37. Jillian D'Onfro, "Bill Maris: Here's Why Google Ventures Didn't Invest in Theranos", *Business Insider*, October 20, 2015, http://www.businessinsider.com/bill-maris-explains-why-gv-didnt-invest-in-theranos-2015-10.

38. Jennifer Reingold, "Theranos' Board: Plenty of Political Connections, Little Relevant Expertise", *Fortune*, October 15, 2015, http://fortune.com/2015/10/15/theranos-board-leadership; and Roger Parloff, "A Singular Board at Theranos", Fortune, June 12, 2014, http://fortune.com/2014/06/12/theranos-board-directors.

39. Reingold, "Theranos' Board".

40. Juan Almandoz and András Tilcsik, "When Experts Become Liabilities: Domain Experts on Boards and Organizational Failure", *Academy of Management Journal* 59, no. 4（2016）: 1124–1149.

41. Personal interview with John Almandoz on December 3, 2016.

42. 有关与专家控制相关的其他风险，见 Kim Pernell, Jiwook Jung, and Frank Dobbin, "The Hazards of Expert Control: Chief Risk Officers and Risky Derivatives", *American Sociological Review* 82, no. 3（2017）: 511–541。

43. Almandoz and Tilcsik, "When Experts Become Liabilities", 1127.

44. Ibid., 1128.

45. Ibid.

46. 2016 年 12 月 3 日对约翰·阿尔曼多斯的私人采访。

第 9 章 异乡异客

1. 这一部分从下列来源中提取了资料：Detective Paul Lebsock, "Statement of Investigating Officer, Report Number: 15-173057", Spokane County, July 1, 2015; Senate Law and Justice Committee, "Majority Report: Investigation of Department of Corrections Early-Release Scandal", Washington State Senate, May 24, 2016, and witness statements; Carl Blackstone and Robert Westinghouse, "Investigative Report, Re: Department of Corrections, Early Release of Offenders", Yarmuth Wilsdon PLLC, February 19, 2016; Joseph O'Sullivan and Lewis Kamb, "Fix to Stop Early Prison Releases Was Delayed 16 Times", *Seattle Times*, December 29, 2015, http://www.seattletimes.com/seattle-news/crime/fix-to-stop-early-prison-releases-delayed-16-times; Joseph O'Sullivan, "In 2012, AG's Office Said Fixing Early-Prisoner Release 'Not So Urgent'", *Seattle Times*, December 20, 2015, http://www.seattletimes.com/seattle-news/politics/in-2012-ags-office-called-early-prisoner-release-not-so-urgent; Kip Hill, "Teen Killed When Men Broke into Tattoo Shop, Witness Tells Police", *Spokesman-Review*, May 28, 2015, http://www.spokesman.com/stories/2015/may/28/teen-killed-when-men-broke-into-tattoo-shop; Kip Hill, "Mother of Slain Spokane Teenager Files $5 Million Claim Against State", *Spokesman-Review*, February 26, 2016, http://www.spokesman.com/stories/2016/feb/26/mother-of-slain-spokane-teenager-files-5-million-c; Nina Culver, Second Suspect Arrested in Burglary, Murder of 17-Year-Old", *Spokesman-Review*, July 23, 2015, http://www.spokesman.com/stories/2015/jul/23/second-suspect-arrested-burgglary-murder-17-year-o; Mark Berman, "What Happened After Washington State Accidentally Let Thousands of Inmates Out Early", *Washington Post*, February 9, 2016, https://www.washingtonpost.com/news/post-nation/wp/2016/02/09/heres-what-happened-after-the-state-of-washington-accidentally-let-thousands-of-inmates-out-early/; and Bert Useem, Dan Pacholke, and Sandy Felkey Mullins, "Case Study—The Making of an Institutional Crisis: The Mass Release of Inmates by a Correctional Agency",

Journal of Contingencies and Crisis Management。我们感谢参议员麦克·帕登（Mike Padden）（2016 年 7 月 21 日对参议员帕登的私人采访）和埃里克·史密斯（Erik Smith），他们不吝惜时间把想法告诉我们。我们也同样感谢丹·帕切尔克和 桑迪·玛琳斯（Sandy Mullins），他们两人都参与了对事件本身的管控，与我们就这一事件涉及的更宽泛的政策问题进行了讨论。

2. 在回复我们于 2017 年 6 月 30 日发出的一封核实事实的电邮时，一位参议员手下的工作人员认为这并不是一个软件漏洞，而是一个因为 DOC 对 2002 年的法庭裁决有所误解而出现的人为失误。因此，这位工作人员指出，DOC 曾指示软件开发人员按照其误解的方式编写系统。程序员的工作并无错误，而且硬件和软件也都是按照设计工作的。但称某种事物为缺陷并不能将它的影响最小化、限制其原因，也不意味着这是一个不足道的错误。

3. 参议院调查者于 2016 年 2 月 21 日与杰伊·安博士（Dr. Jay Ahn）面谈。目击者陈述，"Majority Report: Investigation of Department of Corrections Early-Release Scandal"。

4. 参议院调查者于 2016 年 2 月 19 日与艾拉·弗尤厄（Ira Feuer）面谈。目击者陈述，"Majority Report : Investigation of Department of Corrections Early-Release Scandal"。

5. 2016 年 7 月 21 日对参议员麦克·帕登的私人采访。

6. 这一索赔诉讼是向华盛顿州提出的，受益者为麦地那的母亲和凯撒·麦地那的财产权。这一诉讼案于 2017 年以 325 万美元的赔款达成和解。2017 年 8 月 23 日对 Davis Law Group P. S. 的克里斯·戴维斯（Chris Davis）的私人采访。

7. 有关齐美尔的生平、想法和影响的更多情况，见 Lewis A. Coser, "Georg Simmel's Style of Work : A Contribution to the Sociology of the Sociologist", *American Journal of Sociology* 63, no. 6（1958）: 635–641 ; Lewis A. Coser, *Masters of Sociological Thought*（New York : Harcourt Brace Jovanovich, 1971）; Donald N. Levine, Ellwood B. Carter, and Eleanor Miller Gorman, "Simmel's Influence on American Sociology", *American Journal of Sociology* 81, no. 4（1976）: 813-845 ; 以 及 Rosabeth Moss

Kanter and Rakesh Khurana, "Types and Positions : The Significance of Georg Simmel's Structural Theories for Organizational Behavior", in Paul S. Adler, ed., *The Oxford Handbook of Sociology and Organization Studies* : *Classical Foundations* (New York : Oxford University Press, 2009), 291– 306。

8. Coser, *Masters of Sociological Thought*, 195.

9. Coser, "Georg Simmel's Style of Work", 640–641.

10. Georg Simmel, "The Stranger", in D. Levine, ed., *On Individuality and Social Forms* (Chicago : University of Chicago Press, 1971), 143– 149.

11. Ibid., 145–146.

12. Ibid., 145.

13. 莱昂德罗·阿尔贝蒂的引文出现在 Lester K. Born, "What Is the Podestà ? ", *American Political Science Review* 21, no. 4 (1927): 863– 871.

14. Dennis A. Gioia, "Pinto Fires and Personal Ethics : A Script Analysis of Missed Opportunities", *Journal of Business Ethics* 11, no. 5 (1992): 379–389。亦可参阅 Jerry Useem, "What Was Volkswagen Thinking ? ", *Atlantic*, January/February 2016, https://www.theatlantic.com/magazine/ archive/2016/01/what-was-volkswagen-thinking/419127。

15. Gioia, "Pinto Fires and Personal Ethics", 382.

16. Ibid., 388。有关丹尼·焦亚和福特平托事件的更多情况，见 Malcolm Gladwell, "The Engineer's Lament", *New Yorker*, May 4, 2015, http:// www.newyorker.com/magazine/2015/05/04/the-engineers-lament。

17. 为了这个部分，我们在如下作品中取得了资料: Sonari Glinton, "How a Little Lab in West Virginia Caught Volkswagen's Big Cheat", National Public Radio, September 24, 2015, http://www.npr. org/2015/09/24/443053672/how-a-little-lab-in-west-virginia-caught- volkswagens-big-cheat; 和杰森·范斯(Jason Vines) 对鲍勃·卢茨的访谈: *The Frank Beckman Show*, WJR-AM, Detroit, Michigan, February 16, 2016。

18. 杰森·范斯对鲍勃·卢茨做的采访：*The Frank Beckman Show*。

19. 鲍勃·卢茨的话，艾丽莎·普莱德（Alisa Priddle）引用于 "VW Scandal Puts Diesel Engines on Trial"，Detroit Free Press，September 26，2015，http://www.freep.com/story/money/cars/2015/09/26/vw-cheat-emissions-diesel-engine-fallout/72612616。强调之处是我们加的。

20. 杰森·范斯对鲍勃·卢茨做的采访：*The Frank Beckman Show*。

21. Ibid.

22. 在这一部分中，我们的材料来自我们于 2016 年 11 月 9 日对丹·卡德尔的私人采访，以及一份报告：West Virginia University Center for Alternative Fuels，Engines，and Emissions by Gregory J. Thompson et al.，"In-Use Emissions Testing of Light-Duty Diesel Vehicles in the United States"（2014），prepared for the International Council on Clean Transportation（ICCT）。有关实验室测试、研究人员与 California Air Resources Board 的合作，见本书后述内容。

23. 2016 年 11 月 9 日对丹·卡德尔的私人采访。

24. Thompson et al.，"In-Use Emissions Testing of Light-Duty Diesel Vehicles in the United States"，106.

25. 2016 年 11 月 9 日对丹·卡德尔的私人采访。

26. Thompson et al.，"In-Use Emissions Testing of Light-Duty Diesel Vehicles in the United States"。

27. 2017 年 3 月 2 日对阿尔贝托·阿亚拉的私人采访。在回答我们于 2017 年 5 月 17 日的一封核实事实的电邮时，加州空气资源委员会的一位公众信息官员写道：

CARB 实际上是与 WVU. ICCT 一起进行的排放研究的一部分（实际上是另一半），这是一个需要我们的工程师和设备从开始便扮演一部分推动力的项目。在 ICCT 参与之前一段时间，阿尔贝托从欧洲监管机构那里听说，大众的汽车在欧盟的排放量高得不寻常，而且一直是人们讨论的一部分。因此，CARB 并非仅仅从别人那里得到了这份研究的结果；我们其实是积极进行这个研究的团队之一。我相信我们做了实验室测试，WVU 做了 PEMs 测试，在我们在 El Monte 的设备上得到了他们的数据。我想在这里说明的是，在这个工作上，CARB 从来不是消极的一部分，我们直接参与了工作，从头到尾（如果这桩公案确实已经终结）。我们在很多地方必须守口如瓶，因为我们也必须实际上进行监管调查和诉讼。

在我们要求进一步澄清之后，他于 2017 年 5 月 22 日写道："我们已经在进行这项调查。自从我们确认这项工作是 CARB 感兴趣的而且尚未完成之后，在交叉路口上的决定指向便是，我们应该独自完成这项工作，还是应该与人合作。我们与许多大学合作，在这种情况下就是 WVU。"

28. 2017 年 3 月 2 日对阿尔贝托·阿亚拉的私人采访。

29. Staff Report, "Bosch Warned VW About Illegal Software Use in Diesel Cars, Report Says", *Automotive News*, September 27, 2015, http://www.autonews.com/article/20150927/COPY01/309279989/bosch-warned-vw-about-illegal-software-use-in-diesel-cars-report-says.

30. Diana T. Kurylko and James R. Crate, "The Lopez Affair", *Automotive News Europe*, February 20, 2006, http://europe.autonews.com/article/20060220/ANE/60310010/the-lopez-affair.

31. Kate Connolly, "Bribery, Brothels, Free Viagra : VW Trial Scandalises Germany", *Guardian*, January 13, 2008, https://www.theguardian.com/world/2008/jan/13/germany.automotive.

32. "Labor Leader Receives First Jail Sentence in VW Corruption Trial", *Deutsche Welle*, February 22, 2008, http://www.dw.com/en/labor-leader-receives-first-jail-sentence-in-vw-corruption-trial/a-3143471.

33. 有关大众的文化，我们的资料来自我们于 2017 年 3 月 2 日对理查德·米尔恩的私人采访，以及 Bob Lutz, "One Man Established the Culture That Led to VW's Emissions Scandal," *Road & Track*, November 4, 2015, http://www.roadandtrack.com/car-culture/a27197/bob-lutz-vw-diesel-fiasco。

34. Lutz, "One Man Established the Culture That Led to VW's Emissions Scandal".

35. Lucy P. Marcus, "Volkswagen's Lost Opportunity Will Change the Car Industry", *Guardian*, October 25, 2015, https://www.theguardian.com/business/2015/oct/18/volkswagen-scandal-lost-opportunity-car-industry.

36. Richard Milne, "Volkswagen : System Failure", *Financial Times*,

November 4, 2015, https://www.ft.com/content/47f233f0-816b-11e5-a01c-8650859a4767.

37. 2017 年 3 月 2 日对理查德·米尔恩的私人采访。

38. Jack Ewing, "Researchers Who Exposed VW Gain Little Reward from Success", *New York Times*, July 24, 2016, https://www.nytimes.com/2016/07/25/business/vw-wvu-diesel-volkswagen-west-virginia.html.

39. Perrow, "Organizing to Reduce the Vulnerabilities of Complexity", 155。

40. 对于这个部分，我们的材料取自挑战者号事故总统委员会, *Report to the President by the Presidential Commission on the Space Shuttle Challenger Accident*（Washington, DC：Government Printing Office, 1986）；和 Diane Vaughan, *The Challenger Launch Decision：Risky Technology, Culture, and Deviance at NASA*, enl. Ed.（Chicago：University of Chicago Press, 2016）。我们也感谢黛安·沃恩教授，她曾对这部分草稿做了评论。当然，我们对任何尚存的错误负全责。有关挑战者号事故的极有见地的论文见 Malcolm Gladwell, "Blowup", *New Yorker*, January 22, 1996, http://www.newyorker.com/magazine/1996/01/22/blowup-2。

41. Vaughan, *The Challenger Launch Decision*, 62–64.

42. Ibid., 120.

43. Ibid., 62.

44. Roger Boisjoly, "SRM O-Ring Erosion/ Potential Failure Criticality", Morton Thiokol interoffice memo, July 31, 1985, included in the report of the Presidential Commission on the Challenger Accident, Vol. 1, 249.

45. Richard Cook, "Memorandum: Problem with SRB Seals", NASA, July 23, 1985。包括挑战者号事故总统委员会的报告, Vol. 4, 1–2.

46. Georg Simmel, "The Stranger", in *The Sociology of Georg Simmel*, translated and edited by Kurt H. Wolff（New York：The Free Press, 1950）, 404.

47. 有关哥伦比亚号事故及其余波更为详细的叙述，见 William Starbuck and Moshe Farjoun, eds., *Organization at the Limit：Lessons from the Columbia Disaster*（Malden, MA：Blackwell, 2005）；Julianne G. Mahler, *Organizational Learning at NASA：The Challenger and Columbia*

Accidents（Washington, DC：Georgetown University Press, 2009）；Diane Vaughan, "NASA Revisited：Theory, Analogy, and Public Sociology", *American Journal of Sociology* 112, no. 2（2006）：353–393；Roberto, Bohmer, and Edmondson, "Facing Ambiguous Threats"；and "Strategies for Learning from Failure"。

48. Vaughan, *The Challenger Launch Decision*, xiv–xv.

49. Admiral Harold Gehman, "Columbia Accident Investigation Board Press Briefing", August 26, 2003, https://govinfo.library.unt.edu/caib/events/press_briefings/20030826/transcript.html.

50. 我们感谢喷气推进实验室的一批人，包括联合工程委员会的成员，尤其是布莱恩·缪尔黑德、巴拉特·查达沙马、克里斯·琼斯和霍华德·艾森。这一部分是在 2016 年 9 月 13 日在喷气推进实验室所在地进行一场广泛讨论之后写成的。

51. Arthur G. Stephenson et al., "Mars Climate Orbiter Mishap Investigation Board Phase I Report", November 10, 1999, ftp://ftp.hq.nasa.gov/pub/pao/reports/1999/MCO_ report.pdf；and Arden Albee et al., "Report on the Loss of the Mars Polar Lander and Deep Space 2 Missions", March 22, 2000, https://spaceflight.nasa.gov/spacenews/releases/2000mpl/mpl_report_1.pdf.

52. Theodore T. Herbert and Ralph W. Estes, "Improving Executive Decisions by Formalizing Dissent：The Corporate Devil's Advocate", *Academy of Management Review* 2, no. 4（1977）：662–667；and Michael A. Roberto, *Why Great Leaders Don't Take Yes for an Answer：Managing for Conflict and Consensus*（Upper Saddle River, NJ：FT Press, 2013）.

53. Yosef Kuperwasser, "Lessons from Israel's Intelligence Reforms", The Saban Center for Middle East Policy at the Brookings Institution, Analysis Paper no. 14（2007）：4.

54. Bill Simmons, "Welcome Back, Mailbag", May 19, 2016, http://www.espn.com/espn/print? id=2450419；亦可参阅 Bill Simmons, "The VP of Common Sense Offers His Draft Advice", June 20, 2007, http://www.espn.com/espn/print?id=2910007。

55. 正如沃顿商学院教授亚当·格兰特在他的书 *Originals*（New York：Viking，2016）中解释的那样，当你仅仅出于你的工作而说出不同意的看法时，人们对你的关切的重视程度低于你发自内心而表达的不同意。（支持这一点的理论，见 Charlan Nemeth，Keith Brown，and John Rogers，"Devil's Advocate Versus Authentic Dissent：Stimulating Quantity and Quality"，*European Journal of Social Psychology* 31，no. 6［2001］：707–720；and Charlan Nemeth，Joanie B. Connell，John D. Rogers，and Keith S. Brown，"Improving Decision Making by Means of Dissent"，*Journal of Applied Social Psychology* 31，no. 1［2001］：48–58。）这是很重要的一点。为清楚起见，我们不建议强行指派某个团队成员担任人为的角色扮演练习。我们认为更好的做法是找一位圈外人，即一个从一开始便不曾参与决策过程的人，他或许会带来对问题有影响的更为客观的看法，并能够找出圈内人未曾注意到的问题。的确，研究表明，如果这种意见是在认真思索后写成的批判，并且可以让团队中每一个人在审议之前阅读思考的话，决策集团能够从接受圈外人的批判性意见得益。（例如，见 Charles R. Schwenk，"Effects of Devil's Advocacy and Dialectical Inquiry on Decision Making：A Meta-Analysis"，*Organizational Behavior and Human Decision Processes* 47，no. 1［1990］：161–176。）当然，正如格兰特指出的那样，真正的异见往往比人为的异见更为有效。我们同意：帮助真正的异见者说出观点，这是在危险区的一个关键任务（见本书第 7 章）。

56. 2017 年 6 月 5 日对"萨莎·罗布森"（化名）的私人采访。

第 10 章　意外！

1. 我们最初是在 Barry Schiff，"Saving Jobs"，*AOPA Pilot*，April 5，2016，https://www.aopa.org/news-and-media/all-news/2016/april/pilot/proficient 上读到这个故事的。我们联系巴瑞（Barry），他很善解人意地把我们介绍给了他的儿子布莱恩·希夫机长，他帮助我们补充了细节（2016 年 11 月 2 日的私人采访）。布莱恩·希夫机长的引言来自这次采访。为简单起见，我们把这次飞行说成是包机，但实际上这架飞机属于马库拉的公司，它的飞行遵守 FAA 规则 Part 91，严格地说，这并不是一架"包机"。

2. Dismukes，Berman，and Loukopoulos，*The Limits of Expertise*.

3. 2017 年 4 月 6 日对"丹尼尔·特伦布莱"（化名）的私人采访。

4. Tinsley，Dillon，and Madsen，"How to Avoid Catastrophe"，97。这个故事最初出现在 Martin Landau and Donald Chisholm，"The Arrogance of Optimism：Notes on Failure-Avoidance Management"，*Journal of Contingencies and Crisis Management* 3，no. 2（1995）：67–80。

5. 对于这个故事以及我们对于发展型新式管理方式的了解，我们感谢马里斯·克里斯蒂安松（2017 年 1 月 16 日的私人采访）。有关这些想法背后的研究，见 Marlys Christianson，"More and Less Effective Updating：The Role of Trajectory Management in Making Sense Again"，*Administrative Science Quarterly*。

6. 他们需要平衡引导行动，鼓励思考、创新和异见；见 Faaiza Rashid，Amy C. Edmondson，and Herman B，Leonard，"Leadership Lessons from the Chilean Mine Rescue"，*Harvard Business Review* 91，no. 7–8（2012）：113–19。

7. Castaldo，"The Last Days of Target"。

8. 2017 年 2 月 24 日对克里斯·马奎斯的私人采访。

9. Christopher Marquis and Zoe Yang，"Learning the Hard Way：Why Foreign Companies That Fail in China Haven't Really Failed"，*China Policy Review* 9，no. 10（2014）：80–81.

10. Helen H. Wang，"Can Mattel Make a Comeback in China？"，*Forbes*，November 17，2013，https://www.forbes.com/sites/helenwang/2013/11/17/can-mattel-make-a-comeback-in-china/#434cc2961527。

11. David Starr and Eleanor Starr，"Agile Practices for Families：Iterating with Children and Parents"，AGILE Conference，Chicago，Illinois（2009），http://doi.ieeecomputersociety.org/10.1109/AGILE.2009.53.

12. Bruce Feiler，"Agile Programming—For Your Family"，TED Talk，February 2013，https://www.ted.com/talks/bruce_feiler_agile_programming_for_your_family?language=en.

13. 有关如何管理未曾预料的事件的一项认真研究，见 Karl Weick and Kathleen

Sutcliffe 的 权 威 著 作，*Managing the Unexpected : Resilient Performance in an Age of Uncertainty*，2nd ed.（San Francisco : Jossey-Bass，2007）。影响一个国家在未曾预料的大规模灾难后迅速恢复活力的深度个案研究，见 Michael Useem，Howard Kunreuther，and Erwann Michel-Kerjan，*Leadership Dispatches : Chile's Extraordinary Comeback from Disaster*（Palo Alto，CA : Stanford University Press，2015）。

14. 我们有关特警队和影片摄制组处理意外的描述基于 Beth A. Bechky and Gerardo A. Okhuysen，"Expecting the Unexpected? How SWAT Officers and Film Crews Handle Surprises"，*Academy of Management Journal* 54，no. 2（2011）: 239–261。

15. Ibid.，246.

16. Ibid.，247.

17. Ibid.，246.

18. Ibid.，253.

19. Ibid.，255.

20. Morten T. Hansen，"IDEO CEO Tim Brown : T-Shaped Stars : The Backbone of IDEO's Collaborative Culture," January 21，2010，http:// chiefexecutive.net/ideo-ceo-tim-brown-t-shaped-stars-the-backbone-of- ideoaes-collaborative-culture＿trashed.

21. 我们有关这一故事的描述基于 SEC 关于脸谱网 IPO 错误的报告："In the Matter of the NASDAQ Stock Market，LLC and NASDAQ Execution Services，LLC"，Administrative Proceeding File No. 3-15339，May 29，2013。重要的是要注意到，与美国国家运输安全委员会的报告不同（这些报告的目的是确定事故的原因），SEC 的报告则为针对纳斯达克的一个强制性行动打下了基础。我们的材料来源也包括我们与一位参加了电话会议的纳斯达克高管的谈话，和我们与一位在这次 IPO 之前不久离开了纳斯达克的高级技术人员的谈话。

22. U. S. Securities and Exchange Commission，"NASDAQ Stock Market，LLC and NASDAQ Execution Services，LLC"，Administrative Proceeding File No. 3-15339，May 29，2013，https://www.sec.gov/litigation/ admin/2013/34-69655.pdf，6. 强调是我们加的。

结语　大崩溃的黄金时代

1. Jim Haughey, *The First World War in Irish Poetry*（Lewisburg, PA : Bucknell University Press, 2002）, 182.

2. Ed Ballard, "Terror, Brexit and U. S. Election Have Made 2016 the Year of Yeats", *Wall Street Journal*, August 23, 2016, https://www. wsj.com/articles/terror-brexit-and-u-s-election-have-made-2016-the-year-of-yeats-1471970174.

3. Steven Pinker and Andrew Mack, "The World Is Not Falling Apart", *Slate*, December 22, 2014, http://www.slate.com/articles/news_and_politics/ foreigners/2014/12/the_world_is_not_falling_apart_the_trend_lines_reveal_ an_increasingly_peaceful.html。有关这一令人着迷的课题的更多信息，见 Steven Pinker, *The Better Angels of Our Natur : Why Violence Has Declined*（New York : Viking, 2011）。

4. Jared Diamond, *Collapse : How Societies Choose to Fail or Succeed*（New York : Viking, 2005）; Al Gore, *The Future : Six Drivers of Global Change*（New York : Random House, 2013）; and Jeffrey D. Sachs, *Common Wealth : Economics for a Crowded Planet*（New York : Penguin Press, 2008）.

5. Mohamed El-Erian, *The Only Game in Town : Central Banks, Instability and Avoiding the Next Collapse*（New York : Random House, 2016）.

6. Max H. Bazerman and Michael Watkins, *Predictable Surprises : The Disasters You Should Have Seen Coming, and How to Prevent Them*（Boston : Harvard Business School Press, 2004）; and Michele Wucker, *The Gray Rhino : How to Recognize and Act on the Obvious Dangers We Ignore*（New York : St. Martin's Press, 2016）.

7. 例如, Alliance for Board Diversity, "Missing Pieces Report : The 2016 Board Diversity Census of Women and Minorities on Fortune 500 Boards", http://www2.deloitte.com/us/en/pages/center-for-board-effectiveness/articles/ board-diversity-census-missing-pieces.html ; C. Todd Lopez, "Army Reviews Diversity in Combat Arms Leadership", July 19, 2016, https://www.army. mil/article/171727/army_reviews_diversity_in_combat_arms_ leadership ;

and Gregory Krieg and Eugene Scott, "White Males Dominate Trump's Top Cabinet Posts", CNN, January 19, 2017, http://www.cnn.com/2016/12/13/politics/donald-trump-cabinet-diversity/index.html.

8. 例如, Aleda V. Roth, Andy A. Tsay, Madeleine E. Pullman, and John V. Gray, "Unraveling the Food Supply Chain : Strategic Insights from China and the 2007 Recalls", *Journal of Supply Chain Management* 44, no. 1 (2008): 22–39 ; Zoe Wood and Felicity Lawrence, "Horsemeat Scandal : Food Safety Expert Warns Issues Have Not Been Addressed", *Guardian*, September 4, 2014, https://www.theguardian.com/uk-news/2014/sep/04/horsemeat-food-safety-expert-chris-elliott ; and "Horsemeat Scandal : Food SupplyChain 'Too Complex'—Morrisons", BBC News, February 9, 2013, http://www.bbc.com/news/av/uk-21394451/horsemeat-scandal-food-supply-chain-too-complex-morrisons.

9. Eric Schlosser, *Command and Control : Nuclear Weapons, the Damascus Accident, and the Illusion of Safety* (New York : Penguin Press, 2013).

10. 例如, Dan Lovallo and Olivier Sibony, "The Case for Behavioral Strategy", *McKinsey Quarterly*, March 2010, http://www.mckinsey.com/businessfunctions/strategy-and-corporate-finance/ourinsights/the-case-for-behavioral-strategy ; Günter K. Stahl, Martha L. Maznevski, Andreas Voigt, and Karsten Jonsen, "Unraveling the Effects of Cultural Diversity in Teams: A Meta- Analysis of Research on Multicultural Work Groups", *Journal of International Business Studies* 41, no. 4 (2010): 690–709 ; and Edmondson, "Psychological Safety and Learning Behavior in Work Teams".

11. Ole J. Benedictow, "The Black Death : The Greatest Catastrophe Ever", *History Today* 55, no. 3 (2005): 42 ; and Barbara Tuchman, *A Distant Mirror : The Calamitous 14th Century* (New York : Alfred A. Knopf, 1978).

12. Mark Wheelis, "Biological Warfare at the 1346 Siege of Caffa", *Emerging Infectious Diseases* 8, no. 9 (2002): 971.

13. 我们对于这些问题的互相竞争理论的了解，来自格拉斯哥大学教授 Samuel K. Cohn，"Book Review：The Black Death 1346–1353：The Complete History"，*New England Journal of Medicine* 352（2005）：1054–1055。

14. Benedictow，"The Black Death".

图书在版编目（CIP）数据

崩溃/（美）克里斯·克利尔菲尔德,（美）安德拉什·蒂尔克斯著;李永学译. -- 成都:四川人民出版社, 2019.5
　　ISBN 978-7-220-11182-2

　　Ⅰ.①崩… Ⅱ.①克… ②安… ③李… Ⅲ.①决策学
Ⅳ.① C934

中国版本图书馆 CIP 数据核字 (2018) 第 300312 号

四 川 省 版 权 局
著作权合同登记号
图 字：21-2018-622

Meltdown: Why Our Systems Fail and What We Can Do About It
Copyright © 2018, Christopher Clearfield and András Tilcsik, 2018

本书中文简体版权归属于银杏树下（北京）图书有限责任公司。

BENGKUI

崩溃

著　　者	［美］克里斯·克利尔菲尔德　［美］安德拉什·蒂尔克斯
译　　者	李永学
选题策划	后浪出版公司
出版统筹	吴兴元
特约编辑	方　丽
责任编辑	林袁媛
装帧制造	墨白空间·曾艺豪
营销推广	ONEBOOK

出版发行	四川人民出版社（成都槐树街 2 号）
网　　址	http://www.scpph.com
E - mail	scrmcbs@sina.com
印　　刷	北京盛通印刷股份有限公司
成品尺寸	143mm×210mm
印　　张	10.75
字　　数	250 千
版　　次	2019 年 5 月第 1 版
印　　次	2019 年 5 月第 1 次
书　　号	978-7-220-11182-2
定　　价	68.00 元

后浪出版咨询（北京）有限责任公司常年法律顾问：北京大成律师事务所　周天晖 copyright@hinabook.com